基金项目：

教育部人文社会科学研究项目“金融科技的溢出效应和媒体情绪的非线性影响研究”（批准号：18YJC790074）

辽宁省社会科学规划基金项目“金融科技溢出效应的理论构建与实证研究”（批准号：L17CJY016）

金融科技——创新与风险研究

U0956332

李丹丹◎著

吉林大学出版社

·长春·

图书在版编目（CIP）数据

金融科技：创新与风险研究 / 李丹丹著 . -- 长春：吉林大学出版社，2024. 12. -- ISBN 978-7-5768-4664-5

Ⅰ. F830

中国国家版本馆 CIP 数据核字第 2024LQ8599 号

书　　名　金融科技——创新与风险研究
　　　　　JINRONG KEJI——CHUANGXIN YU FENGXIAN YANJIU
作　　者　李丹丹　著
策划编辑　殷丽爽
责任编辑　张宏亮
责任校对　安　萌
装帧设计　守正文化
出版发行　吉林大学出版社
社　　址　长春市人民大街 4059 号
邮政编码　130021
发行电话　0431-89580036/58
网　　址　http:// www. jlup. com. cn
电子邮箱　jldxcbs@ sina. com
印　　刷　天津和萱印刷有限公司
开　　本　787mm × 1092mm　1/16
印　　张　14.25
字　　数　240 千字
版　　次　2024 年 12 月　第 1 版
印　　次　2024 年 12 月　第 1 次
书　　号　ISBN 978-7-5768-4664-5
定　　价　72.00 元

版权所有　　翻印必究

前言

金融科技作为金融与科技深度融合创新而形成的新业态和新模式，在全球范围内迅速发展、备受瞩目。金融科技以数据科技为核心驱动力，凭借智能性、便捷性、高效性的优势快速切入传统金融领域，对促进金融资源供求的有效对接和平衡匹配、优化金融服务组织流程、推进金融新业态和新模式迈向更高阶段起到了积极作用。其中，大数据、人工智能等新兴产业，给人们带来了前所未有的便利。金融科技提升了金融服务的效率，促进了金融产品的创新，加快了金融行业的发展，同时也为金融行业带来了前所未有的机遇。与此同时，金融科技创新也面临着法律法规、技术、业务等多方面的风险，对监管机构提出了新的挑战，加强金融科技监管已成为各国共识。

无论是金融科技催生的一系列新业务和新应用（如供应链金融、消费金融、网络借贷、数字经济、数字货币等），抑或是金融科技带来的新的风险（如技术风险、道德风险等），均对传统金融及金融科技领域的从业和监管人员提出了新的要求和挑战。科技与金融业的深度融合使得金融边界逐渐模糊，金融科技正在深刻改变金融生态，重塑金融格局。深入研究金融科技的创新与风险，有助于提高我国金融科技创新的能力和水平、推动我国金融市场的发展、提高我国金融业的国际竞争力、增强我国在全球金融体系中的话语权和影响力、防范金融风险、保障金融市场的稳定运行，以推动我国金融强国建设的进程。

本书第一章为金融科技概述，分别介绍了金融科技的概念与内涵、金融科技发展现状如金融科技研究热点与前沿分析三个方面的内容；第二章为金融科技的核心技术及应用场景，主要介绍了四个方面的内容，依次是人工智能在金融行业的应用、大数据在金融行业的应用、区块链在金融行业的应用、云计算在金融行业的应用；第三章为金融科技对传统金融机构的影响，分别介绍了三个方面的内容，依次是金融科技对商业银行的影响、金融科技对保险业的影响、金融科技对证券业的影响；第四章为金融科技的创新应用，依次介绍了供应链金融、消费金融、数字经济、数字货币四个方面的内容；第五章为金融科技的风险识别与预警，介绍了四个方面的内容，依次是传统金融风险、金融科技风险识别与风险传染、金融科技风险预警、金融科技风险监管。

在撰写本书的过程中，笔者参考了大量的学术文献，得到了许多专家学者的帮助，同时感谢研究生魏梓泽、陈荣、咸国媛、罗涵、张世文，本科生王雪晴等参与本书的相关研究，在此表示真诚感谢。由于笔者水平有限，书中难免有疏漏之处，希望广大同行及时指正。

李丹丹

2024 年 10 月

目　录

第一章　金融科技概述

随着大数据这一概念的兴起，金融领域也开始探求金融创新与科技的结合方式，金融科技应运而生。由于科技为金融行业带来了诸多便利和盈利前景，世界各国开始逐步介入金融科技领域，但由于各个国家在这一领域均处于起步阶段，发展方向也呈现出了多元化的特点，因此，对于金融科技的定义也不尽相同，甚至存在很大差异。

第一节　金融科技的概念与内涵

一、金融科技的概念

不同于过去人们常说的互联网金融，金融科技并不只是渠道和模式的扩展，而是以计算机技术和大数据为核心驱动，从对金融服务的需求出发，通过对数据的挖掘与处理，将金融与技术结合起来，对传统金融产品进行革新，提高效率，降低成本，并进一步改变金融市场风险识别及信用定价方式。

1993 年花旗银行提出金融科技（Fintech）这一名词，由金融（Finance）与科技（Technology）合成。金融稳定理事会（FSB）[①] 将金融科技定义为由技术驱动的金融创新，目前已经成为全球对广义金融科技概念的共识。具体可以描述为“由云计算、大数据、人工智能、区块链等新兴前沿技术带动，对金融市场及金融服务业务供给产生重大影响的新技术应用、新型业务模式等”（如图 1-1-1 所

① Financial Stability Board. Fintech：Describing the Landscape and a Framework for Analysis[R]. Switzerland：Research Report，2016.

示）。金融科技可以简单地理解为金融和科技的组合，初创类科技公司和金融行业的新从业者依托各类创新技术对传统金融行业的产品和服务进行改革，拓宽了传统金融机构的获客渠道，提高了金融服务提供商的运作效率和金融机构的风险管理能力。

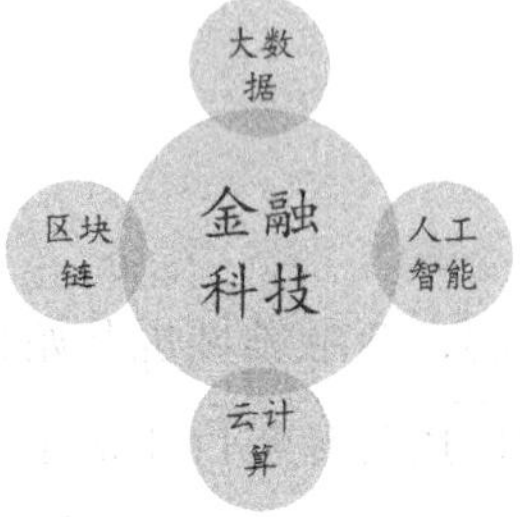

图 1-1-1　金融科技的技术组成

2019 年，中国人民银行（以下简称“央行”）印发了《金融科技（Fin Tech）发展规划（2019—2021 年）》，规划中将金融科技定义为“技术驱动的金融创新，旨在运用现代科技成果改造或创新金融产品、经营模式、业务流程等，推动金融发展提质增效。”金融科技有能力推动金融数字化转型、支持实体经济、推广普惠金融，以及化解金融风险，提升人民群众对数字化、网络化、智能化金融产品和服务的满意度，对我国新一轮科技革命和产业变革大有益处。总的来说，金融科技可以改变传统金融业的经营模式，创造出新的产品和业务，十分值得学界和业界进行研究和讨论。

2022 年央行提出了金融科技的新三年规划《金融科技发展规划（2022-2025 年）》，提出了要“积微成著”，强调了以数据要素应用为基础，并加速推进基础设施建设、产业生态建设等重点任务促进应用落地，金融科技的发展要求已经转变为夯实数字金融底座、激活数据要素潜能和促进科技成果转化三个方面。

巴曙松和白海峰[①]将金融科技定义为一种将对金融产生重大影响的科学技术。2017 年巴塞尔银行监管委员会则倾向于将金融科技定义为一种金融业务模式。皮天雷等[②]提出了一种对金融科技较为全面的定义，是以众多新兴科技为后端支撑，

① 巴曙松，白海峰．金融科技的发展历程与核心技术应用场景探索 [J]. 清华金融评论，2016（11）：99-103.

② 皮天雷，刘垚森，吴鸿燕．金融科技：内涵、逻辑与风险监管 [J]. 财经科学，2018（9）：16-25.

并给传统金融行业带来新的业务模式的金融创新。这一定义结合了前两种观点的可取之处，目前认可度相对较高。金融与科技的深度融合如图 1-1-2 所示。

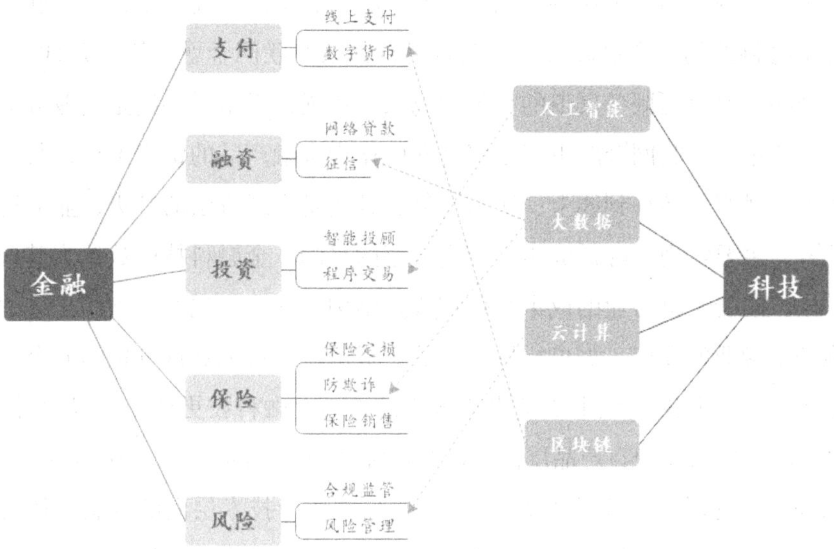

图 1-1-2　金融与科技的深度融合

二、金融科技、互联网金融和数字金融的区别

2017 年之前，监管机构多使用科技创新、互联网金融等词形容银行业的科技融合，自 2017 年 5 月央行正式成立金融科技委员会后，金融科技的概念才被正式明确。目前学术界的部分文献将科技金融、数字金融、金融科技、互联网金融等名词交叉混合使用，视为相同的概念，并未区分它们之间的差异，但对于学术研究来说，更应注重梳理清楚金融科技的重点和边界。

（一）互联网金融与金融科技

吴晓求[①]认为互联网金融侧重于金融，是一种业务属性，更多地被看作一种业态。互联网金融是指传统的金融机构与互联网企业利用互联网技术和信息通信技术实现资金的融通、支付、投资和信息中介服务的新型金融业务模式。互联网金融更多地被看作互联网公司从事的金融服务，而金融科技更侧重于科技，是辅

① 吴晓求．互联网金融：成长的逻辑 [J]. 财贸经济，2015（2）：5-15.

助金融业务的角色。金融科技是指通过大数据、云计算、人工智能等高新技术，在复杂的金融场景下提升金融服务效率以及更好地制订和实施风险的应对方案。

学术界普遍认为，金融科技比互联网金融具有更广的商业模式，互联网金融仅仅是金融科技的一个过渡阶段。金融科技是从互联网金融的概念延伸出来的，互联网金融主要包括服务渠道的变革和场景的拓展，而金融科技是全业务流程的整体技术变革。互联网金融更多是将互联网作为金融产品的销售渠道，其本质就是把线下金融服务转移到线上，所谓的创新其实是方式方法的升级，业务还是原来的业务，主要实现了降低成本，提高效率的目的。金融科技以数据为基础、技术为手段，改变金融行业的成本结构和收入结构，它要实现的是利用先进的科技手段推动金融业的发展，如央行推行的数字货币、通过大数据分析提升金融机构风控能力等。互联网金融主要销售金融产品，而金融科技更核心的是设计产品。互联网金融的创新体现在产品层面，提升传统金融业务的效率、规模（如余额宝、互联网证券、互联网保险销售等）。而金融科技属于技术层面的创新，体现在对信用中介、信息收集、风险定价、投资决策等金融活动本身（如 P2P 实现金融去中介化、利用大数据精准刻画用户的投资风险偏好、为用户设计个性化的保险方案并定价、利用人工智能做资产配置、利用技术消除市场套利等）的影响。

（二）科技金融、数字金融与金融科技

2023 年 10 月，中央金融工作会议提出了要加强“科技金融、绿色金融、普惠金融、养老金融、数字金融”五篇大文章的总要求。虽然目前尚未有针对数字金融的官方定义，但这一提法在官方和学术界已多次出现。数字金融是金融机构通过数字化转型提升服务水平的一系列金融活动。北大数字金融研究中心主任黄益平和黄卓[①]的研究指出，数字金融泛指传统金融机构与互联网公司利用数字技术实现融资、支付、投资和其他新型金融业务模式，是将数字技术应用于金融领域并改善金融服务。学术界对数字金融的描述，主要包括以下三个方面：在资源运用层面，重点开发数据要素价值；在技术运用层面，深度应用金融科技；在展业模式层面，创新数字化金融业务模式和渠道。

数字金融的前身包含互联网金融和金融科技，数字金融相较于互联网金融和

① 黄益平，黄卓．中国的数字金融发展：现在与未来 [J]. 经济学（季刊），2018，17（4）：1489–1502.

金融科技更加中性，涵盖的范围更加广泛。相较于互联网金融和金融科技，数字金融更加强调金融机构自身的数字化能力，体现我国传统金融机构的数字化转型成果。

目前学术界认为金融科技和科技金融为两个完全不同的概念。科技金融强调技术进步，立足于金融为科技服务，推动科技创新并优化科技型初创企业的金融资源配置，实现新型技术创新。金融科技则强调金融，立足于科技为金融服务，是以人工智能、区块链、云计算、大数据、互联网及移动互联网互（ABCDI）为代表的技术对金融业的改造和重塑，重在产出金融服务和产品。金融与科技的交互错综复杂，交互重在经济机理而非技术。因此，金融科技是科技助力金融发展，而科技金融是金融助力科技发展，均属于金融与科技的深度融合。陈红和郭亮[①]、Thakor[②]等提出金融科技的本质和核心是由技术支撑的金融创新，其重点在金融，技术只是金融业提质增效、防范和化解金融风险的手段。

第二节　金融科技发展现状

一、全球金融科技发展现状

目前而言，西方发达国家在金融科技领域仍然处于先进位置。毕马威（KPMG）相关报告指出[③]：2015—2021 年金融科技投融资总额从 649 亿美元增加到 2 300 亿美元，投融资数量也从 2 123 宗增加到 5 684 宗。2020 年上半年受到新冠疫情的影响导致跨境并购中断，金融科技投融资数量和总金额下滑明显。2023 年对全球金融科技来说较为艰难，跌至 2017 年以来的最低点。受到多国高利率、高通胀等影响，全球金融科技投资者日趋谨慎。金融科技水平不断提升，投融资规模总体上涨。为全球金融科技企业融资情况如图 1-2-1 所示。

① 陈红，郭亮．金融科技风险产生缘由、负面效应及其防范体系构建 [J]. 改革，2020，（03）：63-73.

② Thakor, A.V., Fintech and Banking: What do we know? [J]. Journal of Financial Intermediation, 2020(41), article number:100833.

③ 毕马威中国·金融科技脉动 [R].2023. https://kpmg.com/tw/zh/home/campaigns/2024/02/pulse-of-fintech-h2-2023.html

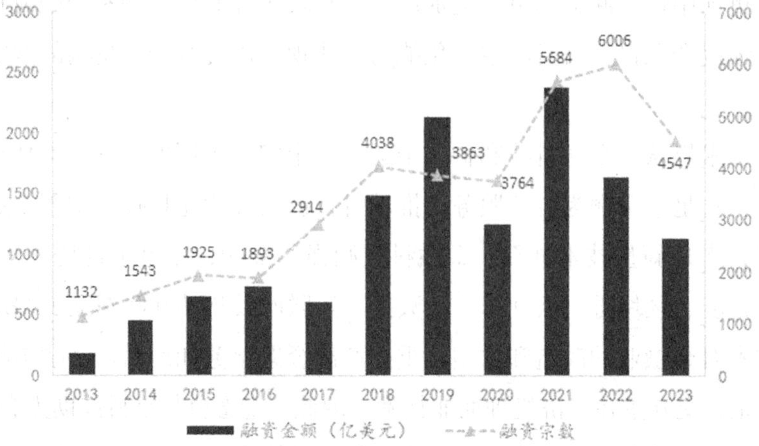

图 1-2-1　全球金融科技企业融资情况[①]

分业态看，金融科技主要投向支付科技、保险科技、监管科技、加密货币、财富科技、网络安全等领域。支付科技包括消费、医疗、房地产、跨境交易等细分赛道，投资热情较高。支付科技吸引的金融科技资金尽管从 2022 年的 954 亿美元降至 2023 年的 783 亿美元，但是仍然占据融资榜首。保险科技总投资出现同比增长，从 59 亿美元上升到 81 亿美元。2021 年开始，加密货币等数字货币和区块链领域投资加速，从 2020 年的 54 亿美元攀升到 302 亿美元，占金融科技投资比重 14%。人工智能所吸引的投资额虽然有所下降，但仍在各个技术领域遥遥领先。

分国家和地区看，2023 年，美洲金融科技投融资金额相对稳定，仅从 2022 年的 954 亿美元下降至 2023 年的 783 亿美元。美国 2023 年吸引金融科技投资额 735 亿美元，占美洲 94%，全球 64%。虽然亚洲地区前几年金融科技投融资总额每年以超过 200% 的速度增长，但仍然落后于北美地区，2023 年亚太地区金融科技投资规模下降趋势最为显著，从 2022 年的 513 亿美元下降到 2023 年的 108 亿美元。

在具体发展层面，西方国家金融科技行业呈现出以下四项主要趋势。第一，金融科技行业监管采取高罚金、低门槛的监管策略。针对违反 AML（反洗钱）

① 数据来源：KPMG《金融科技脉搏》2023 年。数据主要包括 VC、PE、M&A 投资，每年报告由于口径和方法变化，可能会出现数据不一致现象。

和 KYC（充分了解客户背景）相关规定的金融科技企业，全球各国都设立了高昂的处罚金额。美国自 2018 年以来宣布鼓励从事银行业务的金融科技企业申请银行牌照；英国金融行为监管局（FCA）也通过颁发“电子货币牌照”来帮助金融科技企业快速进入市场。第二，存款业务成为各金融科技企业主要抢占的市场。根据 CB Insight 的相关报告，自 2019 年以来大多数金融科技企业在拓宽业务范围时都会将存款相关业务作为首要选择以获取稳定现金流。第三，银行开放度不断提高。通过与外部流量平台深入合作，银行可以提升获客能力、拓宽客户边界。第四，保险科技持续发展。

二、我国金融科技发展现状

（一）金融科技发展历程

虽然我国金融科技行业整体起步较晚，但是在政策扶持下得到了快速发展。总体而言，我国已经走过了“金融科技 1.0”和“金融科技 2.0”的时代，正式迈入“金融科技 3.0”时代，即科技和金融深度结合以释放产能（见表 1–2–1）。金融科技 1.0 时代可称作“Classical Fintech”，即传统金融科技，代表性的业务主要是软件服务商、硬件服务商、短信、外呼、传统数据（工资单、银行流水、个人征信）等。金融科技 2.0 时代又称“Social Fintech”，即社会化的金融科技，主要业务为风控建模、第三方支付、大数据风控（黑名单、设备反欺诈、活体识别、位置信息）、在线仲裁、电子签章、聚合客服系统、云计算、网络安全等。金融科技 3.0 时代又可称作“”Intelligent Fintech”，即智能金融科技，主要依靠 5G、人工智能、区块链、物联网、云计算、VR/AR 等技术。

表 1–2–1　金融科技发展阶段

阶段	时间段	特征
金融科技 1.0（Classical Fintech）	2013 年之前	传统的金融机构以使用 IT 技术、自上而下推动、数据封闭为主，科技领先并不能带来大幅的领先优势
金融科技 2.0（Social Fintech）	2013—2020 年	互联网金融机构引领科技潮流，传统金融机构选择性跟进，自下而上推动，业务井喷之后也出现了一定的乱象，该阶段整体监管环境较为宽松。云计算和大数据等技术快速发展

（续表）

阶段	时间段	特征
金融科技 3.0 （Intelligent Fintech）	2020 年之后	5G、物联网、人工智能、区块链等技术快速发展，经营智能化（金融作为一个完全数字化的产业，有许多环节都可以使用科技手段替代）、监管智能化（随着万物互联人工智能的介入，监管也会迎来一个新的阶段）、大量无法使用新技术的传统金融企业生存艰难

（二）金融科技企业投融资规模

我国金融科技行业投融情况如图 1-2-2 所示，从投融资规模来看，2014 年至 2018 年我国金融科技投资在全球占比从 3.1% 跃升至 16.4%，达到 205 亿美元。内地金融科技投融资经历了 2018 年高峰之后，2019 年出现断崖式下跌，相对缩减约 80%，2020 年进一步降至 18 亿美元。2021 年随着元宇宙概念的爆火，金融科技投融资总额有所恢复。2022 年投融资额出现继续下跌状况。在金融科技发展早期，由于监管相关宽松，整个行业发展处于野蛮生长阶段，主要通过流量形成垄断并获得长尾收益。2018 年以后金融科技投融资下降的主要外部因素为互联网金融受到了一定程度的监管。

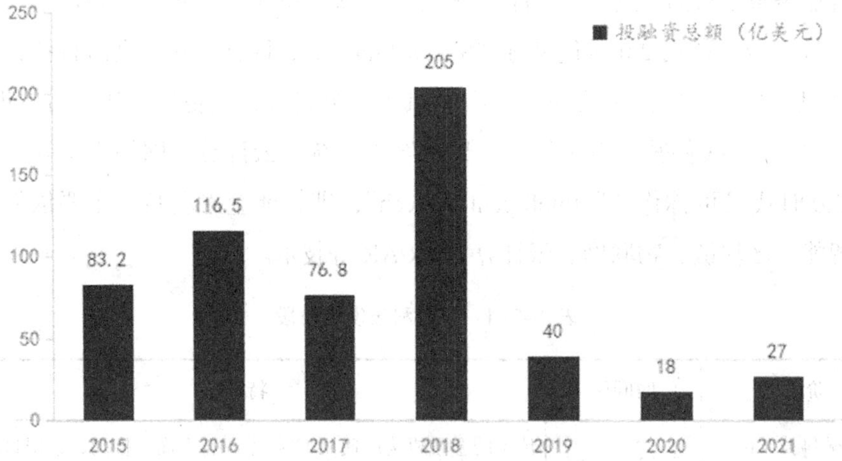

图 1-2-2 我国金融科技投融资情况[①]

① 数据来源：KPMG《金融科技脉动》2019-2021 年 .https://kpmg.com/tw/zh/home/campaigns/2022/08/pulse-of-fintech-h2-2021.html

目前我国的金融科技按照业态可以划分为五大类，分别为财富管理、融资信贷、第三方支付、基础设施和银证保创新，其中财富管理和银证保创新所创造的市场最大。新冠疫情迫使大量金融服务需求从线下迁移到线上，也加速推进金融服务的数字化和智能化。占比最大的资金流向支付领域、银行理财领域和保险领域。

我国金融科技产业的发展趋势可以分为短期趋势和长期趋势两类。短期来看，金融科技将代替我国传统金融机构中的部分人工，有助于节约成本。随着金融科技的不断发展，其可替代的工作内容将从简单的重复性工作向决策性和创新性过渡。此外，金融机构将金融科技与机器人流程自动化（RPA）结合，不断丰富金融科技的应用场景，促进其不断发展。从长期来看，金融科技将推动我国金融行业向着去中介化的分布式金融不断发展，这种行业模式可以极大地降低交易成本并提升个性化服务能力，这也是全球各国金融科技发展的共同目标。

虽然我国在金融科技领域前期取得了飞速的发展，但目前也开始暴露出一些潜在的金融风险。首先，传统金融机构在涉足金融科技业务时由于过往信息不完整等问题容易导致信用违约风险。其次，传统金融机构与金融科技类企业进行合作时由于相关法律暂不健全，可能产生法律风险。最后，金融科技以先进技术为底层架构的特点也使得在技术方面的风险不可忽视，如黑客针对数据库进行攻击以获得数据和非法利益等。

（三）金融科技相关政策

从 2015 年开始，为了推动云计算、大数据、人工智能、区块链技术与金融行业的深度融合，鼓励技术在支付结算、资产管理、消费金融、供应链金融等领域的创新应用，促进金融科技行业发展，各类政策法规相继出台，行业发展环境持续优化。2021 年央行印发的《金融科技发展规划（2022—2025 年）》中[①]提出金融科技发展指导意见，强调加快金融机构数字化转型，新时期金融科技发展应注重金融创新的科技驱动和数据赋能，力争到 2025 年实现整体水平与核心竞争力跨越式提升。具体相关政策如表 1-2-2 所示。

---

① 中国人民银行．中国人民银行印发《金融科技发展规划（2022-2025 年）》[EB/OL].（2022-01-04）[2023-10-10].http：//www.pbc.gov.cn/goutongjiaoliu/113456/113469/4438627/index.html.

表 1-2-2　金融科技行业发展政策汇总

相关政策	颁布时间	监管主体	主要内容及影响
《金融科技发展规划（2022-2025）》	2022	央行	以金融科技的整体水平与核心竞争力实现跨越式提升为核心目标，在金融科技治理体系、数据要素价值挖掘、关键核心技术深化、数字基础设施建设等方面提出了具体的要求和举措，推动我国金融科技发展迈入积厚成势新阶段
《“十四五”数字经济发展规划》	2022	国务院	推动产业互联网融通应用，培育供应链金融、服务型制造等融通发展模式，以数字技术促进产业融合发展
《关于银行保险业数字化转型的指导意见》	2022	银保监会	提高新技术应用和自主可控能力，坚持关键技术自主可控原则，对业务经营发展有重大影响的关键平台、关键组件以及关键信息基础建设要培养自主研发能力，降低外部依赖
《关于银行业保险业支持高水平科技自立自强的指导意见》	2021	银保监会	充分发挥银行业保险业服务科技创新的积极作用，推动完善多层次、专业化、特色化的科技金融体系，为实现高水平科技自立自强提供有力支撑
中共中央关于制定国民经济和社会发展第十四个五年规划和二〇三五年远景目标的建议	2020	国务院	构建金融有效支持实体经济的机制，提升金融科技水平，增强金融普惠性
《金融科技发展规划（2019-2021 年）》	2019	央行	明确由四大类技术组成的金融科技体系，有利于金融科技在完善金融产品、优化金融服务等领域应用的加速拓展。进一步增强金融业科技应用能力，实现金融与科技深度融合、协调发展
《关于开展金融科技应用试点工作的通知》	2018	央行、科技部等六部委	将“提升科技创新能力”与“抓好金融体制改革”列为重点工作任务，开展金融科技应用试点。重点纾解民营小微企业融资难、融资贵的问题，提高金融风险防范和化解等能力
《新一代人工智能发展规划》	2017	国务院	提出鼓励金融行业应用智能监控、智能客服等智能技术及设备，建立金融风险智能预警与防御系统，推动了创新型人工智能金融产品及服务产品的推出
《中国金融业信息技术“十三五”发展规划》	2017	央行	提出促进金融业合理利用新技术，研究大数据、人工智能等新技术的应用，促进了金融科技在客户服务、金融监管模式创新等领域的应用
《“十三五”国家信息化规划》	2016	国务院	区块链首次被作为战略性前沿技术、颠覆性技术提出
《中国银行业信息科技“十三五”发展规划指导意见》	2016	银监会	建议银行业面向互联网场景的重要信息系统全部迁移至云计算架构平台，明确对金融机构部署云计算平台的支持态度

（续表）

相关政策	颁布时间	监管主体	主要内容及影响
《关于促进互联网金融健康发展的指导意见》	2015	央行、工信部等十部委	鼓励创新、支持互联网金融稳步发展，确立互联网支付、网络借贷、股权众筹融资、互联网基金销售、保险、信托、消费金融等业态的监管职责分工
《关于大力推进体制机制创新，扎实做好科技金融服务的意见》	2014	央行、科技部等六部委	大力培育和发展服务科技创新的金融组织体系

（四）金融科技行业格局

2014 年以来，大量新兴金融科技公司涌现，包括部分此前从事其他行业的非金融科技类企业也开始开展金融科技的研发与销售业务。根据股东背景的不同，我国金融科技行业参与者主要分为互联网系企业、金融系企业、金融科技创业企业 3 类。

1. 互联网系企业

互联网系企业指大型互联网公司旗下的金融科技企业，头部企业包括百度旗下的度小满金融、阿里巴巴旗下的蚂蚁集团及阿里云、腾讯旗下的腾讯金融科技、京东旗下的京东数科等。互联网系企业与金融科技创业企业相比资金更充足，与金融系企业相比拥有更好的信息技术基础，具有上游金融数据及数据处理资源的产业链优势。以支付数据为例，餐饮、出行、电商购物等小额消费数据，如今已大量集中于阿里巴巴旗下的支付宝和腾讯旗下的财付通等互联网支付平台。互联网系企业在服务自身集团的同时，也会向其他金融机构进行技术输出，支撑了许多金融机构和中小企业的产品和服务。未来的金融生态环境将会是小型的金融科技公司依附大型的互联网技术平台，互联网系企业将成为我国金融科技行业中竞争地位最强势的企业类型。

2. 金融系企业

金融系企业是指由商业银行、保险公司等传统金融机构成立的金融科技子公司，头部企业包括兴业银行旗下的兴业数字金融服务（上海）股份有限公司、建设银行旗下的建信金融科技有限责任公司、平安集团旗下的上海壹账通金融科技有限公司等。金融系企业依靠大型金融集团，具有丰富的金融行业从业经验，对金融业务和场景理解深刻，能够针对不同的细分场景设计金融产品，提供的金融科技产品更具金融业特色。金融系企业熟悉金融行业的监管要求，对行业监管导向较为敏锐，提供的金融科技解决方案在合规性等方面更容易满足监管要求。金融系企业可以根据客户的风险承受能力和风险偏好定制多元化配置，搭建了集新闻资讯、交易数据、公司信息、投资观点、线上交易等多种功能于一体的财富管理平台，从而服务于众多尾部客户，真正实现普惠金融。

3. 金融科技创业企业

金融科技创业企业是指以提供金融科技产品及服务为主营业务，且不由大型互联网公司或传统金融机构控股的金融科技企业，头部企业有同盾科技有限公司、百融云创科技股份有限公司等。金融科技创业企业的竞争优势主要集中在两个方面：一是具备强大的技术研发能力，拥有云计算、大数据、人工智能等技术领域的专家人才，二是专注于风险控制等细分领域，提供优质的金融科技解决方案。但是金融科技创业企业赢得细分领域市场份额的同时，其业务的可拓展性也会受到制约，企业业务规模容易面临难以突破的“天花板”。

4. 各类型金融科技公司对比

以百度、阿里巴巴、腾讯、京东为代表的大型互联网公司旗下的互联网系企业业务规模最大（见表 1-2-3）。金融系企业多成立于 2016 年以后，且仍以向集团内金融机构提供服务为主，整体市场占比约为 30%，其中头部企业多为大型商业银行旗下的金融科技公司。金融科技创业企业的市场占比最低，同盾科技作为较早参与市场的企业积累了一定的市场资源，与部分知名传统金融机构及互联网金融企业建立了供应或合作关系，成为唯一进入销售额前十名的金融科技创业企业。

表 1-2-3　我国金融科技头部企业

企业	类别	经营状况
蚂蚁金服	互联网系	2018 年 6 月单轮融资 140 亿美元，创全球纪录。 2019 年税前利润约 13.8 亿元
阿里云	互联网系	中国最大的金融云服务提供商，服务客户上万家。 2018 年营业收入 213.6 亿元

（续表）

企业	类别	经营状况
度小满金融	互联网系	为 50 多家合作方银行创造利息收入近 100 亿元。 授信用户超过 3.3 亿
京东数科	互联网系	2018 年 7 月单轮融资 130 亿美元。 2018 年科技服务收入占比同比增长 200%
财付通	互联网系	合作金融机构超过 200 家，合作商户超过 70 万家
建信金融科技	金融系	员工规模超过 3000 人。 2019 年获得《亚洲银行家》颁发的“中国最佳数据分析项目奖”
兴业数金	金融系	科技输出签约银行超过 300 家。 在超过 20 家金融行业客户中上线了流程机器人
招银云创	金融系	2018 年招商银行金融科技投入 65 亿元，同比上升 35%
金融壹账通	金融系	合作银行客户超过 600 家。 合作非银金融机构超过 3000 家
同盾科技	创业企业	累计融资额超过 2.4 亿美元。 累计服务企业客户超过 1 万家

第三节　金融科技研究热点与前沿分析

一、金融科技文献 CiteSpace 可视化分析

从 2016 年开始，金融稳定理事会和国际货币基金组织（IMF）等机构开始高度关注金融科技，并给予了金融科技新的定义，因此金融科技的文献也从 2016 年开始大量涌现，逐渐成为国内外学者研究的热点内容。因此梳理金融科技的发展和相关前沿问题，具有重要的理论和现实意义。

近几年对于金融科技的研究不断增加，现有部分综述类文献对金融科技领域的研究主题和演进趋势进行了可视化分析。爱德华多·齐德·米利安（Eduardo ZiedMilian）[①] 对于 1980—2018 年之间国外的研究进行了可视化软件的系统化综

① Milian Z E，Spinola M D M，Carvalho D M M .Fintechs：A literature review and research agenda[J].Electronic Commerce Research and Applications，2019，34100833-100833.

述。石丹等[①]采用 Web of Science（WOS）和中国知网数据库分别进行了英文和中文文献分析，包括对金融科技和其他技术相关关键词进行检索。研究发现 2017—2018 年，英文和中文文献数量快速增长，2018 年中文文献数量是英文文献数量的 6 倍。黄靖雯和陶士贵[②]主要针对 1994—2019 年中国知网收录的金融科技领域的论文进行分析，发现 2016 年前发文数量一直处于低位，2016 年之后发文量激增，学者关注度逐渐增强。相关研究热点为普惠金融、风险和监管、对传统金融的影响和对实体经济的支持等内容，前沿研究体现在商业银行转型，服务实体经济和监管科技等方面。董贞良等[③]通过可视化分析和价值空间分类分析对金融科技的文献进行梳理和评述。研究结果与前两篇文献结论基本一致。何涌和谢磊[④]通过 CiteSpace 文献可视化，对金融科技的内涵、风险与监管进行文献综述研究。但是以上文献综述类研究并未对中文和英文相关的金融科技内容进行对比分析，因此笔者使用 CiteSpace 可视化分析，通过共现分析和聚类分析等方法，研究中外金融科技领域研究热点和演进过程，为后续的相关研究提供参考。

（一）数据来源

研究样本基于中国知网数据库的 CSSCI（中文社会科学引文索引）和北大核心与 WOS 数据库的核心合集 SSCI，分别对 2013—2023 年的中英文文献进行检索。其中，中文期刊以“金融科技”为主题，以期刊为文献类型，以经济与管理科学为检索学科，初步检索出 927 篇中文文献；英文期刊以“Fintech”或“Financial Technology”为主题，以 article 为文献类型初步检索出 703 篇英文文献。经逐篇确定标题、摘要和研究样本来源，并剔除书评、编者评论和征稿通知之后，最终得到符合要求的中文核心文献 758 篇，英文核心文献 654 篇。在分析之前，对数据进行了转换处理。

---

① 石丹，刘瑞哲，蔡情怡 . 基于 Citespace 的金融科技研究热点与前沿分析 [J]. 武汉理工大学学报（社会科学版），2020，33（2）：131-139.

② 黄靖雯，陶士贵 . 我国金融科技研究热点与前沿：基于 Citespace 的文献计量 [J]. 管理现代化，2020，40（5）：15-19.

③ 董贞良，谢宗晓，安佰万，等 . 金融科技（FinTech）脉络梳理、研究述评及未来展望：一个基于价值空间分类框架的文献计量分析 [J]. 技术经济，2021，40（7）：63-72.

④ 何涌，谢磊 . 金融科技的内涵、风险与监管的中国方案：一个基于文献可视化的研究综述 [J]. 金融发展研究，2022（4）：82-89.

（二）国内外文献发表趋势

以下为 2013—2023 年国内外金融科技领域发文数量等情况（见图 1-3-1，表 1-3-1）。总体来看，十年间国内外金融科技研究步伐相近，均呈现稳定增长态势。其中，中文和英文文献分别在 2017 年和 2018 年前后发表数量出现明显突变特征。可见，自 2017 年开始，学者们对金融科技的关注度逐渐增强。这一时间点也与我国在 2017 年提出金融科技这一概念完全吻合，更多的业界和学术界学者开始关注金融科技的相关研究。早些年关于金融科技的中文核心文献发表数量高于英文文献，但是自 2022 年开始，有关金融科技的英文研究文献数量超过中文研究。近几年，大部分英文期刊研究的作者也来自中国，所以是我国学者英文期刊的发文量大增，才使得英文研究发文量超过中文相关研究。

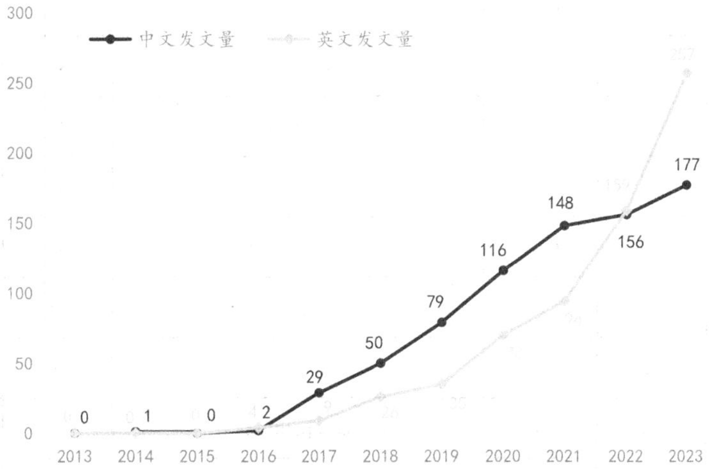

图 1-3-1　2013—2023 年中英文核心期刊发文数量

表 1-3-1　金融科技文献高频关键词及中心度

中文期刊			英文期刊		
关键词	频次	中心度	关键词	频次	中心度
金融科技	609	1.68	innovation	84	0.06
金融监管	61	0.02	technology	77	0.11

（续表）

中文期刊			英文期刊		
商业银行	52	0.01	financial technology	70	0.03
监管科技	50	0.01	impact	64	0.08
融资约束	34	0	financial inclusion	57	0.16
金融创新	34	0.01	adoption	53	0.06
监管沙盒	26	0	fintech	47	0.03
大数据	22	0.01	performance	46	0.06
数字经济	20	0	model	44	0.03
普惠金融	19	0.01	information technology	40	0.04
中介效应	19	0	services	34	0.12
区块链	18	0	determinants	33	0.06
风险承担	14	0	trust	33	0.07
科技创新	11	0.01	information	32	0.04
金融风险	11	0	banking	32	0.05
人工智能	11	0	user acceptance	30	0.02
企业创新	10	0	competition	28	0.07
实体经济	10	0	growth	28	0.02
绿色金融	10	0	artificial intelligence	28	0.05
技术创新	9	0	risk	27	0.03

（三）关键词共现分析

词频分析是对文本中某些词语出现的频率进行统计和分析。通过提取文献中的关键词并进行词频分析，有助于发现并确定该研究领域的热点问题和发展趋势。将转换后的数据导入 CiteSpace 软件，时间切片设置为 1 年，节点类型选择“Keyword”，TopN 阈值设为 50，即在每个时间切片中提取 50 篇被引次数最高的文献。最终绘制了以下中文期刊和英文期刊关键词共现图谱。图中网络节点与文字大小代表关键词出现的频次；连线代表关键词共现关系，连线的粗细程度和深浅代表关联紧密程度；网络密度是该研究领域所有关键词的联系紧密度。中文期刊图谱共包含 298 个节点和 733 条连线，网络密度为 0.0166（见图 1–3–2）。英文期刊图谱共包含 272 个节点和 1434 条连线，网络密度为 0.0389（见图 1–3–3）。

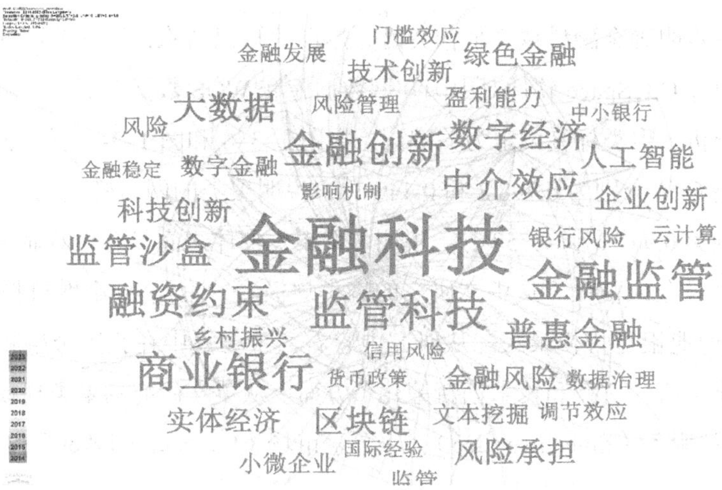

图 1–3–2　中文期刊关键词共现图谱

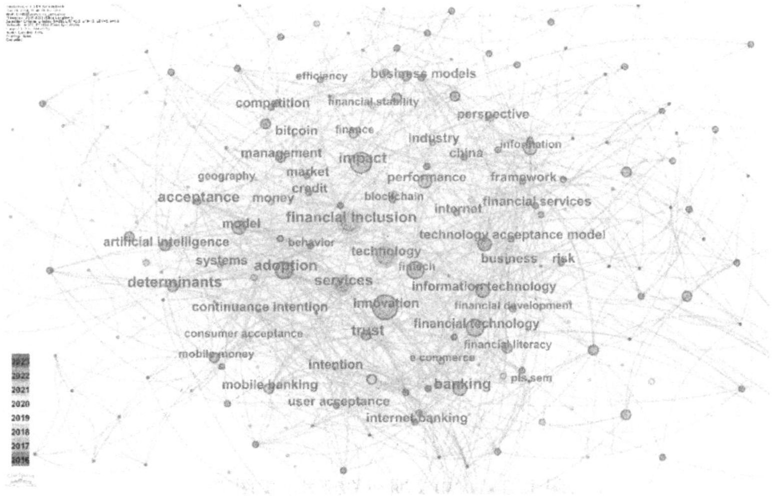

图 1–3–3　英文期刊关键词共现图谱

在金融科技的中文期刊的关键词共现中，金融科技、金融监管、商业银行、监管科技的词频分别为609次、61次、52次、50次，中心性依次为1.68、0.02、0.01、0.01，金融科技本身及其监管问题是中文研究的重点。而在英文研究中，innovation，technology，financial technology的词频分别为84次、77次、70次，中心性依次为0.06、0.11、0.03，金融科技本身及其创新问题更受到关注。

（四）关键词聚类分析

为了进一步明确金融科技文献相关研究热点的知识结构，探寻关键词的组合分类，可以通过CiteSpace软件对中国知网数据库和WOS数据库下的金融科技文献进行聚类分析。聚类标签设定为关键词，如图1-3-4和图1-3-5所示，关键词聚类分析图谱Q值分别为0.798 2和0.449 4[①]，说明聚类的网络模块相关性紧密。图谱S值分别为0.977 6和0.758 2[②]，说明多个聚类群体之间具有相对显著的同质性，聚类合理且令人信服。从中文研究的聚类规模看，聚类#0金融科技、#1监管沙盒和#2商业银行规模最大。从研究内容看，主要集中在我国金融科技对商业银行的影响、监管科技和技术创新等几个方面。从英文研究的聚类规模看，聚类#0金融科技服务（fintech service）、#1金融市场（financial market）和#2金融服务（financial service）规模最大。

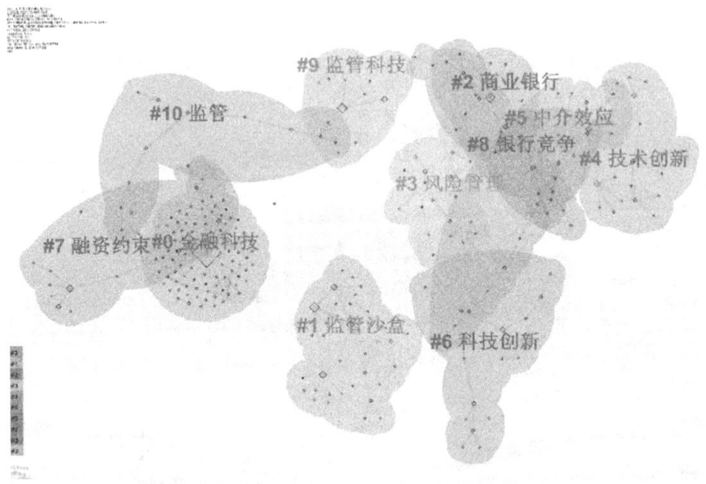

图1-3-4　中文期刊关键词聚类图谱

① Q值代表聚类模块值，一般认为Q>0.3意味着聚类结构显著.

② S值代表聚类平均轮廓值，一般认为S>0.5意味着聚类是合理的，S>0.7意味着聚类是令人信服的。

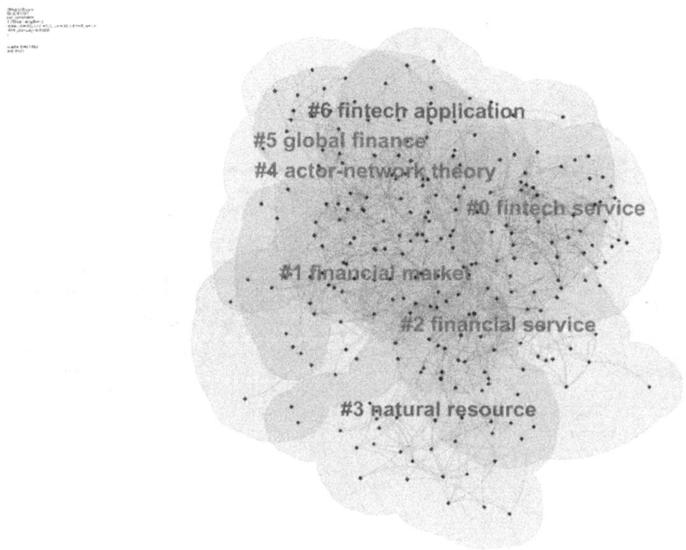

图 1-3-5　英文期刊关键词聚类图谱

如图 1-3-6 和图 1-3-7 所示，为上文聚类中关键词随时间变化的情况，同一坐标上为同一聚类内的关键词。此外，如表 1-3-2 和表 1-3-3 所示，详细列出了聚类文献的数量和包含的主要关键词。对比分析中英文期刊的关键词聚类，可以发现研究的重点关注问题有着明显的区别，中文期刊更加关注商业银行和金融科技风险等问题，而英文文献则侧重科技创新和金融科技服务等问题。

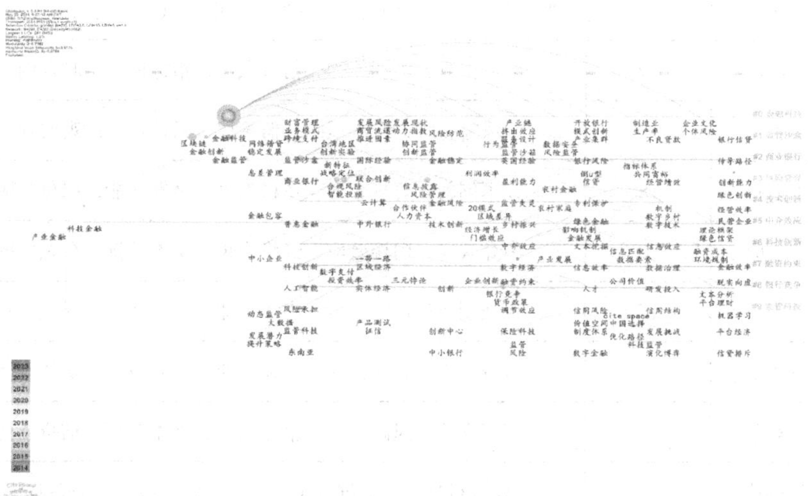

图 1-3-6　中文期刊关键词时间线图谱

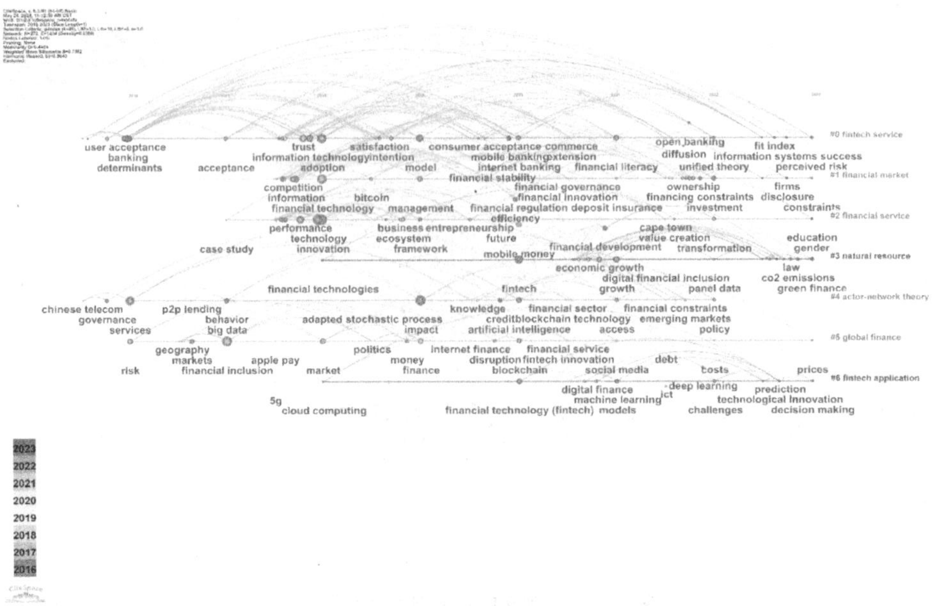

图 1-3-7　英文期刊关键词时间线图谱

表 1-3-2　中文期刊聚类结果

聚类结果	数量	包含主要关键词
#0 金融科技	90	金融科技，区块链，人工智能，大数据，金融创新
#1 监管沙盒	35	监管沙盒，金融创新，金融监管，银行风险，金融消费者保护
#2 商业银行	19	商业银行，盈利能力，信贷风险，指标体系，联合创新
#3 风险管理	19	风险管理，合规风险，监管权，云计算，微观监管
#4 技术创新	18	技术创新，普惠金融，乡村振兴，金融功能，绿色金融
#5 中介效应	17	中介效应，门槛效应，经济增长，文本挖掘，金融发展
#6 科技创新	16	科技创新，数字经济，中小企业，信息效率，绿色创新
#7 融资约束	15	融资约束，企业创新，民营企业，研发投入，实体经济
#8 银行竞争	15	银行竞争，风险承担，信用风险，文本分析，信贷结构
#9 监管科技	13	监管科技，大数据，平台经济，监管沙箱，动态监管

表 1-3-3 英文期刊聚类结果

聚类结果	数量	包含主要关键词
#0fintech service	48	fintech service, continuance intention, moderating effect, theory, medium-sized enterprise borrower
#1financial market	43	financial market, technical trading rule, financing constraint, financial institutions performance, tech spending matter
#2financial service	38	financial service, fintech revolution, innovation disruption, fintech start-up, innovation mechanism
#3natural resource	37	natural resource, green finance fintech, institutional quality, energy transition, green transition
#4actor-network theory	34	actor-network theory, analyzing chain, trend prediction, digital technology, social interactions influence regulator
#5global finance	31	global finance, global south, mobile money, tracing mutation, international development
#6fintech application	29	fintech application, predicting financial crises, deep learning-based fintech, transformative symbiosis, robot-advisory service acceptance

（五）关键词时区图分析

利用 CiteSpace 软件制作金融科技关键词时区图可以有效探究该领域的演进脉络及未来发展趋势。图中节点大小表示关键词出现频率高低，节点颜色对应关键词出现的年份，节点所在时间区域为关键词首次出现年份。

如图 1-3-8 所示，可以看出金融科技相关中文研究最早在 2014 年可查，此时研究主题为科技金融。直到 2016 年以金融科技为关键词的相关研究才被学术界大量关注。2018—2019 年和 2022—2023 年新兴的高频热点关键词相对较少，2020 年金融科技关键词的分布最为密集，并且出现数字经济等重要关联关系，2021 年出现数字金融和绿色金融等热点关键词。热点关键词之间的连线越密集，说明金融科技领域的研究相对越热。我国金融科技的研究主要经历了金融科技的发展、金融科技风险和监管、数字化转型等演变过程，但是 2023 年出现明显下滑。

如图 1-3-9 所示，可以看出发表在 WOS 核心期刊上的英文文献起始年份为 2016 年，研究进程和国内几乎同步，高频关键词在不同年份的密集程度也基本一致。国外的研究主要集中在创新、技术和普惠金融等金融服务方面。

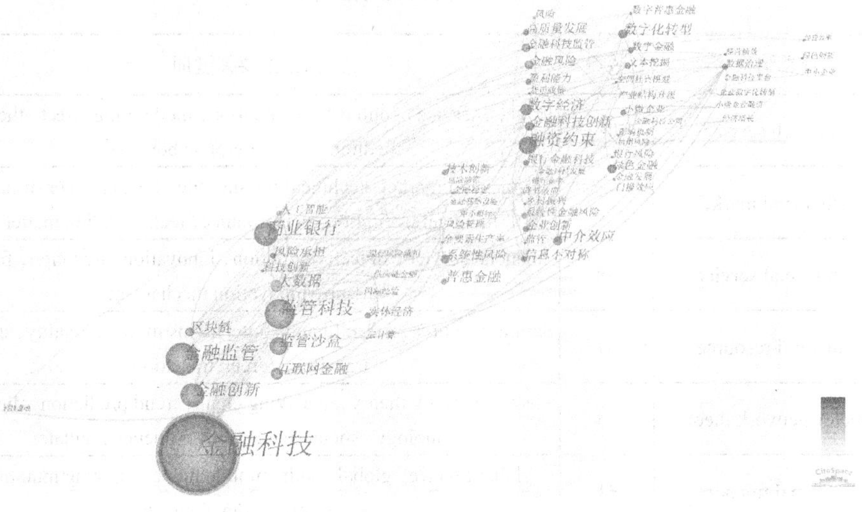

图 1-3-8　中文期刊关键词聚类时区图谱

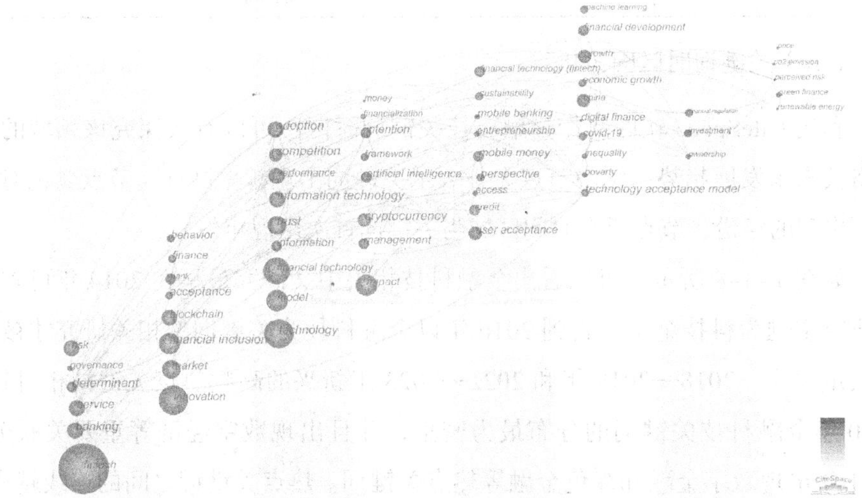

图 1-3-9　英文期刊关键词聚类时区图谱

（六）关键词突现分析

突现（Burst）表示一个变量的值在短期内有很大波动，突现值常用于探测特定时期内的热门主题，新主题的出现代表研究前沿发生了改变。突现值增加的关键词表示在该时间段内，相关主题研究的影响力有所增强。运行关键词突现分析，

CiteSpace 会自动识别出在不同时间段内出现频率显著增加的关键词，并显示它们增长的起止时间。因此，根据 CiteSpace 生成的结果，可以识别出各个时期突现的关键词和不同时间段的研究热点。

将已有数据导入 CiteSpace 软件分别统计关键词突现值，本研究选取了中英文突现词各 25 个，按照关键词突现起始时间由远及近顺序排列。如图 1-3-10 所示，蓝色线段为样本起止时间，红色线段为突现词起止时间。2018 和 2019 年突现词有所减少，说明经历了研究探索期之后，研究主题逐渐稳定，新兴主题的出现速度变缓。在研究内容上，中文期刊近几年关于金融科技的研究主要集中在数字金融、绿色金融及风险等方面。近年来，数字经济和绿色金融受到学者们的高度重视，金融科技研究与绿色金融和数字经济研究相结合，不仅能够推动技术创新和资金有效配置，还能促进可持续发展目标的实现，加速创新扩散，并优化系统整体性能；在研究方法上，中文期刊更加重视金融科技的内在机制检验。而英文期刊近几年关于金融科技的研究热点主要集中在 case study（案例研究）、deposit insurance（存款保险）、commerce（商业）等视角。这一现象反映出不同学术传统和文化背景下对于研究兴趣的差异性。

区块链	2016	4.96	**2016**	2019
金融监管	2016	1.29	**2016**	2017
大数据	2017	4.14	**2017**	2020
人工智能	2017	1.35	**2017**	2020
中小企业	2017	0.94	**2017**	2018
科技创新	2017	0.85	**2017**	2018
监管科技	2017	3.68	**2018**	2019
国际经验	2018	1.73	**2018**	2020
云计算	2018	1.62	**2018**	2019
监管沙盒	2017	1.25	**2018**	2019
合规风险	2018	1	**2018**	2019
实体经济	2018	0.85	**2018**	2019
风险管理	2019	1.38	**2019**	2021
技术创新	2019	1.05	**2019**	2020
创新	2019	1	**2019**	2020
经济增长	2020	1.37	**2020**	2021
风险	2020	1.05	**2020**	2023
普惠金融	2017	0.97	**2020**	2021
信贷结构	2020	0.68	**2020**	2021
门槛效应	2020	0.67	**2020**	2021
调节效应	2020	0.67	**2020**	2021
中介效应	2020	2.35	**2021**	2023
影响机制	2021	1.53	**2021**	2023
绿色金融	2021	0.97	**2021**	2023
数字金融	2021	0.64	**2021**	2023

geography	2017	2.63	**2017**	2020
big data	2017	1.27	**2017**	2018
acceptance	2017	0.91	**2017**	2018
market	2018	2.78	**2018**	2019
systemic risk	2018	2.68	**2018**	2020
strategy	2018	2.14	**2018**	2020
trust	2018	2.1	**2018**	2019
industry	2018	1.52	**2018**	2019
internet	2018	1.52	**2018**	2019
consumer adoption	2019	2.89	**2019**	2020
money	2019	2.65	**2019**	2023
bitcoin	2019	2.53	**2019**	2021
intention	2019	1.94	**2019**	2020
disruption	2020	3.89	**2020**	2021
financial technology (fintech)	2020	3.35	**2020**	2021
information technology	2018	2.79	**2020**	2021
financial stability	2020	2.38	**2020**	2023
systems	2018	2.15	**2020**	2021
consumer acceptance	2020	2.01	**2020**	2021
mobile money	2020	1.81	**2020**	2023
determinants	2016	0.74	**2020**	2021
perspective	2021	1.64	**2021**	2023
commerce	2021	1.35	**2021**	2023
deposit insurance	2021	1.35	**2021**	2023
case study	2017	0.99	**2021**	2023

图 1-3-10　中文和英文期刊关键词突现分析图谱

表 1–3–4 和表 1–3–5 为针对国内外研究的发文机构进行的汇总研究。在中文期刊发文量的机构汇总中，南京农业大学金融学院中国社科院金融研究所、对外经济贸易大学、中央财经大学等排名靠前。在外文期刊发文量的机构汇总中，中国社科院、对外经济贸易大学、西南财经大学、西安交通大学、四川大学等国内高校的英文期刊发文量排名较高，与中文期刊部分机构排名结构相一致。

表 1–3–4　国内论文研究机构发文情况

发文量	研究机构	发文量	研究机构
17	南京农业大学金融学院	7	河北工业大学经济管理学院
15	中国社会科学院金融研究所	7	上海财经大学金融学院
14	对外经济贸易大学中国金融学院	6	中国人民大学财政金融学院
10	对外经济贸易大学国际经济贸易学院	6	上海理工大学管理学院
10	中央财经大学金融学院	6	武汉大学法学院
9	华南理工大学经济与金融学院	5	北京大学经济学院
8	中南财经政法大学金融学院	5	南京师范大学商学院
8	同济大学法学院	5	上海大学法学院
8	湖南农业大学经济学院	5	陕西师范大学国际商学院
8	天津财经大学金融学院	5	复旦大学经济学院
7	湖南工业大学经济与贸易学院	5	辽宁大学经济学院
7	中国社会科学院财经战略研究院	5	首都经济贸易大学金融学院
7	西南大学经济管理学院	5	南开大学经济学院

表 1–3–5　国外论文研究机构发文情况

发文量	研究机构	发文量	研究机构
17	University of London	5	Guangdong University of Foreign Studies
12	University of Sydney	5	State University System of Florida

（续表）

发文量	研究机构	发文量	研究机构
8	University of New South Wales Sydney	5	University of Sharjah
8	University of Hong Kong	5	King Abdulaziz University
8	Chinese Academy of Sciences	4	Wuhan Textile University
8	University of International Business & Economics	4	University of California System
8	Southwestern University of Finance & Economics - China	4	Abdul Wali Khan University
7	University of Oxford	4	University of London School Oriental & African Studies（SOAS）
6	Boston University	4	University of North Florida
5	Korea Advanced Institute of Science & Technology（KAIST）	4	University of Johannesburg
5	Xi' an Jiaotong University	4	Xi' an Jiaotong-Liverpool University
5	Cornell University	3	George Washington University
5	Sichuan University	3	University of Birmingham

CiteSpace 的研究结果显示，金融科技领域的发文量从 2016 年开始呈现快速增加趋势。研究热点关键词为金融科技、商业银行、监管和风险等，研究方向从金融科技发展扩展到风险和监管进而延伸到数字化转型等方面。研究前沿主要是数字化转型、数字金融、绿色金融等方面，这些新的问题与金融科技的联系值得学者们继续挖掘。总体来看，中文文献的研究方向与英文文献存在较大的不一致性，反映出不同学术传统和文化背景的学者研究兴趣的差异性。近些年我国学者在金融科技方向的英文发文量快速增长，也说明了我国科研水平的提升。

二、其他可视化研究

为了避免单一软件可视化分析出现问题，笔者继续采用其他的可视化分析软件，在中国知网通过搜索关键词“金融科技”，属于核心和 SCI/EI 来源期刊的学术文章共有 842 条，针对这些文章进行分析。如图 1–3–12 所示，圆圈越大说明该词出现得越频繁，颜色越接近黄色，说明发表时间越新。经过分析，重要的关键词包括：金融科技、人工智能、区块链、大数据、金融监管等。与其相关的互联网金融出现较早，颜色较深，在金融科技未被提出之前，很多研究将互联网金融与金融科技画等号，会造成一定的误区。而学术界较新的有关金融科技的研究集中于数字经济、数字技术、融资约束等问题。2020—2021 年，金融科技的实证论文数量明显增加，且主要使用文本挖掘等方式衡量金融科技的变量。研究结论与 CiteSpace 的分析结果基本一致，反映出了金融科技领域的文献的发展趋势与前沿问题。

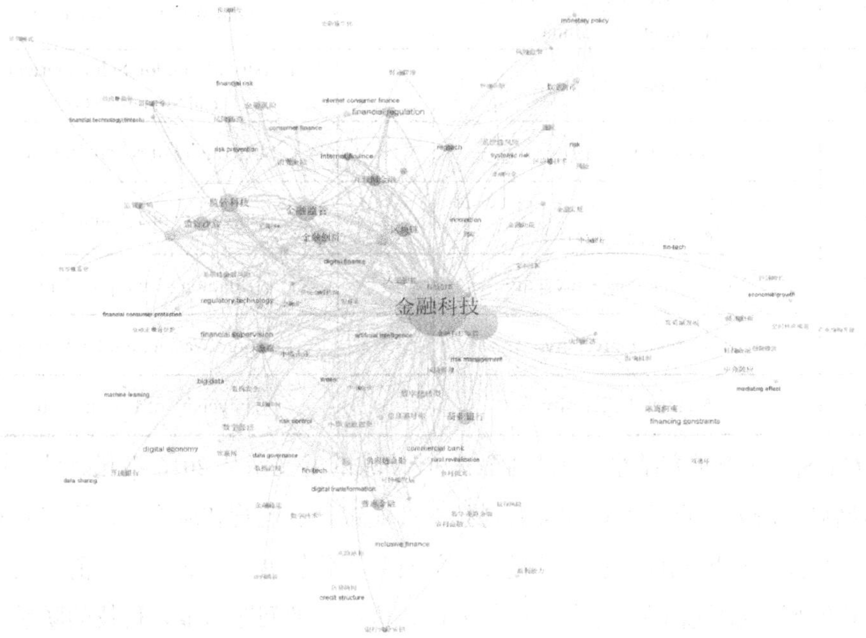

图 1-3-12　金融科技文献搜索关联图

三、金融科技研究主题分类

前期的相关研究成果主要集中在定性分析上，包括金融科技的内涵与发展动因、对金融机构和实体经济的影响、金融科技风险识别和监管等问题。

（一）金融科技的内涵与发展动因

金融科技利用大数据、人工智能、云计算和区块链等技术，广泛开展支付结算、存贷款和资本筹集、投资管理和市场基础设施等业务。皮天雷等（2018）和朱太辉（2018）[①] 对金融科技的内涵和演进进行分析和总结。许多奇（2018）[②] 和巫云仙（2016）[③] 认为金融科技具有提升金融效率、重塑金融生态、促进普惠金融发展、重构金融基础设施等作用，但是并未改变金融的本质。金融科技的发展动因相关研究包括信息技术、机器学习等，推动金融科技发展的主要力量有需求驱动、供给驱动、技术驱动和监管驱动。

（二）金融科技的影响

这里主要讨论金融科技对金融机构、普惠金融和实体经济的影响。金融科技是把双刃剑，与传统金融具有竞争与合作的双重关系。一方面，金融科技可以通过信贷、中间业务等，加剧与商业银行等大型金融机构的竞争，对商业银行产生冲击。另一方面，金融科技可以推动传统金融企业的转型升级，提高传统金融企业的工作效率。传统金融企业过去的价格优势、规模优势、渠道优势和竞争策略不足以应对金融科技企业的冲击，需要更灵活和前沿的商业模式和发展战略，从而推动商业银行的进一步发展。因此实证文献主要集中在金融科技对于传统金融的促进和冲击。

金融科技创新发展了普惠金融，解决了传统金融信息不对称、成本高等问题，有助于金融行业扩展其服务范围，提升金融服务效率和信息识别能力，满足中小微企业、低收入群体、民营企业等长尾客户的融资需求，促进经济的均衡发展[④]。金融科技促进了数字技术与普惠金融的融合，提高了金融机构信用风险定价能力，确保了交易真实有效，催生了数字普惠金融，对普惠金融的可持续发展具有重要意义。[⑤] 但是也有部分研究对于金融科技助力普惠金融发展提出了质疑。陆岷峰和徐阳洋（2021）[⑥] 提出金融科技通过普及金融服务，灌输给人们提前消费的理念，

---

① 朱太辉．我国 Fintech 发展演进的综合分析框架 [J]. 金融监管研究，2018（1）：55-67.

② 许多奇．金融科技的“破坏性创新”本质与监管科技新思路 [J]. 东方法学，2018（2）：4-13.

③ 巫云仙 .FinTech 对金融业的“破坏性创新” [J]. 河北学刊，2016，36（6）：116-123.

④ 张勋，万广华，张佳佳，等．数字经济、普惠金融与包容性增长 [J]. 经济研究，2019，54（8）：71-86.

⑤ 付琼，郭嘉禹．金融科技助力农村普惠金融发展的内在机理与现实困境 [J]. 管理学刊，2021，34（3）：54-67.

⑥ 陆岷峰，徐阳洋．科技向善：激发金融科技在金融创新与金融监管中正能量路径 [J]. 南方金融，2021（1）：10-19.

并且通过提供高利率产品，损害长尾客户的利益，并且可能使得长尾客户陷入循环贷款，无法达到普惠的目的。陈忠阳（2021）[①]认为金融科技带来的降低融资成本等利润，会被金融科技企业截留，无法使得消费者获取这部分收益，经营者的违规经营更可能损害消费者的利益。

金融科技对实体经济的影响，主要通过促进投资资本积累、满足长尾消费需求、扩展对外贸易等方式促进经济的发展刘园等[②]研究发现金融科技的发展初期会降低实体企业投资效率，但配合金融监管后将有助于实体企业投资效率的提高。庄雷和王烨[③]认为金融科技带来消费与产业升级，促进投资多元化从而提高投资效率，进一步分析了金融科技创新对实体经济的抑制和促进作用。李杨和程斌琪[④]从投资资本积累、储蓄—投资转化、长尾消费需求、外贸中的可贸易范围等方面，研究金融科技影响中国经济增长的路径。

（三）金融科技风险识别和监管

这里主要研究金融科技风险产生的机理、风险类型、监管科技、监管沙盒等。金融科技的发展初期缺少完善的管理机制，小而分散的业务模式给风险管理带来了极大的困难，长尾客户群体的风险承受能力较差，极易受到极端事件的冲击，风险传播速度较快，极易引发系统性风险。金融科技依赖于技术，由于技术和网络所诱发的技术风险比传统风险更加复杂，并难以控制。朱太辉和陈璐[⑤]研究发现金融科技存在高开放性、高互通性、高科技性等特征，隐含了操作风险和信息技术风险等，因此使得传统金融风险更加隐蔽，极易造成系统性风险，从而对金融稳定造成威胁。部分学者对于金融科技的操作风险、网络风险、合规风险、技

① 陈忠阳.金融科技发展的本质与方向[J].中国金融，2021（4）：32–34.

② 刘园，郑忱阳，江萍，等.金融科技有助于提高实体经济的投资效率吗？[J].首都经济贸易大学学报，2018，20（6）：22–33.

③ 庄雷，王烨.金融科技创新对实体经济发展的影响机制研究[J].软科学，2019，33（2）：43–46.

④ 李杨，程斌琪."一带一路"倡议下的金融科技合作体系构建与金融外交升级[J].清华大学学报（哲学社会科学版），2018，33（5）：113–125；197–198.

⑤ 朱太辉，陈璐.Fintech 的潜在风险与监管应对研究[J].金融监管研究，2016（7）：18–32.

术风险、信用风险等进行了研究。何涌和谢磊基于 CiteSpace 文献可视化[①]，对金融科技的内涵、风险与监管进行了文献梳理与研究展望，从技术视角下明确了金融科技的风险，进而从监管理念、监管工具、监管模式等方面梳理我国目前金融科技监管存在的问题，并提出了后续金融科技监管的思路和研究的方向。

我国金融科技的监管路径演变从“自由放任”到“适度监管”再到“强势监管”。技术驱动的监管可以实现实时、动态的监管，降低监管成本，利用技术提升合规效率，解决数据有效性的问题，有利于健康透明的监管体系构建。众多学者认为监管科技是未来金融监管的发展趋势，对于监管科技的研究主要从技术应用和生态战略等角度展开，参考美国、英国、新加坡和印度等国的金融科技监管经验，建议引入监管沙盒。文献主要集中研究实施监管沙盒的必要性和可行性、制度设计和实施、运行模式和发展趋势等。监管沙盒可以为企业创新提供安全的环境，并且能使消费者的利益得到切实保护。

① 何涌，谢磊．金融科技的内涵、风险与监管的中国方案：一个基于文献可视化的研究综述 [J]. 金融发展研究，2022，4：82-89.

第二章　金融科技的核心技术及应用场景

《中华人民共和国国民经济和社会发展第十四个五年规划和 2035 年远景目标纲要》中指出，要健全具有高度适应性、竞争力、普惠性的现代金融体系，有序推进金融创新，稳妥发展金融科技，加快金融机构数字化转型。这标志着金融领域的科技创新与数字化建设将迈入多领域、深层次探索与实践的新阶段。同时，随着行业细分领域规范逐步出台，多场景应用与安全监管并行。《FinTech 行业研究报告》指出“科技的介入加速解决了传统金融的信息采集、风险定价模型、投资决策、信用中介等行业痛点，大数据、云计算、人工智能、区块链等是 FinTech 重要的技术维度驱动力，在数字化转型过程中发挥了举足轻重的作用”。尽管对于金融科技的界定众说纷纭，但是提到金融科技的应用场景通常包括以下五个方面：线上移动支付、智能投顾、新型融资方式、区块链及智能风控与征信。

第一节　人工智能在金融行业的应用

一、人工智能定义与应用分类

（一）概念

人工智能指将人类智能延伸到计算机系统，中国电子技术标准化研究院 2018 年发布的《人工智能标准化白皮书》定义“人工智能是利用数字计算机或数字计算机控制的机器模拟、延伸和扩展人的智能，感知环境、获取知识并使用知识获得最佳结果的理论、方法、技术及应用系统。”

（二）应用分类

大数据技术主要通过发现市场规律、挖掘潜在的数据信息、优化资源配置等方式助力金融行业发展。近年来，随着市场竞争加剧、人力成本上升、监管趋严等因素的影响，以银行为代表的金融机构数字化转型需求不断增加，如优化客服与运营业务、精准营销、身份识别、信贷风控与合规控制、保险理赔、智能投顾等业务场景的需求。智能语音、机器学习、知识图谱、自然语言处理等技术功能不断完善，与金融机构数字化转型的需求相匹配。人工智能 + 金融主要是对传统行业的模式创新和流程再造，促进新经济形态的演化，催生新的商业模式，带来产业全面升级。根据应用领域的不同，人工智能技术在金融行业的应用主要分为客户服务、智能投顾、智能风控及其他类型应用（见图 2–1–1）。

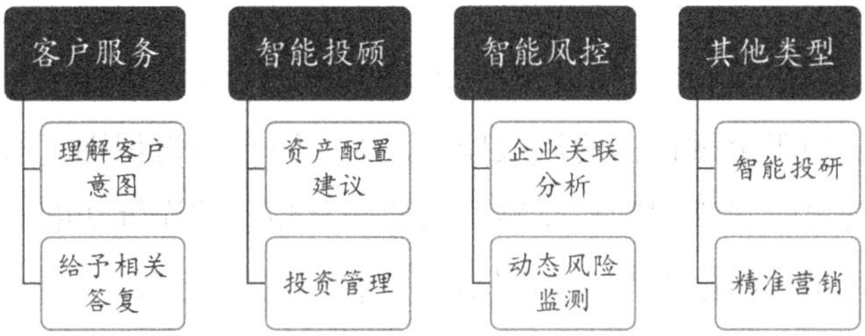

图 2–1–1　人工智能技术在金融行业的应用

1. 客户服务与运营业务优化

依托于自然语言处理、知识图谱等人工智能技术，金融机构逐步开展了智能客服和网点机器人服务等业务，以智能化和自动化的方式掌握客户的需求及时回复和满足。智能客服通过自然语言处理技术了解客户需求，再通过知识图谱技术理解客户需求并给出回复，也可以将生物识别和人脸识别技术等应用于账户远程开户和业务签约。整体提高了应答和服务的效率，降低了运营成本，提升了客户服务质量。

2. 智能投顾

智能投顾的核心技术包括机器学习等人工智能技术和大数据技术。金融机构首先根据投资者的风险偏好、投资目标、财务状况及其历史交易行为等大数据，精准识别投资者的投资偏好和风格。基于哈里 · 马科维茨（Harry Markowitz）的现代投资组合理论（Modern Portfolio Theory），只要投资者偏好与市场这两大维度数据足够庞大可靠，合理的量化投资组合模型就可以找到最适合投资者的唯一解。相较于传统投资顾问需要基于从业者自身经验与素质为消费者配置资产，金融科技通过数据挖掘技术对消费者个人信息进行收集、处理，构建量化投资模型，从而为其提供具有针对性的投资顾问、咨询等私人定制化服务，帮助消费者做出理性、优质的投资决策，有效地消除了部分信息不对称问题，提高了市场上投资活动的效率，同时降低了投资者和金融机构的成本，加快了金融产品创新。例如，百度整合了全平台的海量数据，利用数据抓取和处理技术生成金融图谱，在量化投资方面，构建基于百度大脑的量化投资决策系统，收集整合投资者网上搜索数据、经济数据、券商研究报告等数据，构建量化投资策略，并提供专业的投资策略咨询服务。

3. 风险控制

知识图谱、机器学习、自然语言处理、生物识别等人工智能技术可以与大数据技术结合，应用于金融机构的风险控制，如安防与身份识别、信贷风控与合规控制等可以实现风险异常识别与监测、风险预警和反欺诈等功能。大数据技术通过整合结构化和非结构化数据，使用知识图谱和机器学习技术分析企业合作伙伴、股权结构、对外投资关系等数据，精准识别用户身份，动态监测异常变化。智能风控基于大数据挖掘分析，通过分析市场历史数据可以得到进行风险控制时最为重要的参数，甚至能够有效识别“黑天鹅”事件。金融企业对投资者的征信评估主要依据抓取的消费者数据，该技术已经被许多企业结合金融服务使用。如芝麻信用是 2015 年上线的第三方征信系统，通过抓取阿里金融生态系统、公安网、公积金等多个公共机构的联合数据，评估客户的信用历史、行为偏好、履约能力、身份特质、人际关系五个维度。未来如果金融机构能够共享整合各自的征信数据，将有助于降低征信评价的成本，有效提升准确性。

4. 其他类型

智能投研应用自然语言处理、知识图谱等人工智能技术，可以自主完成数据收集、整理及简单的统计分析等非核心类投研工作，为投资研究人员提供辅助性支持，从而提高研究工作效率。精准营销和智慧营销利用大数据对客户财务和行为等数据进行整合，通过机器学习等人工智能技术对客户的消费或投资模式进行分析，提供个性化的产品推荐和营销服务。

二、人工智能在金融行业的发展与应用

随着移动互联网的普及，我国的数据资源量快速增长，为人工智能技术的行业应用发展提供了良好的环境。根据艾瑞咨询数据显示，在 2022 年金融科技投资中，人工智能投入达到 580 亿元。金融机构对人工智能技术在提升金融数据处理分析能力、推动金融服务个性化发展、提升金融风险控制有效性等方面价值的认可程度不断提高。人工智能在金融行业应用的市场规模不断扩大，2023 年达到 1 506.4 亿元。

从技术细分角度，金融领域的机器学习类产品发展速度较快，2021 年金融机器学习产品占人工智能 + 金融核心产品市场规模比重达 42.2%，其他产品规模占比额分别为计算机视觉（25.3%）、智能语音及对话式人工智能（15.4%）、自然语言处理（10.1%）、知识图谱（7%）。[①] 近三年由于互联网金融业务监管收紧，从需求端对金融科技行业产生了负面影响，导致人工智能金融应用市场增速降低至 30% 以下。大型互联网金融平台公司如蚂蚁集团等，还对旗下的金融和科技业务进行了拆分。从行业细分角度，银行业人工智能技术应用广泛且应用场景价值突出；证券业和保险业在人工智能场景应用成熟度相对较低，存在较多单一业务场景的应用，随着未来智能化业务和场景需求不断增加，人工智能技术赋能的空间也会变得更加广阔。

（一）人工智能 + 银行

商业银行为客户提供存贷款、财富管理等金融服务，能够获得海量的客户信息（资产情况、社会关系等），同时与大量外部公共数据资源相连接，形成庞大的数据集，这些数据集成为训练特定行业垂直大模型的重要基础。近几年我国商业银行积极布局人工智能领域，银行大模型的应用主要有自研与第三方合作两种模式。对于拥有海量金融数据且应用场景丰富的银行来说，引入先进的大数据模型，可以解决金融科技定制化服务成本高和客户需求变化速度快等问题，可以通过微调方式形成专业领域的大数据模型，提高运营的效率。

2023 年以来由 ChatGPT 引爆的 AIGC（人工智能生成内容）浪潮，进一步加快了银行业的数字化转型速度，国产大模型争相出炉。百度推出文心一言，阿里

① 华经产业研究院《2023—2029 年中国金融 AI 行业市场运行态势及投资战略规划报告》。

云、华为和商汤推出通义千问、盘古大模型和日日新大模型，大模型的出现拉开了通用人工智能的序幕。工商银行于 2023 年 3 月率先推出人工智能金融行业通用模型，初步尝试将超大规模通用模型应用于金融行业的实践。农业银行发布自主创新的金融人工智能大模型应用——ChatABC，实现了金融知识理解和问答应用功能，打通了“大模型 + 小领域”的应用路径。邮储银行、中信银行、兴业银行、江苏银行等接入文心一言，在智能客服、智能营销、财富管理等领域开展人工智能大模型应用。度小满“智能化征信解读中台”，将自然语言处理和图算法应用在征信报告的解读上，完善银行风控模型，提升风险区分度。GhatGPT 相关产品如表 2-1-1 所示。

表 2-1-1　GhatGPT 相关产品和应用

时间	相关产品和应用
2022-11-30	ChatGPT 正式发布
2023-02-14	中信银行宣布成为文心一言首批生态合作伙伴
2023-02-16	邮储银行接入文心一言
2023-02-22	兴业银行宣布成为文心一言首批生态合作伙伴
2023-02-26	江苏银行接入文心一言
2023-02-27	苏州银行宣布接入“文心一言”
2023-03-16	百度发布文心一言
2023-03-17	工商银行发布基于昇腾 AI 的金融行业通用模型
2023-03-17	农业银行发布 ChatABC 的自主金融 AI 大模型
2023-03-24	360 发布 360 智脑
2023-04-11	阿里云发布通义千问
2023-04-11	杭州银行接入文心一言
2023-04-17	昆仑万维发布天工 1.0
2023-05-06	科大讯飞发布星火认知

（二）人工智能证券

证券公司目前也在积极采用最前沿的AIGC模型。2023年3月30日，Bloomberg（彭博）发布了采用自助构建数据集和语料库开发出的拥有500亿参数的大语言模型（LLM）Bloomberg GPT，专门针对金融行业数据进行自然语言处理，如情感分析、命名实体识别、新闻分类和问答等，在金融领域展现出较高的性能和专业性。该模型在预训练阶段就已经学习了大量金融知识，所以在后续的微调中能够更快地适应特定场景。通过GPT自动生成查询语言，进行金融问答以及征集新闻标题的建议等。摩根士丹利则委托OpenAI为其定制开发一款面向内部投资顾问的人工智能系统。利用人工智能技术高效解析海量的研究报告、评论和资产分析模型，从而为客户提供更加精准和高效的投资咨询服务，大幅提升投资顾问的工作效率和服务质量。中信证券推出了基于生成式预训练大模型的智能助手CiticsAI，它结合了证券行业和中信证券内部特有的语料数据，可以全面赋能公司员工和客户的日常办公，提高境内外员工的沟通效率。2023年以来，我国超过10家券商宣布与百度的文心一言建立合作伙伴关系，合作内容包括虚拟人问答、投研辅助、智能搜索及投顾、数智客服等多种场景，标志着证券行业对AIGC技术的高度认可和积极应用。

（三）人工智能+保险

Lemonade① 将保险与科技相融合，构建人工智能机器人平台。该平台打造出一款基于GPT-3技术的销售机器人玛雅，利用自然语言处理和机器学习技术为客户提供个性化的保险推荐和咨询服务。当客户有购买保险的意愿时，通过与机器人玛雅简单聊天两分钟，系统便能识别与处理客户信息，并推荐适配客户的保险产品及报价，从而促成交易的达成。

（四）金融IT公司

同花顺公司旗下的人工智能投顾平台i问财是应用于财经领域的自然语言、语音问答系统，可以提供智能金融问答、智能投顾、会议转写系统等产品和服务，实现多场景应用。指南针推出的“全赢决策系统智能阿尔法版”和“全赢决策系

① 根据网络搜索：莱蒙纳德公司Lemonade Inc.(NYSE:LMND)创立于2015年，总部位于美国纽约州纽约市，全职雇员1367人，是一家财产和意外伤害保险公司。

统私享家手机版”产品，利用基本面、资金流、技术和事件等因子进行大数据评价体系归因分析，完成模型构建，满足客户对大盘、行业和个股的分析需求。恒生电子发布金融智能助手光子 / 智能投研平台 WarrenQ 和金融大模型 LightGPT。宇信科技作为百度的重要战略合作伙伴，持续推进双方在人工智能领域的合作，其人工智能催收产品通过对贷后催收的全流程、集中化、线上化管理，可以实现催收管理策略化、催收执行自动化、委外管理规范化，满足金融机构催收管理工作效率与合规管控双提升的需求。自从 2023 年百度宣布推出文心一言以来，已有超过 700 家企业接入文心一言，包括恒生电子、宇信科技、凌志软件、京北方等多家金融 IT 公司。

第二节　大数据在金融行业的应用

一、大数据定义与应用分类

（一）概念

大数据（Big data）是指具有体量巨大、来源与结构多样、生成速度快、单位价值密度低、多变等特征，且需要使用非结构化数据库等新型数据体系结构才能有效处理的数据[①]。

（二）应用分类

金融行业的数据具有密度大、体量大、逻辑性强、结构化等特点，同时又对数据的实时性、安全性和稳定性要求较高，因此金融行业的大数据分析具有起步早、技术水平高、发展快等特点。另外，由于金融行业风险特殊性和传染性较强，极易造成系统性风险的出现，因此我国监管部门针对金融大数据分析出台了详细的监管政策，主要包括数据收集、数据治理、大数据软件应用等多个方面。金融行业的数据分析应用场景广泛，根据应用领域的不同，可以分为精准营销、风险

① 参考工信部 2014 年 5 月发布的《大数据白皮书（2014 年）》以及中国国家质量监督检验检疫总局、中国国家标准化管理委员会 2017 年 12 月发布的《GB/T35295-2017 信息技术大数据术语》（GB/T35295-2017）。

控制、监管科技及其他类型应用（见图 2-2-1）。

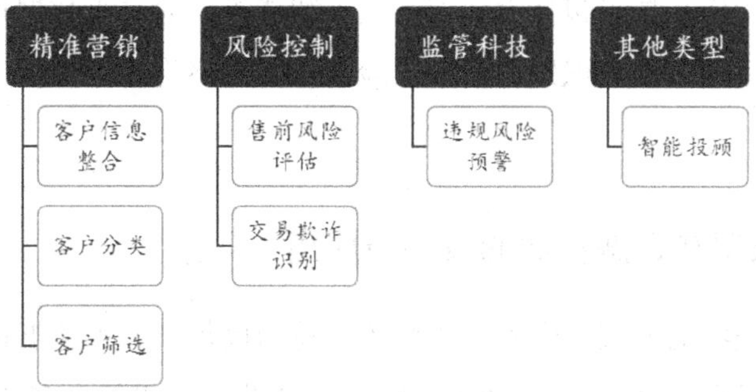

图 2-2-1　大数据技术在金融行业的应用

1. 精准营销

大数据技术能够提高营销转化率，实现精准营销。利用大数据整合企业内外部数据，并基于客户行为等数据（客户的人口统计学特征、消费能力数据、兴趣数据、风险偏好），通过用户画像技术对用户进行标签化分类，捕捉客户潜在需求，进行产品的精准推荐。基于大数据平台形成的客户信用分级，对客户进行筛选，从而实现精准营销和获客。①

2. 风险控制

通过挖掘和分析海量数据，金融机构能够更准确地识别、评估和监控各类风险，并提高合规管理的效率和准确性。金融机构在以往的风险控制中主要是根据客户信用数据、历史交易数据等单一维度数据进行贷前风险识别，而大数据平台可以整合客户的社交、消费等不同类型的行为数据，突破了数据维度的限制。利用大数据技术，可以将客户的历史行为数据与当前交易行为数据进行对比，识别恶意用户和欺诈行为，降低了信用评估成本，将审核周期大大缩短。

3. 监管科技

大数据技术可以协助金融机构对企业的资金链、违规记录、网络投诉率等数据进行综合分析，有助于识别洗钱、非法集资等违法违规行为，及时有效进行监管，提高风险预警的准确性。

① 参考头豹研究院金融科技系列研究报告《2019 年中国金融科技行业深度报告》。

4. 其他类型

智能投顾的核心技术包括大数据、人工智能等，通过大数据技术分析用户交易行为等个性化的数据，识别用户的风险偏好，最终为用户提供个性化的资产配置方案。

二、大数据在金融行业的发展与应用

随着数字经济的发展，受到宏观政策支持力度加大、大数据标准化体系逐步完善、数字应用普及率提高、大数据相关技术进步与升级等众多利好因素的影响，我国大数据产业整体规模近几年持续增长（见图 2-2-2）。2022 年我国大数据产业规模达到 1.57 万亿元，2023 年增长到 1.9 万亿元。2019—2023 年年复合增长率为 25%，市场呈现较快增长趋势。[①]2023 年数据的生成速度不断加快，非结构化数据占比持续增多，数据来源、数据类型不断丰富，带动了数据治理、数据智能分析、混合云等市场的快速发展。数据资产化、数据交易、数据跨境流通等成为大数据市场的新热点。

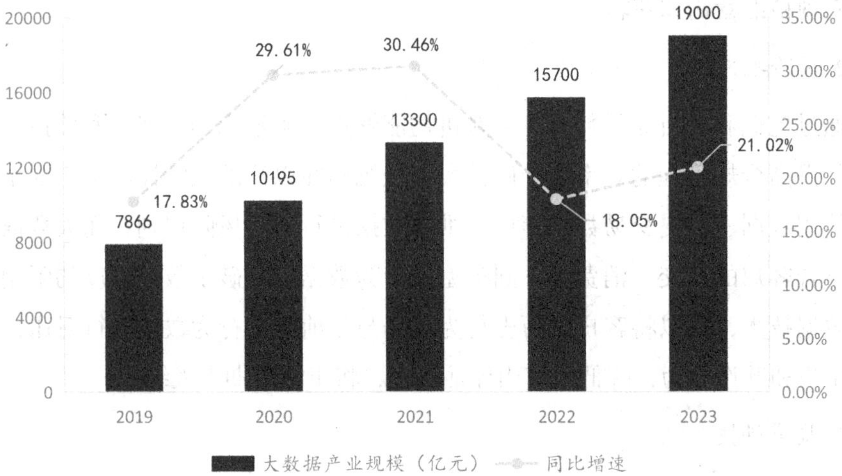

图 2-2-2　我国大数据产业规模

① 国家工业信息安全发展研究中心《2019 中国大数据产业发展报告》https://www.cnr.cn/list/finance/20191211/t20191211_524893035.shtml 国家互联网信息办公室发布《国家信息化发展报告(2023 年)》数字中国建设发展进程报告（2019 年）

对于大数据技术与行业的融合应用，金融行业是当前主要的应用行业之一，行业应用占比排名长期保持在前三，目前达到15%。大数据在金融行业的应用呈现出深度融合、多维度拓展的特征，为金融行业的转型升级和创新发展起到了推动作用。金融行业与大数据技术的深入融合，降低了企业运营成本，提升了企业经营效益，随着中小银行等机构的大数据金融应用领域进一步拓展，大数据技术在中国金融行业的应用市场规模将持续稳步增长。

第三节 区块链在金融行业的应用

一、区块链定义与应用分类

（一）概念

区块链技术的概念起源于2008年中本聪发表的论文[①]。这种技术是利用块链式数据结构来验证与存储数据，利用分布式节点共识算法来生成和更新数据，利用密码学的方式保证数据传输和访问的安全，利用自动化脚本代码组成的智能合约来编程和操作数据的一种全新的分布式基础架构与计算范式。其本质是一种去中心化的、分布式结构的数据存储、传输和证明的方法，该技术使用数据区块，将所有用户数据和海量交易数据都存录进一个云端系统，解决了当前互联网络必须依赖中心服务器的问题。

（二）应用分类

区块链技术在金融领域具有根本性、颠覆性的影响力，但同时存在着极大的不确定性，具有加密、免信任、分布式和智能合约等特征。区块链技术将会彻底颠覆现有金融服务体系和金融基础设施。包括各个不同的应用领域，如信用机制、交易增效、隐私保护、监管科技等方面（见图2-3-1）。

---

① Satoshi Nakamoto, Bitcoin：A Peer-to-Peer Electronic Cash System
http://satoshinakamoto.me/whitepaper/
https://bitcoin.org/en/bitcoin-paper

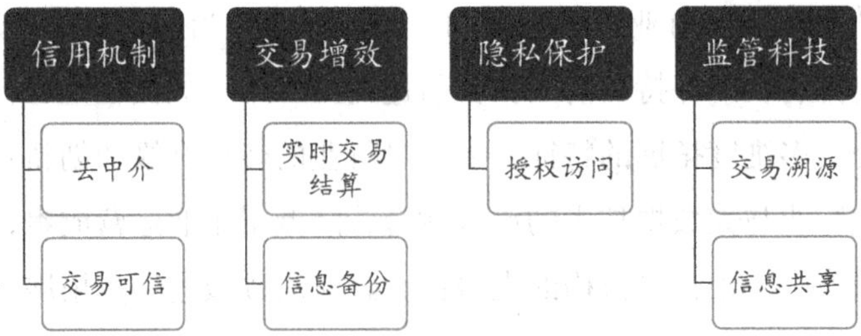

图 2-3-1　区块链技术在金融行业的应用

1. 信用机制

区块链技术重构了信用创造机制，利用共识算法使人们自动达成交易，交易双方无需了解对方基本信息或借助第三方机构的担保，即可直接进行价值交换。区块链的技术特性保证了价值交换过程中的行为记录、传输、存储结果都是可信的，减少了为达成交易而产生的参与方数量，提升了交易可信度。① 此外，借助于区块链技术的不对称的加密技术可以保证电子存证的真实性和安全性。

2. 交易增效

区块链技术可以使任意两个节点直接进行点对点的交易，实现实时交易与结算，大幅降低信息传递过程中出现错误的概率，提升交易可信度，提高金融结算效率，降低交易成本。区块链通过分布式网络结构，将信息储存于网络的每个节点中，单个节点缺失信息不影响其余节点正常运转，每个节点存储的信息保持一致，信息高度透明，保证交易的安全可靠，避免数据被篡改，全业务流程可追溯可审计。部分银行将区块链技术应用于贸易结算，用数字加密技术代替传统的纸质提单，有效提高了结算的安全性。

3. 隐私保护

区块链技术通过节点授权机制，授予节点访问信息的权限，信息的保密性与私密性得到保证，对于建立用户个人信息保护制度，保证个人信息、财产状况、信用状况等私密信息的安全具有重要应用价值。

4. 监管科技

区块链具备匿名保护、安全通信、多方维护和可溯源等特点，有助于金融行

① 参考头豹研究院金融科技系列研究报告《2019 年中国金融科技行业深度报告》。

业打破数据孤岛的现状。在开展金融业务的同时将交易信息同步上链，可实现交易信息的公开透明和可溯源。由于区块链具有多方维护特性，各金融机构对金融账本都拥有维护权限，各单位间可以相互查阅并分享信息，有助于金融机构动态掌握金融交易的全貌，协助监管部门打击多头借贷、骗保、票据作假、重复质押等不合法、不合规现象。

二、区块链在金融行业的发展与应用

区块链具有去中心化、数据不可篡改、保护私密数据的技术特性，能够满足金融监管对金融业务信息数据安全保护、交易数据溯源等需求，降低金融风控与金融监管成本、提高数据可靠性，助力普惠金融的发展。目前在金融行业的应用主要包括数字票据、智能合约、供应链金融、支付交易清算、权益登记和转让等细分场景。

国外区块链技术在金融领域的应用，主要集中于跨境支付、清算结算、贸易融资、风控等领域。而我国主要集中在银行业，如中国工商银行、中国银行、兴业银行等在防金融欺诈、资产托管交易、金融审计、跨境支付、对账与清结算、供应链金融及保险理赔等方面应用区块链技术，解决了之前金融服务中存在的信用校验复杂、成本高、流程长、数据传输存在误差等难题（见表 2-3-1）。

表 2-3-1　我国主要金融机构区块链实践

金融机构	区块链应用事件
招商银行	跨境支付：联手永隆银行、永隆银行深圳分行，成功实现区块链跨境人民币汇款； 清算结算：将区块链应用于跨境直联清算、全球账户统一视图和跨境资金归集三大场景； ABS（资产支持证券）：牵头完成以 Pre-ABS 功能为主的区块链平台
微众银行	清算结算：与上海华瑞银行合作的“微粒贷”，用于两家银行间联合贷款的结算、清算业务
蚂蚁金服	跨境支付：AlipayHK 与 Gcash 合作开发全球首个在跨境汇款全链路使用区块链的电子钱包
京东金融	ABS：设立“京东金融 - 华泰资管【19】号京东白条应收账款债权资产支持专项计划”； 风控：与中国银联共建跨机构数据分布式存储及查询平台，接入双方风控数据
中国银行	货币：参与央行数字货币发行和基于区块链的数字票据交易平台研究； 风控：区块链抵押贷款估值系统

（续表）

金融机构	区块链应用事件
中国平安	贸易融资：中小企业金融服务云平台“壹企银”； ABS：金融壹账通 ALFA 智能 ABS 平台
香港金融管理局	贸易融资：区块链贸易融资技术平台“贸易联动”
香港交易所	清算结算：区块链交易结算

第四节　云计算在金融行业的应用

一、云计算定义与应用分类

（一）概念

云计算技术在中国金融行业的应用是由云计算服务商通过互联网以按需、易扩展的方式向金融机构提供硬件、平台、软件等虚拟化资源。云计算将原本在本地服务器进行的计算转移到云端，按需使用，具有计算高效、成本低廉等特点。

（二）应用分类

按部署方式，云计算分为公有云、私有云和混合云。公有云作为最常见的一种方式，基础设施的所有权属于云服务商，由云服务商负责运营，云计算资源向大众开放。私有云的计算资源由第三方或组织自己拥有和运营，计算资源只向该组织开放。基础设施与外部分离，安全性和隐私性更强。截至 2022 年底，已有 80% 的中国金融机构采用私有云部署模式。而在公有云部署方案的选择中，约有 60% 金融机构采用金融云这一特殊的公有云模式作为部署方案，较少金融机构直接采用纯公有云部署业务（见表 2-4-1）。

表 2-4-1　云计算部署方式分类

部署方式	定义	特点	主要服务群体
公有云	完全由供应商提供基础设施、凭条、应用服务	灵活配置、成本低廉、无需维护、便捷、安全性低于私有云	中小企业、个人

（续表）

部署方式	定义	特点	主要服务群体
私有云	自建或托管私有的数据中心	资源独占、安全性高、隐私性强、拓展性较差、成本劣势	大中型企业、政府
混合云	公有与私有结合	业务不多时，使用私有云，业务高峰时，租用公有云，两种云计算方式既相互独立又可连接	政府、医院、学校等事业单位

按服务方式，云计算分为三种：IaaS（Infrastructure as a Service，将 IT 基础设施作为服务交付）、PaaS（Platform as a Service，将数据库等平台作为服务交付）、SaaS（Software as a Service，将应用解决方案作为服务交付）（见图 2–4–1）。IaaS 服务主要为用户提供基础硬件，包括处理 CPU、内存等，用户可在提供的硬件基础上，开发部署相应的操作系统与应用程序；PaaS 服务以服务平台的形式为开发者提供数据库、应用开发、应用基础架构、中间件等服务；Saas 服务主要向客户提供云应用程序，用户可通过各种移动终端设备使用云应用。IaaS 服务可为用户提供个性化方案，用户可依据自己所需开发相应的平台和软件，而 SaaS 提供的应用较为标准化。

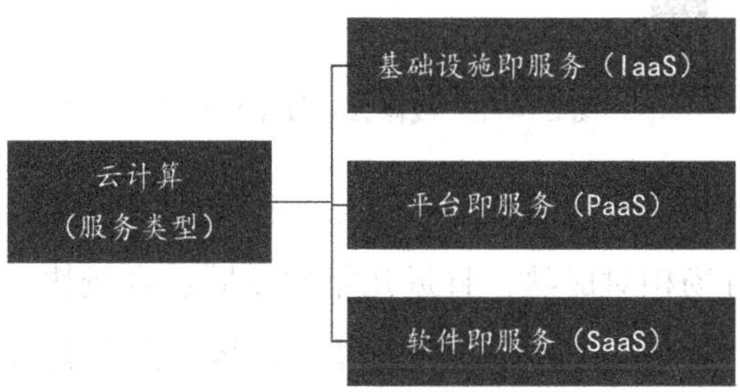

图 2–4–1 云计算服务类型分类

二、云计算在金融行业的发展与应用

金融机构在国务院 2015 年发布明确鼓励金融机构利用云计算技术开展业务的政策后，开始陆续将一些辅助性业务系统布局上云。在 2016 年以前，云计算在中国金融领域的渗透率不高，总体维持在 3%～5%。随着政策鼓励与金融机构的积极布局，云计算在金融行业应用的渗透率有所提升，2022 年已经提高到 12.2%。但中国金融行业受政策强监管，云计算在金融领域的渗透率严重依赖政策指导。从近年发布的政策导向看，政策偏重鼓励金融机构在网络安全、灾备等方面的建设，对金融机构的业务安全要求强于业务创新，而金融业务上云侧重于业务创新、效率提高，与监管要求并不完全吻合。根据 Wind 数据库相关数据，2023 年我国云计算市场规模达到 6 165 亿元，同比增长 35.5%。从 2022 年开始，云计算市场规模的同比增速呈现回落的状态（见图 2-4-2）①。

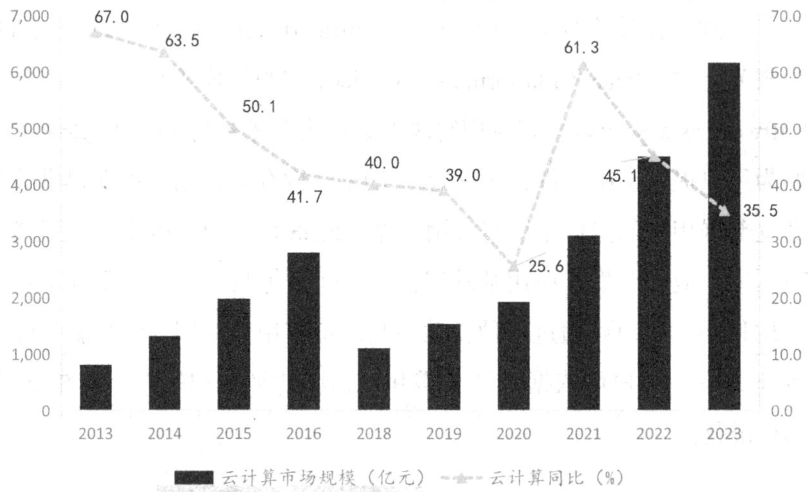

图 2-4-2　我国云计算市场规模

2022 年公有云市场规模达 3 256 亿元，同比增长 49%，占云计算市场的 72%。我国公有云市场相对成熟，且近几年的发展速度较快，远超私有云。公有云的同比增速在 2020 年之后呈现连续下降的趋势，而私有云的同比增速基本保持稳定（见图 2-4-3）。②

2022 年我国 SaaS、PaaS 和 IaaS 市场规模分别为 472、342 和 2 442 亿元，分别同比增长 27.6%、74.5% 和 51.2%，IaaS 发展较成熟（见图 2-4-4）。其中公有云 IaaS 提供商主要有阿里云、腾讯云、华为云和天翼云等。阿里云目前是全球第二、亚太第一的云计算公司。2023 年，阿里云营收达到 772.03 亿元，占公司整

① 数据来源是 Wind（万得）数据库
以下是数据库公司网页，登录数据库需要密码
https://www.wind.com.cn/portal/zh/Home/index.html
② 数据来源：Wind 数据库

体营收的9%。华为打造了覆盖智慧城市、金融等10余个行业的100多个场景化解决方案。目前已上线220多个云服务、210多个解决方案。“十四五”期间，华为深度参与政务云市场，在财政一体化、智慧城市建设方面，基于云原生技术助力政务云与智慧城市业务的逐步融合。

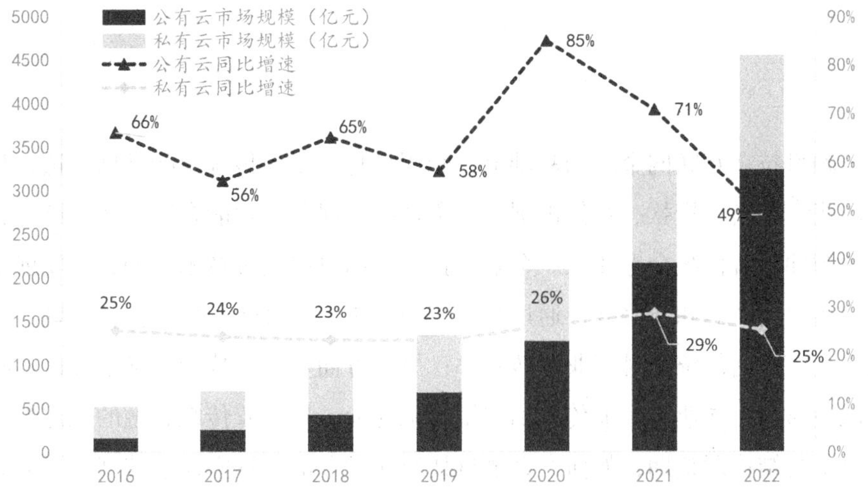

图 2-4-3 我国私有云和公有云市场规模

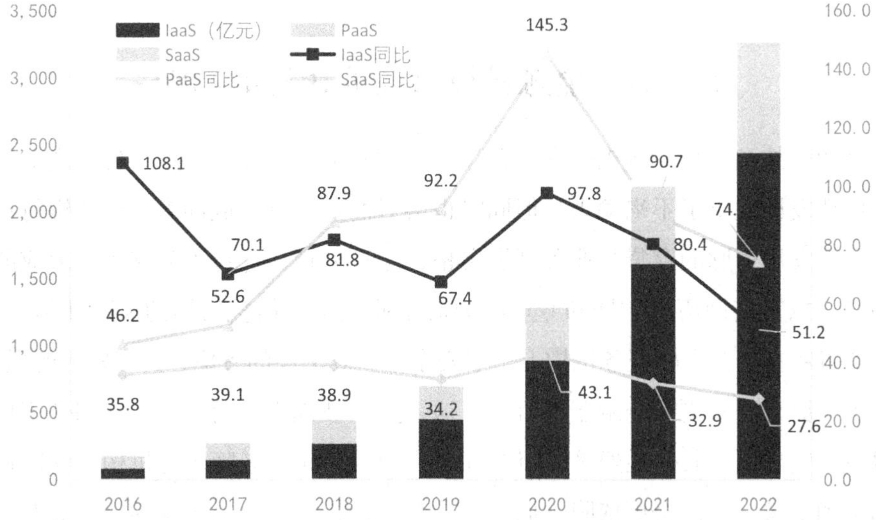

图 2-4-4 我国 SaaS、PaaS 和 IaaS 市场规模

第三章 金融科技对传统金融机构的影响

金融科技在互联网金融的基础上，利用信息技术向传统金融领域渗透，从支付、转账、征信、贷款、身份识别、投资理财、保险、智能合同、区块链等各个细分领域冲击着传统金融体系。金融科技一方面可以通过技术的创新，发展出高技术门槛的新产品和新服务，通过与传统金融机构的合作，促进传统金融盈利模式的优化，提高传统金融行业运转效率；另一方面金融科技的不确定性也不断加剧，风险通过不同业务渠道传染到传统金融行业，冲击着传统金融的稳定性。在经济改革与结构调整期，如何在金融科技快速发展的过程中谋求转型发展成为传统金融行业所面临的共同课题。而如何提高我国金融企业的技术创新水平，也成为业界与学术界关注的热点问题。

第一节 金融科技对商业银行的影响

金融科技和传统商业银行在融合过程中相互促进，金融科技为传统商业银行的可持续发展提供了不竭动力，但同时也会对商业银行造成冲击。商业银行拥有把持经济发展命脉的存贷款业务开展资格，通过分行、支行等分支机构形成的分销网络，以及借助历史数据和专业能力对企业或个人信贷信用的风险评估能力。而且消费者在选择金融服务机构上出于安全性、效率性的考虑，具有较大的惯性，通常不太愿意经常更换金融服务机构。这一现象被称为大而不倒，在国外市场表现得最为突出，尤其是在经济危机时期，客户因为相信老牌银行机构或保险机构的体量和信誉，所以会更依附它们以保护自己的资金安全。传统的银行业对抗经济风险的防御性很高，资金体量也保证了其强劲的业务复原能力，银行一直被认为是最不易受到科技发展冲击的行业。

在过去金融行业发展的进程中，人口迅速增长给传统银行业带来的大量红利已经逐渐消失。随着金融科技的产生和发展，银行业的绝对优势地位开始发生动摇。麦肯锡数据库①提供的数据显示：2020 年全球的金融科技公司已经突破 5 000 家，消费者们正一步一步脱离传统银行业，而将更多的业务投放到新兴金融科技公司。近几年全球 VC 机构在 2015—2019 年期间的金融科技投资总额复合增长率达到 20%。尽管 2020 年新冠疫情造成金融科技领域投资有所放缓，金融科技 VC 投资总额仍达到 362 亿美元，较 2015 年增加 167 亿美元。②

一、金融科技对商业银行的冲击

（一）金融科技对商业银行业务的冲击

金融科技已经对金融业的七大基础功能——支付、存款、贷款、融资、保险、投资管理及金融信息发起了全面的攻势。对于传统金融机构来说，金融科技是一个纵向的细分市场，通过细化切割将传统的金融服务一个一个分解成外在的产品和服务。例如，相对于存款业务出现了余额宝，相对于贷款业务出现了许多小微贷款企业，相对于融资业务也出现了各种众筹平台，而在支付领域更是出现了如支付宝、百度钱包等各种各样的在线支付手段。传统金融行业正在被割裂、替代，并且这一过程正在加速发展。

1. 支付结算业务

传统的商业银行的三大核心业务之一就是支付和结算的中间业务，然而科技发展对支付方式的冲击显而易见，资金开始通过网络系统在传统银行之外进行循环。人们以前主要使用借记卡和信用卡作为支付结算工具，例如，VISA、Master Card 等品牌曾一度占据市场垄断地位。但是随着 Paypal、Google checkout、支付宝、财付通等第三方支付公司的出现，通过使用互联网和数字化技术，绕过传统的信用卡公司和银行，形成独立的支付平台，快速地瓦解了传统商业银行的垄断地位，

---

① 2016 年麦肯锡发布《中国银行业白皮书》报告称，麦肯锡专有的 Panorama FinTech 数据库记录了金融科技领域企业的创立情况。

② 数据来源于 2021 年 6 月 7 日麦肯锡发布《中国金融业 CEO 季刊》Fintech 2030：全球金融科技生态扫描。

对银行卡的支付清算功能有着巨大的冲击与影响。网络支付操作方便快捷、手续费率低、优化了用户的支付体验、提高了效率。金融科技公司具有高技术性的特点，其支付工具的便利性和灵活性，是传统商业银行所无法比拟的。虽然传统银行支付有着国家政府承认的法律地位，以及巨额的内部存款资金和多年积累的安全技术支持，但是第三方支付凭借其技术创新优势获得了较大的市场份额。支付宝等第三方支付业务的快速发展，使得金融科技领域获得了充足的资本完成进一步扩张，同时可以获得大量的消费者消费偏好、转账记录、消费方式等数据信息。面对市场份额逐渐被蚕食的局面，手机银行 App 呈现爆发式增长。伴随着 5G、智能手机和可穿戴智能设备的发展，场景消费和体验经济快速崛起，无论是银行还是第三方支付机构，都在不断尝试将新技术应用到支付领域，包括指纹、虹膜、人脸在内的生物识别技术等。因此，从未来的金融市场的发展角度来看，第三方线上支付平台将依靠其强大的更新能力继续在金融市场中大放异彩。区块链技术会颠覆现有的交易结算、清算制度，能够带来更灵活的金融基础设施、更有效的交易和结算方式及新的数据共享分享和数据分析方法。特别是随着数字货币试点工作的推进，数字人民币可能成为新的贸易结算工具。

2. 存贷款业务

与传统商业银行相比，金融科技在信贷服务方面存在很大的信息优势。这种优势主要体现在以下三个方面。

第一个方面是金融科技提供的贷款服务更具及时性。传统的商业银行进行贷款审批前，要配备审核专员对贷款方的资质进行严格的线下审查，以确保投资者和银行的资本安全，这一复杂的审核流程不同于灵活高效的线上信息流通机制，不能让资金的出借方了解贷款方的特点从而影响筛选，也限制了贷款方了解出借方的某些特殊需求，从而无法立即识别信贷业务的潜在风险。P2P、蚂蚁花呗、车贷网等多种网络借贷平台的出现，使得商业银行开始调整融资借贷业务。网贷平台免去了银行的各种审核手续，简化办理流程。金融科技公司使得借贷程序更便捷、更智能、更安全，还能够节约成本，降低信贷产品利息差，因此对银行的传统借贷业务造成了冲击。

第二个方面是在融资方面具有普惠性和长尾效应。金融科技将目标客户群拓展到中小微企业和个体散户等一些一直被商业银行业务忽略的庞大群体。传统商业银行拥有信用等级较高的客户与丰富的金融业务经验，但是信贷模式缺乏创新，其信贷业务主要面向资金充裕的优质客户。大部分的小型资金需求者有着成本、资源等诸多限制，而银行强调遵守“二八定律”，忽略了这些人数庞大的长尾部分客户。然而金融科技公司拥有丰富的场景、较强的数据挖掘能力和庞大的用户数据，但是其客户质量相对较弱。

第三个方面是存款产品更多样。长期的高额存贷款利息差使得商业银行无须额外的付出即可获得可观的利润，因此缺乏开拓进取的意识。金融科技通过第三方支付平台和第三方理财平台大量地抢占消费者的活期存款，更好地为用户提供多样化的理财产品，不仅可以直接关注资金动向，而且线上利率远高于银行利率，因此更多人选择便捷高效的第三方平台进行线上理财。第三方平台吸引了大量消费者的小额存款，进而导致存款从银行体系流入非银行金融机构，存贷款利息差收入减少，对银行的净利润产生冲击。

3. 其他中间业务

商业银行的中间业务收入主要为手续费和佣金收入，金融科技公司通过第三方理财平台在线销售理财产品，大量抢占商业银行的市场份额，打破了商业银行的寡头垄断模式。商业银行中间业务的主要优势在于网点数量多且分布广、信用度高。金融科技公司利用互联网平台、第三方支付平台开展了充话费、代缴水电费等中间业务，逐步取代了商业银行，并挤占其利润空间。

金融科技对商业银行的表外业务也造成了巨大冲击。从现有的技术看来，金融科技几乎已经可以完整代替所有的传统表外业务。根据全球银行的利润收入数据，在整体的利润上，表内业务占了 54%，比表外业务要高，其中企业借贷所占比重最大。资产管理、支付和交易主要贡献了表外业务的大部分收入。但是如果考虑到税收的影响，表外业务的税后利润占据了 59% 以上。进一步分析资本回报率就会发现，表内业务的收入要依靠大量银行内部资本来支撑，但表外业务则并不需要。表内业务的资本回报率只有 6%，而表外业务的资本回报率高达 22%。[①]从这一角度来说，银行表外业务受到的冲击是极大的。

① 2017 年 12 月 9 日朱民在“三亚·财经国际论坛：全球治理挑战与中国角色”中发表金融科技的演讲。

（二）金融科技对银行商业模式及营销模式和渠道的冲击

1. 对商业模式的冲击

金融科技公司对于传统商业银行的商业模式形成冲击，倒逼商业银行不断完善商业模式和服务质量。金融科技的兴起促进了普惠金融的发展，解决了传统商业银行体系中存在的信息不对称、交易成本高等问题，促使商业银行优化产品和服务的交易流程、重塑经营模式框架、放弃传统的利差模式，转向服务型的商业模式。金融科技公司以客户需求为出发点重塑业务处理和产品设计流程，建立了完整的系统和分销平台，重点致力于收集、分析和开发原始数据，定制符合客户需求的产品，并根据不同客户特征决定销售的时间、方式和对象。把传统金融机构的产品和服务从原本在机构内部进行的不透明的产品设计、风险控制和销售流程的内生产业链转换成了相对外化的市场产业链进程，倒逼商业银行转变为以客户为中心的模式。

2. 对营销模式和渠道的冲击

传统商业银行的营销模式较为单一，大多是稳健的营销道路，直接拜访客户，进行推广、询问，发放宣传资料，或者通过投放电子屏宣传以及公司官方网页宣传等，使资金供给与需求的信息搜集成本较高、速度较慢因而产生较大成本。但是通过金融科技可以使客户在各种联网设备上自行上传或搜索所需的信息，线上交易与支付使数据记录和计算更加方便、全面和精确，这种高效的方法无论是对于金融机构还是客户都大幅降低了成本。

随着素质教育的普及，新一代的社会主力对新兴事物的接受度大幅提高，更加开放和兼容，更愿意尝试新的金融产品，他们喜欢在提供基础产品之余还有能力按个人偏好精准推送附加服务的销售类企业，而不是简单地将钱存入传统银行。对于银行来说，如何提供更加个性化的服务来吸引年轻人是一个值得深入思考的问题。金融科技可以打破物理渠道的限制并借助平台优势，运用大数据开展金融产品的营销，通过打包向不同交易环节的客户提供组合类产品。通过数据积累和系统化处理技术，精准锁定客户，分析客户行为、目标客户筛选、数据挖掘等，寻找客户的金融需求，进而能够对客户进行精准定位，使市场管理更加精细。吸引客户产生这类需求往往是营销过程中最困难的一点，所以金融科技企业开始探索将重点放在场景和使用体验的新型营销模式。金融科技恰好可以使金融需求变得场景化，即将金融需求嵌入进各种场景之中，将信息有针对性地、动态地传输给客户，使原本复杂的金融需求在客户的日常生活中自然产生，风险可以被更加精准地评估，现金流也变得可控或可视。金融科技降低了金融机构的营销成本，提高了营销效率，并使营销的影响范围迅速扩大，进而对接到更多转换率高的潜在客户。腾讯已经拿到了银行、第三方支付、基金、保险等多个牌照，依靠微信、QQ 的社交功能，产生高频率且数量庞大的流量，并载入其他的日常应用场景，迅速、便捷地满足使用者的金融需求。这种多层分销渠道加速了对传统商业银行的客户分流。

综上所述，金融科技的影响实际上是从根本上将商业银行内生的传统金融产品链外化成一个市场的产业链，无数的金融科技企业又通过提供产品和服务把这个产业链拉长，细分成多个子领域，将结合了金融技术的信息科技渗透进无数个小的生产过程和销售过程，使得原本银行内部的服务流程、管理流程和内控流程等，变成了一系列外在的社会活动。金融科技通过改变以往的客户吸收维护、经营成本、产品服务和投融渠道，尤其是对信息采集和处理模式的颠覆，解决了商业银行的信息维度过于单一的问题，优化了他们的业务经营流程，更挑战了其原有的管理、风控模式，由内至外全面影响了银行产业。银行从前台的扩展销售、客户维护与管理到后台的内控审计、IT 技术支持、财务管理与人力资源管理等所有环节都会应用人工智能技术，AI 技术将会对银行内部所有的职能部门与市场中的垂直领域造成影响和改变。

（三）金融科技对商业银行从业人员的冲击

随着金融与科技的深度融合，金融科技在很大程度上改变了传统金融机构人力资源的配置。以往金融行业的覆盖面极广，也有着大量的工作人员，而金融科技出现后，金融服务逐渐体现出网络化、智能化、数字化及去中介化的特点，随着客户的大量流失，势必会导致很多银行分支机构关闭，进而造成很多银行人员失业。数据[①]统计显示，网上银行业务大概分流了 70% 的人工柜台业务，如取款、存款业务或者查询、转账业务。

① 数据来源于中国金融认证中心（CFCA）发布《2012 中国电子银行调查研究报告》。

信息技术使机器可以迅速、精确地读取并分析大量的市场信息，在成千上万种信息资讯中迅速根据投资者的喜好或习惯进行匹配和推送，这些都是人脑所无法比拟的。面对金融科技的强势发展，金融行业需要更多的高端人才，因此会裁减工作能力不强、日常表现平平的人员，人工逐步被现代科技取代。

二、银行科技

金融科技的快速发展，给银行业带来巨大的挑战的同时，也促进了银行业的数字化转型和创新发展，解决了银行发展的痛点、优化了客户服务。银行业通过调整业务模式、风控体系、获客渠道、技术框架等，逐步实现了数字化转型。近年来随着生成式人工智能技术的兴起，各家银行开始布局大模型技术，在基础设施建设和业务场景搭建方面取得了突破，由“数字化转型”迈向“数智化转型”。各上市商业银行年度报告均有提及“金融科技”关键词，并提出加速发展大数据、人工智能等金融科技技术在银行业务中的应用。

（一）政策背景与发展现状

我国 2021 年发布的《2021 年国务院政府工作报告》和《中华人民共和国国民经济和社会发展第十四个五年规划和 2035 年远景目标纲要》均提出要加快数字化发展，打造数字经济新优势。在此背景下，2022 年 1 月中国银保监会首次印发专门针对银行业数字化改革的权威文件《关于银行业保险业数字化转型的指导意见》，在机制、方法方面为银行数字化转型作出了规范。2022 年 12 月出台的“数据二十条”标志着我国数据基础制度初步形成，为银行数字化转型提供了有力的政策支持。

根据安永报告[①]显示，随着数字化转型持续深化，上市银行的科技投入平稳增长，更加注重科技与业务的深度融合，以及转型带来的高质效。2023 年，25 家上市银行披露了科技投入金额，合计人民币 1 970 亿元，国有大行和股份制银行金融科技投入占营业收入比分别达到 3.48% 和 4.35%。金融科技 / 信息科技人员数量合计超 14.42 万人，科技人员数量占比持续上升，从 2021 年的 5.70% 上升至 2023

① 2024 年发布的《中国上市银行 2023 年回顾及未来展望》报告。https://www.ey.com/zh_cn/newsroom/2024/05/ey-releases-listed-banks-in-china-2023-review-and-outlook

年的 7.02%。工商银行和招商银行金融科技投入总量和人才队伍绝对数量位于可比同业首位，工商银行全年投入 272 亿元，占营业收入比重达到了 3.23%，招行全年投入 142 亿元，占营业收入比重达到了 4.59%。

（二）银行数字化转型的方式

我国银行业金融科技发展布局主要为央行为主导的金融科技公司、中小型银行和第三方科技公司合作、大型银行成立金融科技子公司。

1. 设立央行为主导的金融科技公司

央行为了完善数据共享、数字货币结算清算、征信数据库建设等工作，成立了 5 家相关的金融科技公司，包括数字货币研究所、深圳金融科技有限公司、长三角金融科技有限公司、成方金融科技有限公司、中汇金融科技等，主要涉及数字货币和区块链金融等多个领域。

2. 中小型银行和第三方科技公司合作

以城商行和农商行为代表的中小型银行受到基础数据不完善、IT 自主开发能力尤其是创新能力滞后、对数据的理解及应用水平较低等限制，亟待引入第三方的金融科技技术支持。调研数据[①]显示，只有 46% 的中小银行初步搭建了公司级的数据基础规范，但各业务部门之间的数据的互通程度仍不理想，应用尚未下沉到业务层面。银行具有金融牌照、资金和客户的先天优势，第三方科技公司则具有较强的技术和创新能力。通过二者的合作，能够优势互补，银行能够引入较为成熟的技术，推动转型和升级。随着中小银行加快对智能网点、大数据信用评价等应用的布局，金融科技企业有望在中小银行的细分市场进一步进行业务拓展。

3. 大型商业银行成立金融科技子公司

截至 2024 年，国有五大行及七家股份制银行均在集团内部组建了金融科技子公司，持续加大对金融科技应用的投入，开启了利用金融科技提升业务效率、管控风险及优化用户体验的尝试。大型银行的大数据应用多由自身的金融科技公司承接，第三方企业难以介入（表 3–1–1）

① 根据金融壹账通、中小银行互联网金融联盟、金融壹账通埃森哲联合发布《中小银行金融科技发展研究报告（2019）》报道的数据。https://bank.hexun.com/2019-04-29/197010968.html

表 3-1-11 已成立金融科技子公司的 24 家银行

商业银行	金融科技子公司	成立时间	注册资本（亿元）
兴业银行	兴业数金	2015.11	3.5
河北银行	冀银科技	2015.11	0.1
平安集团	金融壹账通	2015.12	12
招商银行	招银云创	2016.02	2.5
深圳农商行	前海金信	2016.05	0.1
光大银行	光大科技	2016.12	4
建设银行	建信金科	2018.04	17.3
民生银行	民生科技	2018.04	2
华夏银行	龙盈智达	2018.05	0.21
工商银行	工银金科	2019.03	9
北京银行	北银金科	2019.05	0.5
中国银行	中银金科	2019.06	6
浙商银行	易企银	2020.02	0.2
农业银行	农银金科	2020.07	6
交通银行	交银金科	2020.01	6
厦门国际银行	集友科技	2020.09	0.1
廊坊银行	易达科技	2020.11	0.02
济宁银行	济银科技	2020.11	0.05
浙江农信社	浙江农商数科	2020.12	1
广西农信社	桂盛金科	2020.12	0.12
浦发银行	浦银金科	2021.05	10
盛京银行	盛银数科	2021.07	0.1

（续表）

商业银行	金融科技子公司	成立时间	注册资本（亿元）
长沙银行	长银数科	2022.07	0.1
重庆农商行	渝银数科	2023.11	1
微众银行	微众科技	2024.06	1.5 亿美元

2015 年，我国部分银行开始创建金融科技子公司，至今已有 24 家银行正式成立其金融科技子公司，从国有六大行中的 5 家和股份制银行扩展到城商行和农商行等。根据零壹智库与其他公开数据整理统计，第一家银行金融科技子公司兴业数金于 2015 年成立，2020 年成立的银行金融科技子公司数量最多。建设银行的金融科技子公司建信金科以 17.3 亿元的注册资本占首位。我国 6 家大型国有银行中除邮政储蓄银行外的 5 家均成立了金融科技子公司。12 家全国性股份制银行中有 9 家成立金融科技子公司，紧跟国有大行步伐。城商行、农商行和农村信用社分别有 5 家、2 家和 2 家成立了金融科技子公司，虽然在地方商业银行总量中占比较低且起步较晚，但是后续发展空间较大。①

（三）银行数字化转型的发展历程

银行的金融数字化转型主要经历了 1.0 线上化阶段、2.0 数字化阶段、3.0 智能化阶段。从整个银行业金融科技赋能程度与数字化转型阶段来看，目前大多数国内银行仍处于转型 1.0 的线上化阶段，处于该阶段的银行数字化能力相对比较薄弱，在实现业务线上化的基础上，仅在少数几项业务板块（如营销、风控等）探索性地开展了数字化业务的升级。对于头部大行来说，基本达到了银行数字化转型的 2.0 阶段，银行业务场景已经实现了一定程度的数字化覆盖，技术应用能力不断提升。随着国内银行业在 IT 系统建设等数字化领域投入成本的增加，其数字化业务服务能力水平将进一步提升，前沿技术的融入将推动银行整体迈入数字化新阶段。金融科技的发展从负债端、资产端、支付端和商业模式四个维度持续赋能银行业的数字化转型（见表 3–1–2）。

① 零壹智库《19 家银行金融科技子公司战略发展报告（2022）》https://www.01caijing.com/article/329217.htm

表 3-1-2 金融科技赋能银行数字化转型

类型	场景	具体业务改革内容
负债端	综合化平台业务转型	基于数据计算能力提供综合化、全景化的个人金融信息服务；为企业提供针对性的人力资源服务，满足企业员工财富增值需求；个人信用管理服务
资产端	信贷类场景	场景化金融服务转型，满足多元化的线上金融需求，将金融服务融入不同的消费链条环节；突破供应链金融发展瓶颈，助力中小企业融资；大数据优化信贷业务流程，建立全面风控体系
支付端	线上化和移动化	大数据应用于支付过程的用户行为分析等风控措施与生物识别技术发展所带来的便捷支付方式；区块链技术优化支付的基础设施，提高结算效率
商业模式	智能化、数字化、开放化	人工智能打造智能银行（如智能化网点、智能化客服等）；构建直销银行模式，打破传统模式在时间空间上的限制；开放式银行模式，与第三方的合作打造差异化竞争优势

银行数字化转型首先从渠道数字化、营销数字化、产品数字化、数字化生态场景搭建等几个方面形成以客户为核心的模式。其次从数字化风控、数字化财务管理、数字化协同运营、数字化人员管理等几个方面提升银行内部运营能力。最终形成营销数字化、渠道数字化、产品数字化、风控数字化的四项数字化能力指标。

（四）银行数字化转型的难点

银行在数字化转型过程中遇到了多种挑战，内部难点主要体现在技术与业务难以匹配，数据治理基础较弱，投入成本较高流程和组织之间存在壁垒等方面。而外部难点主要体现在数据安全和网络监管安全两个方面[①]。

1. 内部难点

首先，技术与业务难以融合。银行业务场景与产品构成复杂多样，技术的选择与系统的搭建难度较大。银行业务灵活多变，对于技术的选择和应用要贴合银行的产品与业务需求，对于系统的迭代能力与适应性都会有较大的考验。

其次，数据治理基础较弱。银行业务具有单链条属性，部门之间难以产生协同效应，导致数据规则不统一，数据孤岛现象较为严重。传统商业银行的数据呈现非结构化和碎片化的特征，由于欠缺数据挖掘能力，缺少数据整合和治理分析

① 根据艾瑞咨询 2023 年 4 月《中国银行业数字化转型研究报告》进行整理。

工具，导致数据价值无法挖掘，数字资产难以利用。如果不打通和共享银行数据资源的渠道，后续将难以支撑“数据生态”的建设。

最后，投入成本较高，流程和组织之间存在壁垒，短期内对银行的盈利能力造成影响。持续的高额投入能否创造更高的利润存在不确定性，因此银行在进行数字化转型时会平衡转型的可行性和可持续性。数字化转型需要整个银行自上而下的组织配合，打破各组织间的壁垒，促进各部门之间的协同效应，提升业务办理效率。

2. 外部难点

由于金融行业自身数据监管的要求，传统银行多通过内网开展业务。而数字化转型需要将银行内部数据与外部数据进行交互处理，共同挖掘价值。这对银行的数据及网络安全提出了更高的要求。

首先，数据安全风险。作为数据密集型行业，银行业在生产运营中积累了大量数据资源，其中包括了海量个人信息。如何在安全合规的情况下利用生物特征进行个人身份验证，收集、处理并挖掘数据价值以形成资产，成为银行业进行数字化转型的挑战之一。

其次，网络监管风险。《中华人民共和国网络安全法》提出，包括金融在内的 7 个重要行业领域，一旦遭到数据泄漏，则可能危及国家安全、民计民生及公众利益，因此国家应重点保护此类领域的网络安全。同时，随着犯罪性或破坏性的网络攻击不断增加，网络控制监管的力度也将持续提升。

第二节　金融科技对保险业的影响

一、金融科技对保险业的冲击

在金融科技这场技术风暴中，保险业也不能免受影响，甚至还会受到更加猛烈的冲击。这是因为金融科技最拿手的就是处理基于各种场景的特殊需求，而保险恰恰是以这些场景为基础的，所以人工智能和保险行业的融合发展非常迅速。实际上，现代全球保险业的更新速度已经远远超过了预期，面对着不断变化的消费需求，新的产品设计、营销手法与商业模式层出不穷。保险行业亟待与科技融合实现平稳转型。

（一）金融科技对传统保险业营销模式的冲击

传统的保险业营销采取建立代理人的“人海战术”，但由于代理人门槛过低，后期培养不足，导致代理人队伍整体素质偏低；以保单为核心的激励制度导致大量代理人通过夸张营销获取保单，进而引发保险纠纷；代理人红利逐步消失，熟客开单的模式难以为继、获客难度较高。互联网可以克服空间上的限制，将人群风险特征无限细分，通过互联网流量及其所搭建的消费场景，形成精准客户画像，紧抓客户痛点、向特定人群有的放矢地销售符合其需求的产品、提高客户转化率、增强客户黏性，一方面节约人力成本，一方面提升获客效率。传统保险依靠网点和代理人进行的一对一的营销模式受到了巨大的冲击。同时，通过信息化手段培训代理人以提升他们的专业水平，或通过人工智能技术实现智能代理人替代传统代理人，在给客户提供个性化服务的同时提升专业能力和智能交互水平。

（二）金融科技对传统保险产品的冲击

传统保险产品的开发和定价主要依赖于大数法则，只能针对笼统的客户群进行产品设计，且精算假设基于历史经验数据，不能根据实际值动态调整，也无法满足在部分消费场景下不断涌现的高频率、碎片化的保险需求。

金融科技可以扩展保险产品的边界。第一，互联网催生了新的生活方式，并派生出新的需求保障，因此传统保险产品可能不足以满足新兴的需求。第二，传统的保险产品受到技术的限制，难以将一些本可以有效管理的风险纳入承保范围，随着大数据技术提升了保险行业风险定价和管理的能力，承保范围也可以得到拓宽。第三，借助互联网的客户聚集能力，可以将保险期间的保费碎片化，将以往不具备高额投保能力的客户纳入被保人群，扩展了保险市场的边界。第四，借助大数据分析，可以对保险产品进行精准定价，并进行浮动调整。如车险定价可以通过行驶里程、驾驶习惯、车辆运转情况等数据进行相应调整。保险公司能够基于大量数据，分析客户行为，完成精准画像，设计更符合客户需求的产品。

（三）金融科技对传统保险服务的冲击

传统的保险主要通过人工办理核保、理赔等流程，时效性较差、准确性不足。而客户在保险服务中对核保、理赔等环节的时效性和准确性较为敏感，保险消费投诉中有很大一部分是核损金额争议、理赔慢等不满，低效率的人工服务影响客户体验。在车险理赔环节中，保险公司通常无法全流程追踪，赔付虚增明显。对于保险行业，能否提供超过消费者预期的极致体验是重中之重，这要求传统保险行业注重客户服务品质，关注客户的个性化需求。

金融科技有助于提升保险行业的服务水平。建立24小时线上平台使保险业摆脱时间和空间的限制，及时响应客户需求。通过技术替代大量人工重复劳动，通过电子化减少纸质文档在录入过程中容易出现的信息不准确或缺失等问题，可以有效降低业务操作类风险，提高运营效率。此外，还可以应用深度学习图像识别检测技术，运用人工智能识别出险案件、判断财产损失，迅速给出准确的定损结果和修理建议，实现智能定损、智能理赔等。传统保险行业将运用金融科技技术及时处理客户反馈，捕捉客户信息，改善产品设计，增强与客户的交互。同时，竞争会促进传统保险行业的改革升级，提升服务品质，如加强通过微信、公众号等平台提供快捷的消息查询、缴费提醒等全方位的便民服务。

二、保险科技

保险科技（InsurTech）由“保险”（Insurance）和“科技”（Technology）两个词组合而成。[①]《中国保险科技发展白皮书2017》定义保险科技是指应用先进科技，如人工智能、大数据分析、区块链和云计算等，以改善和优化保险业务运营、客户体验和风险管理的领域。InsurTech公司开发创新性的解决方案，以提高保险公司的效率，降低成本，提供更个性化的保险产品，以及更好地满足客户需求。

目前学术界和保险业对于保险科技的定义并没有给出统一的描述，第一种观点认为保险科技是推动保险业发展的创新技术、创新模式或创新公司；[②③] 第二种

① Stoeckli, Dremel, Uebernickel, Exploring Characteristics and Transformational Capabilities of InsurTech Innovations to Understand Insurance Value Creation in a Digital World[J]. Electronic Markets,2018,28(3): 287-305.

② 贾立文，万鹏．保险科技对财产保险公司业绩影响的实证分析：基于DID模型[J]．江汉学术，2019，38（1）：70-77.

③ Greineder, M., Riasanow, T., Bhm, M., Krcmar, H., The Generic InsurTech Ecosystem and its Strategic Implications for the Digital Transformation of the Insurance Industry[C], 40th GI EMISA.2019. https://xueshu.baidu.com/usercenter/paper/show?paperid=193g0c00fc1b02m0ge4v0j50n3053618&site=xueshu_se

观点认为保险科技是利用新技术的创新现象或创新能力；第三种观点是从保险科技的目的和作用入手对其概念进行界定。①

近几年我国保险科技发展较快。根据艾瑞咨询研究院《2023年中国保险业数字化转型研究报告》中的相关数据，预计2023年保险科技的投入规模将近534亿。如果从2013年中国首家互联网保险公司——众安保险的成立算起，保险科技在我国的发展已走过了11个年头。在政策指引、技术发展和金融机构数字化转型的大背景下，科技赋能保险业高质量发展转型已成为行业共识。通过不断推动业态优化、渠道变革、场景创造、体验提升，促进行业整体数字化转型。头部保险企业的科技布局不断加速，中国平安、中国人寿等传统大型保险机构均将“保险+科技”提到战略高度。我国保险科技正处于第二波发展浪潮的上升期，保险科技的应用能力日益提升、应用场景不断丰富。保险生态圈的参与主体类型日益多样化，跨行业、跨领域、跨渠道的合作有望促进保险领域新产品、新业态、新模式的创新和探索。

自新冠疫情暴发以来，保险行业线下业务受阻，线上经营能力成为保险机构角力的关键，线上化、智能化也成了各家保险企业投入的重点。为了顺应数字经济发展的大潮流，适应客户消费习惯的变化，保险行业需要依托先进技术，运用各类数字化运营手段，为客户提供优质的数字金融服务。在保险领域，AIGC和大模型已成为备受瞩目的技术，前者高度的自然语言识别和写作能力可以为保险产品设计、营销、运营和客服深度赋能，而大模型为解决更复杂的专业问题打开了新的突破口。保险行业因为具备人工智能大模型落地的商业化场景和基础，还具备依托数据的行业壁垒，已成为垂直领域人工智能大模型落地的主要方向之一。王媛媛②总结了保险科技如何重塑保险业的发展等问题。李博然③使用CiteSpace分析了我国保险科技的相关研究，并通过对总体特征的总结进一步加深了对保险科技领域的认识。

① Bun，Sopot.Insurtech：The Future of Insurance. Polessky State University，2018，368（2）：325-327.

② 王媛媛.保险科技如何重塑保险业发展[J].金融经济学研究，2019，34（6）：29-41.

③ 李博然.基于CiteSpace的近10年国内保险科技研究进展图谱化分析[J].科技和产业，2024，24（13）：152-158.

（一）保险科技和互联网保险

根据银保监会的定义，互联网保险是指保险机构依托互联网订立保险合同、提供保险服务的保险经营活动，可以打通保险销售渠道，实现保险企业、产品、客户的三端在线，属于起步期的发展。互联网保险更多效仿电商平台的比价、场景、货架等模式，实现保险企业—产品—客户的透明化连接。如众安保险、安心产险、泰康在线、易安财险等专业互联网保险公司无须在各地设立分支机构，便可直接在线上销售特定品类的保险产品，而传统线下销售则需各地分支机构获批开设网点。互联网保险以期用低成本建立高客户黏性、通过场景化以需定产，形成新的供求关系和用户形态。[①]

保险科技主要通过数据和在线管理实现降本增效、前后端赋能，属于发展期。大型保险企业加大科技投入、中小型保险企业借用技术服务商，赋能保险产业链的各个环节——产品设计、定价、营销、核保、承保、风控、理赔、运营等，提升公司运营能力与风控水平，增加交互，改善智能客服的用户体验。

互联网保险的经营形式主要分为五种：传统保险公司信息化、专业中介平台网络销售、第三方电商平台、网络兼业代理、专业互联网保险公司。[②]传统保险公司基于自身稳定成熟的保险业务模式、产品设计、营销渠道等，积极扩大金融科技的运用范围，通过与科技企业合作或自研，提升金融科技实力与创新能力。以中国平安为例，持续加大科技研发投入，打造领先的科技能力，在全球金融科技专利申请排行榜中，连续位居全球第一位。

专业互联网保险公司致力于业务的发展创新，与传统保险公司错位竞争，主要围绕产品设计、销售、理赔、售后等多方面，实现线上化、场景化和去中介化目标。以众安保险为例，由“保险＋科技”双引擎驱动，围绕健康、消费金融、汽车、生活消费、航旅五大生态，以科技服务新生代，提供个性化、定制化、智能化的新保险。[③]

第三方电商平台科技实力较强，具有丰富的流量。这些平台在布局大金融生

① 王静．我国互联网保险发展现状及存在问题 [J]. 中国流通经济，2017，31（2）：86-92.

② 根据平安证券研究所金融和金融科技研究团队报告《始于线上化，向前后端赋能买进：保险科技专题研究（一）》整理。

③ 头豹研究院发布的《2020 年中国保险科技行业精品报告》。

态的同时，与保险公司深度合作，在保险领域的布局逐步深入，已成为保险科技的新兴力量。以微民保险为例，作为腾讯旗下保险代理平台，微民与保险公司深度合作，为用户提供性价比较高的保险产品与具有微保特色的优惠与增值服务。通过将微保的用户触达、风险识别、网上支付，与保险公司的精算、承保、核赔和线下服务能力相结合，实现全行业的生态共享共赢。

2012 年以来，互联网保险行业表现为由增长期（2012—2015 年）到衰退期（2016—2018 年）到复苏期（2019—2021 年）的发展趋势，2012 到 2015 年保费规模快速增长，年度复合增长率超过 189%，渗透率达到历史最高点：9.2%；2016 到 2018 年，短期快返型产品销售受限，互联网人身险保费下滑导致互联网保险渗透率降至 5.0%。[①] 随着移动互联技术的快速发展，客户运用互联网自主消费的意愿越来越强烈，保险公司也积极利用互联网场景和数据资源，不断进行产品创新。2018 年之后，受益于百万医疗等短期健康险的畅销，互联网保费再次快速增长。根据 Wind 数据统计，截至 2022 年，互联网保险规模保费 3 850 亿元，渗透率达到 6.3%，其中人身险保费占比近九成（见图 3-2-1）。2019—2020 年互联网保险收入占总保费收入的比重在 5%～6%，整体规模相对较小。互联网财产

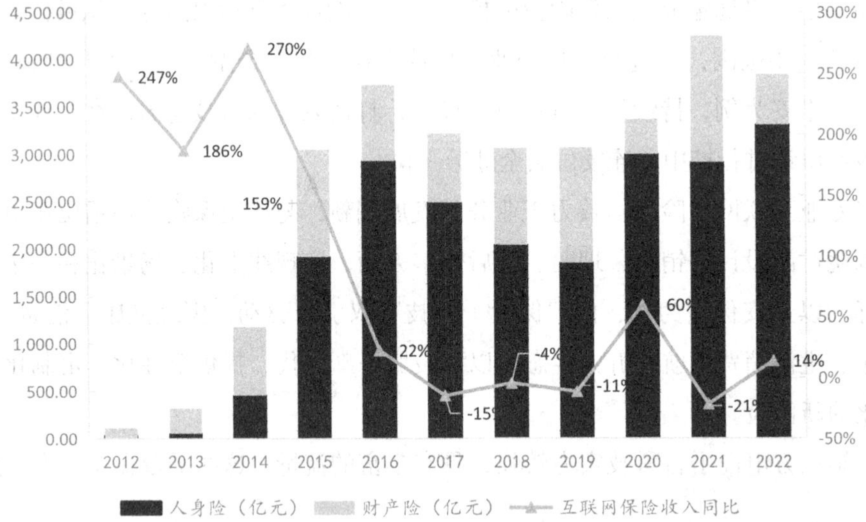

图 3-2-1 互联网保险收入

① 下面内容的数据来源：根据中国保险行业协会，平安证券研究所金融与金融科技研究团队 .http://m.ce.cn/gp/gd/201910/09/t20191009_33288248.shtml

险的收入占财产险保费收入7%左右，在所有险种中占比较大。互联网保险公司数量从2020—2022年出现大幅度缩减，受到疫情等因素的冲击，仅为60家～70家。

2015年以前，互联网财险主要以车险业务为主，保费占比超过90%。但商业车险费率改革自2015年6月开始试点、2016年6月正式在全国实施，导致互联网车险销售优势不再（原网销渠道保费85折，双系数最低可达7折）。2019年以来，互联网车险保费连续负增长20%以上。总体来看，线上客户数和活跃度呈增长之势，但保费收入下滑，主要是因为线下中介渠道存在非理性竞争，线上转化率不高，互联网车险持续萎缩。

互联网财产险中非车险前五大热销产品为网络购物退货运费损失保险、账户安全保险、意外伤害险、航空延误险、产品质量保证保险。这些产品的定制基于互联网碎片化场景、针对小微商户和消费者痛点，客户触达度高、黏性强，件数较多，且更多依赖平台合作。因此，蚂蚁集团控股的国泰产险和阿里巴巴持股的众安保险在互联网非车险业务上更具优势。

（二）金融科技赋能保险行业

1. 保险科技的变革过程

保险科技早期主要表现为线上化销售。2007年起，保险公司抓住网民数量快速增长的时代机遇，突破传统线下销售渠道，客户服务从门店柜台+客服电话+保险中介的传统模式转向App+微信公众号+官网的线上模式。此后，慧择网、优保网、向日葵保险网等以保险中介和保险信息服务为定位的保险网站不断增加，客户可以在一个网站对数十家大型保险公司进行保险咨询，并可通过保险需求评估工具帮助客户一站式完成筛选、比价、投保，显著降低投保的时间成本。早期保险中介线上化以综合比价平台为主，主要适合销售车险、年金险等简单产品。

保险科技发展期主要表现为场景嵌入。互联网巨头、专业保险中介从纯中介渠道转变为流量渠道，并基于互联网场景开拓新型产品。如蚂蚁金服、腾讯、中国平安于2013年11月联合出资成立众安保险；2016年、2017年蚂蚁集团和腾讯旗下公司获批经营保险代理业务，建立蚂蚁保险、微保等平台，分别在支付宝和微信两大流量入口从事保险销售，为流量变现提供了更广阔的平台。用户痛点的挖掘需要海量数据的积累和分析，因此，产品创新通常晚于渠道创新。

目前保险科技进入技术支持的发展时期。对互联网公司而言，一方面，新增流量红利逐渐消失，平台类公司的“跑马圈地”告一段落，流量平台进入存量挖掘和转化阶段。另一方面，保险科技的创新方向正逐步向服务驱动型过渡，即技术创新目的在于控制保险企业成本、重塑保险业务环节，改善用户体验。专业技术服务商兴起，使得技术加持下的保险业务流程迎来颠覆性创新。保险企业自主研发技术的成本较高，这为技术服务商带来了业务机遇。这些服务商通过在云计算、大数据、物联网、人工智能、无人驾驶、无人机、区块链、基因检测等领域的技术优势，为保险企业提供细分领域技术解决方案，优化产品设计开发、定价核保、定损理赔等保险全链条。大型保险企业增加科技投入，实现数字化经营和智能化应用，而中小型保险企业通过技术服务商获取技术，并支付技术服务费，达到控风险、降成本、提效率的综合目的。

2. 头部保险企业的数字化转型

保险行业集中度高，头部保险企业保费收入和利润市场份额较高，其中寿险“老七家”[①]、产险“老三家”[②]在行业净利润占比均超过 90%。传统头部保险企业对于保险全流程的经验积累更充分、业务理解更深入、数据和案例储备更完善，且具备自主投入、自主研发的实力。根据艾瑞咨询数据，2019 年国内保险企业科技投入约 320 亿元，根据目前头部保险企业的战略部署，预计未来科技投入将保持较高增速。2019 年中国平安将“金融 + 科技”定义为核心主营业务；中国人寿发布“科技国寿建设三年行动方案”，以建设“科技驱动型”企业为发展目标；中国人保构建“保险 + 科技 + 服务”的商业模式，从规模驱动向价值驱动转变；太平洋保险专注大数据、人工智能领域，致力于打造“保险 + 科技 + 健康”的商业模式。近年来，头部保险企业加大科技投入并设立科技子公司，以海量数据为支撑，如人保“芯定损”以数字化经营降本增效、平安“AskBob”以智能化应用增强客户交互等。当前的技术创新主要应用于运营、理赔、代理人培训等环节。2019 年人保“芯定损”车险智能定损识别率近 90%、驾安配对财险供货综合减损率达 13%，2019 年理赔减损超过 200 亿元、同比多减损近 20%（见表 3-2-1）。

① 平安人寿、中国人寿、太平洋人寿、新华人寿、泰康人寿、人保寿险、太平人寿。
② 人保财险、太保财险、平安产险。

表 3–2–1 头部传统保险公司科技布局

公司	科技布局
中国平安保险	运用人工智能机器人等技术实现智能保单与理赔全流程自动化； 2019 年人工智能技术赋能人工座席和代理人，用户侧上线 AskBob、增强交互； 升级智能陪练工具，支持代理人进行产品知识、分群客户销售方案等多元化场景演练
中国人寿保险	2018 年搭建人工智能平台“国寿大脑”向全集团赋能； 2019 年推出金盾人工智能重疾险风险评估反欺诈模型，人工智能核保、智能理赔；智能在线客服“e 小宝”增强交互； 2020 年推出“云端赔”，实现自助报案和勘察
中国太平洋保险	2018 年推出人工智能核保项目； 2019 年创建“太睿保”车联网平台，分析驾驶行为、监控驾驶异常； 2020 年筹备设立太保金科、推出“太 · AI”智能定损
中国人民保险	2017 年出资设立爱保科技，总体布局智慧车险、智慧健康两大板块； 2018 年“3411”工程全面实施数字化
新华人寿保险	2019 年推出人工智能智能理赔、个人客户微信自助理赔上线

众安保险与众安科技共同发布国内保险业首份生成式人工智能技术应用白皮书《AIGC/ChatGPT 保险行业应用白皮书》。该白皮书指出，AIGC 可以帮助保险行业在产品研发、渠道营销、运营管理、客户服务等产业链上实现赋能。例如，通过强大的数据分析和建模工具，识别客户需求和风险特征，制定更准确的保险产品和价格；通过自然语言理解和生成技术、个性化服务、智能问答等技术，提高保险产品客服咨询的效率和质量；提供人工智能舆情分析、人工智能日常运营、人工智能项目风险管控等服务，实现自动核保、自动理赔等功能。除保险产业链上的赋能，在日常办公情景中，通过使用 AIGC 应用研发框架的流式会话能力设计聊天窗，向企业内部开放人工智能会话聊天窗，用户可直接与人工智能进行交互，辅助日常运营提效（表 3–2–2）。

表 3–2–2 保险技术创新的应用领域

技术	保险应用领域
云计算	底层系统升级，满足海量高频数据的存储和计算需求； 缩短产品开发周期，承接碎片化业务； 快速对接分销渠道，支持互联网流量接入； 云核保、云契约、云续保、云理赔、云报价

（续表）

技术	保险应用领域
大数据	客户画像，判断客户需求及风险特征； 定制化产品开发，辅助精确定价； 自动核保及反欺诈
人工智能	智能客服与智能保顾； 智能核保引擎、身份认证、智能双录； 智能定损、自动化理赔，利用声纹识别等技术实现反欺诈 智能风控、人工智能贷后管理及企业智能预警
区块链	客户身份认证，避免客户数据泄露风险； 构建信用、安全体系，反保险欺诈； 保险自动理赔
物联网	增加客户交互，与可穿戴设备连接； 全面获取风险数据，精确化定价； 智慧家居，常见灾害风险预防
基因技术	识别发病风险，选择适合的保险产品； 提供针对性的后续健康管理； 精准定价与核保

（三）保险数字化转型的难点

第一，保险的规模较小且渗透率较低。由于我国人口密集，保险密度[①]、保险深度[②]偏低，人口老龄化程度快速攀升，可能会导致我国保险科技与全球平均水平相比有所落后，但是未来的发展潜力巨大。

第二，数据安全风险。保险科技行业需通过分析用户的网络浏览行为、交易行为、消费习惯等数据，建立用户画像，以开发契合市场需求的保险产品、实施精准营销、打造信息共享平台。但是以上信息的安全，涉及居民个人隐私，是政府及相关主管部门极其重视的问题。倘若保险科技企业滥用、泄露或错误使用以上数据，将影响相关行业发展，甚至造成人们不满，威胁人们人身安全，从而引发纠纷。

第三，市场竞争加剧风险。中国保险科技市场参与主体类型众多，在保险科技领域形成了激烈竞争的格局。随着科技的进一步应用，保险科技生态圈扩展，将有更多相关企业涉足保险科技企业，致使保险科技市场竞争加剧，易导致过度

① 保险密度 = 保费收入 / 常住人口数。

② 保险深度 = 保费收入 /GDP。

竞争、不正当竞争等情况出现。科技企业如无大型企业支持，易出现资金、技术困境，在激烈的竞争格局下将难以生存。伴随市场需求变化，保险科技产品更新换代速度加快，要求企业加强科技投入，提高创新能力，优化产品结构，以赢得市场优势。

第三节　金融科技对证券业的影响

一、金融科技对证券业的冲击

传统的券商主要业务包括经纪业务、投资银行业务、资产管理业务和自营业务等。收入来源主要来自经纪业务，而金融科技的出现，必将带来证券行业的根本性变化。

（一）对券商业务和营销模式的冲击

金融科技的技术能够降低券商业务的中间成本，券商开始不断搭建网上平台，开展线上开户等业务。一旦线上开户全面推行，将引发券商间新一轮的佣金价格战，那么经纪业务收入就难以持续高速增长。通过网络开展营销服务，优化了经纪业务和财富管理业务的运营管理模式，使得佣金下降，资管业务占比逐渐提高。针对客户的消费模式和习惯，为客户提供投资、融资、理财咨询等全方位的服务。

（二）对券商产品设计的冲击

科技优化了产品设计模型，并降低了信息不对称的风险。第三方支付、股吧评论等社交网络、搜索引擎等互联网技术可以抓取大量的数据，通过云计算、神经网络、行为分析、遗传算法等可以对文本数据进行数据挖掘和分析，能够开发和设计出更多满足客户个性化需求的证券产品和业务，例如，人工智能选股和智能投顾等业务。大数据技术的应用与投资专业技术的结合使得企业能够准确定位投资者和融资项目，提供专业的针对性产品和可自动调整的投资业务。同时媒体信息和投资者情绪信息能够降低信息不对称的风险，弱化了券商的中介功能。一旦信息实现了网络完全覆盖，并能够通过技术保证信息的真实性，就可以大大降低券商的 IBD（投资银行部门）业务量，企业可以跳过券商直接 IPO（首次公开募服）或并购，资金供需方可以直接交易，提高了市场的效率。

（三）加剧券商行业的竞争

以阿里巴巴为首的互联网巨头，在客户资源、信息累计和数据挖掘等方面具有优势，如果向证券行业发展，必然会加剧行业的竞争。近些年这些互联网巨头累积了大量客户资源，在运作模式上也更强调技术与证券核心业务的深度融合。

二、证券科技

（一）证券科技的发展历程

我国证券行业经历了电子化阶段、互联网证券阶段、数字化转型阶段的发展。根据中证协《中国证券业发展报告（2022）》，“全面数字化转型”已成为数字化转型的关键词，数字化转型的“主战场”逐步由经纪业务扩展到机构业务、资产管理、投资银行、自营投资、中后台等多个领域。根据2022年证券业协会专项调查数据统计，数字化转型覆盖多业务领域的证券公司有77家，占本次调查样本数量的71%。证券行业数字化转型已进入全面加速阶段，广度和深度不断加大。

（二）证券科技的应用场景

金融科技在证券行业各个业务领域与场景中得到深度拓展，被广泛应用于证券行业经纪业务、投资银行、财富管理、交易和研究等关键领域，云计算、机器学习和区块链等尖端技术也逐步渗入证券行业整体运营基础设施和合规系统。金融科技提升了证券公司的运营效率，降低了运营成本，增强了证券公司对市场动态的敏感度和对业务流程的精细管理。

技术应用层面，机器学习和人工智能技术已经成为交易前分析和交易执行过程中的核心驱动力，而区块链和机器工程自动化在交易后的管理和服务中发挥着关键作用。这些技术的综合运用，特别是机器学习、自然语言处理等，已经对资本市场和证券的前台运营产生了显著的影响，使得客户引导和合规风控管理更加自动化和智能化。

1. 经纪业务

人工智能、大数据助力经纪业务向财富管理升级。在互联网营销业务中，通过身份信息、交易数据，挖掘客户在理财、基金、融资、财富管理等深层需求，实现精准营销、精准获客。通过运用金融科技、量化模型、智能算法等技术完善智能投顾平台，根据客户的个性化需求，筛选投资标的、生成资产配置方案，降低了人工成本、提升了投顾效率，扩大了对长尾用户的覆盖范围，增加了客户黏性和服务附加值。通过数字化平台的建设和大数据与人工智能工具的辅助，进一步提高投行业务员工效能和客户服务效能，借助数字化工具与数据的打通，加大内部业务协同，进一步提升内部协作与办公能力。

2. 机构业务

①打造智能交易平台，证券公司积极应用分布式、低延时技术，建设极速交易系统，提供全矩阵全种类交易软件服务，建立健全机构交易的全面服务生态，以满足专业机构投资者的交易需求。②建设融券交易平台，融券交易平台为券源供需双方提供统一的线上平台，实现透明市场、智能撮合、券池管理和内外资源整合，针对上游询券难、买卖方信息不对称、人工撮合效率低下、券池管理困难、内外部资源难以整合等难题提出了一系列解决方案。③构建机构客户服务平台，部分头部证券公司已构建统一的机构客户服务平台，整合集团业务资源和服务，为客户提供全面、快捷、个性化的一站式综合金融服务，推动机构业务全面线上化，为客户提供综合金融解决方案，提高服务客户的能力，不断做大做深金融机构与企业客户生态圈。多数券商在近年来积极研发自有 PB 系统，并与量化机构系统对接，实现对 T+0 等高频交易的毫秒级别响应。

3. 投行业务

传统的发行承销和并购业务高度依赖专业的人力资源，金融科技的发展有助于打造一体化智能投行平台、建设投行全生命周期协同工作平台、深耕投行业务细分领域。随着监管政策的变化与合规成本的不断上升，投行业务开始采用机器人流程自动化技术处理承销和并购过程中烦琐的文件工作，在显著节省时间和人力成本的基础上，还能减少法律文件中的人为失误，提高了工作的准确性和合规性，确保了业务的稳健运营。

4. 资产管理业务

在营销服务方面，通过数字化技术实现资管线上业务的开展，搭建资管产品营销服务平台。在投研方面，证券公司积极推进投研一体化平台建设，提供覆盖多行业品种的研究决策支持。在数据方面，构建资管数据集市、打造数据中台以为资管业务提供坚实的数据基础。在运营方面，围绕产品创设到清盘的全生命周期管理，利用机器人流程自动化技术等智能技术，将重复性高、人工介入少的操作转化为自动化、标准化的工作流程，应用于量化交易平台，通过业务运营管控降低业务风险，提高产品运营的协同效率。

智能投顾通过运用大数据、量化模型、复杂算法和深入学习等技术，根据投资者的风险承受水平、预期收益目标及投资偏好等，为客户实现最优资产配置。其目标是用机器人、计算机来代替人脑进行分析并作出投资决策，追求提供最适合客户本身情况和投资目标的搭配。

5. 证券交易业务

电子化交易和高频交易加剧了佣金价格的竞争，引领股票和 ETF（交易所交易基金）交易进入了全新的零佣金时代。智能投顾的崛起标志着金融服务新纪元的到来。智能投顾以其低成本和高效率的显著优势，被誉为业务发展的“杀手锏”。依托先进的计算机算法，智能投顾极大地降低了服务成本，同时提高了服务效率，这使得更多的客户得以享受到专业投资顾问服务，降低了客户准入的门槛。

6. 合规风控业务

建设客户交易行为管控体系，打造数字化合规管理平台，建设智能风险画像与预警系统，构建全面的智能风险管理体系。通过大数据与智能算法构建智能风控体系，进行多维度数据综合评估，加强线上业务合规审查力度，有效监控并识别欺诈行为、异常交易、反洗钱等，保障投资安全与资产安全。提升智能风控、智能决策等全面风险管理能力，助力证券公司全面提升风控与合规管理水平。

（三）证券行业数字化转型的难点

首先，证券行业的科技研发投入整体不足，资金实力相对较弱，与银行和保险等行业相比技术投入相差较大，与全球顶尖的投行更是具有较大的差距。其次，技术的应用深度不够，技术和业务的融合不够，目前还停留在基础的线上化和智能化的阶段，对于云计算、人工智能、区块链等技术应用不足。成功的数字化转型通常需要业务和技术之间的有机协同，包括能否制定符合业务基础和发展诉求的转型愿景、业务与技术在转型中能否高效配合、转型成果能否切实落地等。再次，数据复杂性高，数字化根基尚不稳固，数据体系不完善、数仓等关键基础设施薄弱、系统架构欠缺灵活性，从而降低长期数字化创新活力；专业便捷的数字化工具不足，导致转型体验不佳；数字化转型机制模糊，不利于转型参与方之间理顺工作关系、明确职能职责等，从而影响转型效率。受到强监管的限制，能否打通数据共享和系统串联建立防火墙成为未来发展的重点。最后，证券行业网络安全事件发生较为频繁，对资本市场的安全平稳运行造成较大冲击。券商的网络和信息安全管理能力建设备受监管关注，发生信息安全事件的证券公司也受到了相应的处罚，监管也多次强调各机构应当持续完善信息技术治理架构，优化科技管理内部流程，健全投资者保护机制，牢牢守住网络信息安全底线。

第四章　金融科技的创新应用

随着金融科技发展的不断深入，相关政策不断变化，信息技术应用于金融的场景也随之深化。技术在金融行业的应用不断创新，如供应链金融、消费金融、网络借贷、数字经济和数字货币等都是结合了技术与金融行业的发展需求而不断创新形成的。供应链金融、消费金融、数字金融和数字货币等创新应用有助于传统金融的发展，形成双赢的全新经济模式，释放经济增长的新动能。然而，网络借贷在创新过程中野蛮生长，暴露了巨大的风险，必然会被强制清退。如何平衡创新发展和监管强度，保证金融科技不断创新的同时形成有序稳健的发展，已成为目前政府和各个金融机构的重要目标。

第一节　供应链金融

一、供应链金融的概念和相关政策

（一）供应链金融的概念

供应链金融作为普惠金融的最佳实现路径，集物流、商业、信用、金融于一体，将贸易中的核心企业、上游供应商、下游经销商看作一个整体，以核心企业为依托，以真实贸易为前提，通过应收账款融资、预付账款融资、存货融资等模式，在金融机构的协同下，为供应链上下游企业提供融资服务，帮助上下游中小微企业解决资金流通不畅的难题，提升链上资金的流动性和链上企业业务对接的稳定性、降低整体信用风险，有助于提升供应链整体协同效益。供应链金融是围绕核心企业，以应收账款融资、存货融资和预付账款融资三种融资模式为基础的一种新兴金融服务，在解决中小企业贷款问题中扮演着重要角色，其发展阶段见表 4–1–1。

表 4–1–1　供应链金融的发展阶段

阶段	特征	业务模式	技术层面
供应链金融 1.0：线下 1+N	去中心化	核心企业 + 多家上下游企业。银行以核心企业"1"的信用支撑，以完成对上下游众多中小微型企业"N"的融资授信支持	不动产抵押、信用评级、人工授信
供应链金融 2.0：线上 1+N	线上化	核心企业 + 多家上下游企业 + 数据服务平台。通过电子化的技术手段对接链上核心企业的 ERP 系统（企业管理信息系统），让银行能够随时获取核心企业和产业上下游企业的付款、仓储等各种真实的交易信息数据	动产抵押
供应链金融 3.0：线上 N+N	平台化	平台为核心，主要构成：核心企业 + 多家上下游企业 + 数据服务平台。通过整合链上所有企业的资金流、物流、信息流，搭建一个信息平台	云技术、数据风控模型
供应链金融 4.0：由链到网	智能化	业务模式趋向去中心、实时、定制、小额，产品则以数据质押为主，实现了供应链和营销链全程信息集成和共享，同时提升服务能力和效率	物联网、人工智能、大数据、区块链等技术

供应链金融的关键与难点在于信息流、资金流、物流的整合协同。随着贸易关系深入发展和产业价值链日益复杂，定制化供应链金融解决方案的需求不断增长。核心企业寻求建立可增加供应链透明度并整合支付、融资及供应链管理的一体化系统，金融机构则专注于构建数字化、精简化的供应链金融流程与有效的风险管理，而解决这些痛点需要专业技术和定制化服务。

新冠疫情冲击下，全球中小企业的流动性需求激增，应收账款融资、反向保理等供应链融资需求明显提升，在全球供应链停顿、贸易融资受阻的背景下，供应链融资规模实现了逆势增长。我国供应链金融的市场规模（见图 4–1–1）也在近几年保持高速增长，加之金融科技区块链技术等与传统供应链金融的融合，进一步促进了供应链金融的实际应用。但供应链金融面临的相应风险，也成为政策端越来越关注的重点。

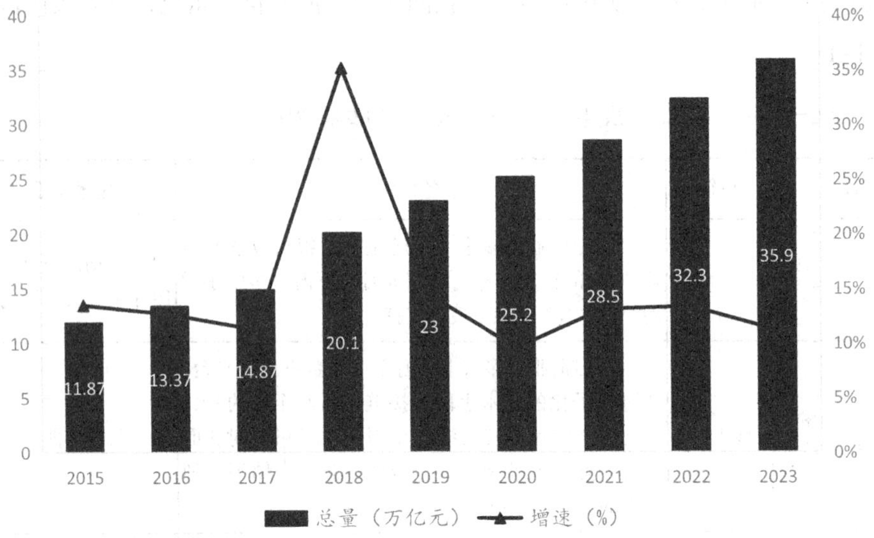

图 4-1-1　我国供应链金融市场规模

（二）供应链金融相关政策

自 2016 年以来，中国政府出台多项法规和政策以加速供应链金融行业数字化，鼓励示范城市和示范企业发挥引领作用，有利于驱动我国供应链金融科技产业的转型升级和创新发展。随着国家对供应链发展的重视与对小微企业的政策倾斜，基础设施供应链金融也屡屡出现在政策文件中。2020 年 9 月，首份专门针对供应链金融的指导性、框架性文件《关于规范发展供应链金融支持供应链产业链稳定循环和优化升级的意见》出台，标志着供应链金融的政策导向进入新的阶段。2021 年 3 月 5 日，第十三届全国人大四次会议开幕会上公布的《政府工作报告》首次提及要创新供应链金融服务模式。表 4-1-2 为供应链金融相关政策。

表 4-1-2　供应链金融相关政策

时间	政策	主要内容及影响
2016-02	《关于金融支持工业稳增长调结构增效益的若干意见》	大力发展应收账款融资，推动应收账款质押融资服务平台，开展企业集团财务公司延伸产业链金融服务试点，设立产业创投基金
2016-11	《国内贸易流通“十三五”发展规划》	加强物流配送、供应链管理等生产性服务供给能力，规范发展供应链金融

（续表）

时间	政策	主要内容及影响
2017-05	《小微企业应收账款融资专项行动工作方案（2017—2019 年）》	要推动地方政府为中小企业提供融资便利，动员国有企业等核心企业支持中小企业在线开展应收账款融资业务，优化融资流程，建立登记公示制度
2017-10	《关于积极推进供应链创新与应用的指导意见》	推动供应链金融服务实体经济，有效防范供应链金融风险
2018-04	《关于开展供应链创新与应用试点的通知》	推动供应链核心企业与商业银行、相关企业合作，创新供应链金融服务模式，推动政府、银行与核心企业加强系统互联互通和数据共享，加强供应链金融监管
2019-01	《关于促进深圳市供应链金融发展的意见》	进一步发展金融科技，实现科技对供应链金融的赋能
2019-02	《关于进一步加强金融服务民营企业有关工作的通知》	提出商业银行要坚持审核第一还款来源，要依托产业链核心企业信用、真实交易背景和物流、信息流、资金流闭环，为上下游企业提供无需抵押担保的订单融资、应收应付账款融资
2019-07	《关于推动供应链金融服务实体经济的指导意见》	提出要规范创新供应链金融业务模式，完善供应链金融业务管理体系，加强供应链金融风险管控，优化供应链金融发展的外部环境。着重强调鼓励金融服务机构积极应用金融科技技术，重点把握物联网在风控体系和区块链在交易环节中的作用，将金融服务向上游供应端和下游需求端进行延伸，来加强对上下游中小微企业的资金扶持力度
2019-12	《中国人民银行启动金融科技创新监管试点工作》	中国版监管沙盒 2020 年在北京进行试点
2020-09	《关于规范发展供应链金融支持供应链产业链稳定循环和优化升级的意见》	提升供应链融资结算线上化和数字化水平，提升应收账款的标准化和透明度，提高中小微企业应收账款融资效率，支持打通全球产业链，规范发展供应链存货、仓单和订单融资，增强对供应链金融的风险保障支持
2021-02	山东省《关于强化财政金融政策促进供应链金融发展的通知》	各地方相继出台相关的供应链金融发展政策和指导意见
2021-05	长沙《关于促进湖南省供应链金融规范发展的若干措施》	
2021-07	厦门《关于进一步深化供应链创新与应用试点提升供应链金融服务质效的实施意见》	

（续表）

时间	政策	主要内容及影响
2022-07	《全国供应链创新与应用示范创建工作规范》	示范城市应围绕完善供应链治理机制，加快供应链数字化转型，健全重点产业供应链生态等。示范企业应围绕强化创新引领作用，提高供应链管理水平，拓展供应链专业服务
2023 年 6 月	《关于金融支持全面推进乡村振兴加快建设农业强国的指导意见》	支持农产品加工流通业做大做强，聚焦农产品加工业提升行动，积极开展订单、应收账款等质押贷款业务。鼓励供应链核心企业通过链条白名单确认、应收账款确权、设立购销基金等多种方式为上下游企业担保增信，提升链上企业农户和新型农业经营主体融资可得性。
2023 年 8 月	《关于开展“一链一策一批”中小微企业融资促进行动的通知》	规范发展供应链金融，鼓励银行业金融机构通过应收账款、票据、订单融资等方式加大对产业链上游中小微企业信贷支持，通过开立银行承兑汇票、国内信用证、预付款融资，为产业链下游中小微企业获取货物、支付货款提供信贷支持，规范开展动产和权利质押融资。
2023 年 11 月	《关于强化金融支持举措助力民营经济发展壮大的通知》	银行业金融机构要积极探索供应链脱核模式，支持供应链上民营中小微企业开展订单贷款、仓单质押贷款等业务。进一步完善中征应收账款融资服务平台功能，加强服务平台应用。促进供应链票据规范发展。

来源：根据相关政策整理

二、供应链金融的优势

（一）缓解中小微企业融资难融资贵等问题

近些年中小微企业融资需求较大，但其融资渠道单一、银行贷款审批放款难、融资成本高等难题依然存在，传统的金融机构难以有效解决融资难融资贵等问题。中小微企业的借款年化利率在 10%～18%，金融机构发放的 500 万元以下小微企业贷款平均利率为 6.16%。2022 年末，中小微企业贡献了超过 60% 的经济总量，但是仅占我国社会融资总规模的 30%。尽管小型企业的贷款需求强烈，但其还款风险也较高，因此从银行获得放款的难度也较大。供应链尾端的中小企业竞争压力大，难以形成规模效应，利润空间小，过高的融资成本会对中小微企业的可持续经营和稳健的盈利能力造成较大的压力。

（二）提升资金周转率，降低运营成本

传统模式的供应链金融平台，全链信息化不足，导致核心企业交易的真实性难以确认，供应链中各参与方之间的信息相互割裂，缺乏技术手段将供应链生态中的信息流、商流、物流和资金流打通，从而导致资金流转困难、流程手续繁杂、增信成本较高，链上的数字资产无法实现拆分、传递和流转。运用新兴技术的线上供应链金融平台，手续简便、随借随还，可以有效提高企业资金周转率，并降低其经营成本及融资成本。

（三）解决信息不对称问题，提供信用依据

由于担保体系和信用体系发展相对落后，传统的金融难以覆盖长尾企业，核心企业的信用难以传递到下游企业，尤其对于二级供应商、经销商来说，无法直接与核心企业建立业务往来关系，交易的真实性难以核实，在申请融资时，第三方融资机构会因难以把控风险而拒贷。其原因主要体现在链上交易票据的确权、验证困难等方面，且票据不能实现拆分，难以进行流通。传统模式下，授信凭据主要来自核心企业与上下游企业的财务报表等历史静态数据；而大数据等手段的运用，使得动态数据得到有效收集，便于金融机构实时掌握供应链情况，提升决策智能度与灵敏性。

（四）打破地域限制，为上下游提供高效服务

传统供应链金融由于业务归属区域特征，一般受到地域限制，部分流程需在线下完成；而新兴科技技术实现了全地域供应链的互联互通，通过线上平台可以为不同区域的上下游企业提供资金支持，打破了金融地域限制，简化了流程。

三、供应链金融的融资模式

按照供应链金融的质押物性质及交易场景先后顺序，供应链金融的主要模式分为应收账款融资、预付账款融资和存货融资三种（见图 4-1-2）。其中，应收账款融资和预付账款融资属于债权融资，存货融资属于物权融资。

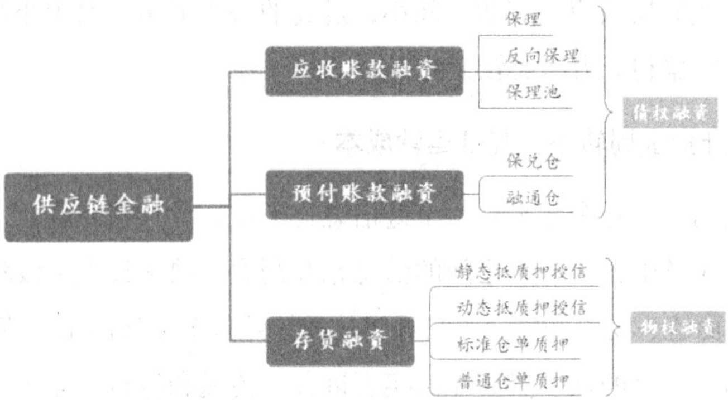

图 4-1-2　供应链金融融资模式

（一）应收账款融资模式

应收账款融资模式主要应用于上游企业（供应商）的融资，也是供应链金融融资最主要的手段。以供应商与核心企业签订真实贸易合同产生应收账款为基础，供应商向金融机构提出贷款申请，或将应收账款单据转让给保理公司，以此获得信用贷款，进而缩短回款周期，缓解资金流压力（见图 4-1-3）。在这个过程中，供应商需要依赖核心企业的信用。

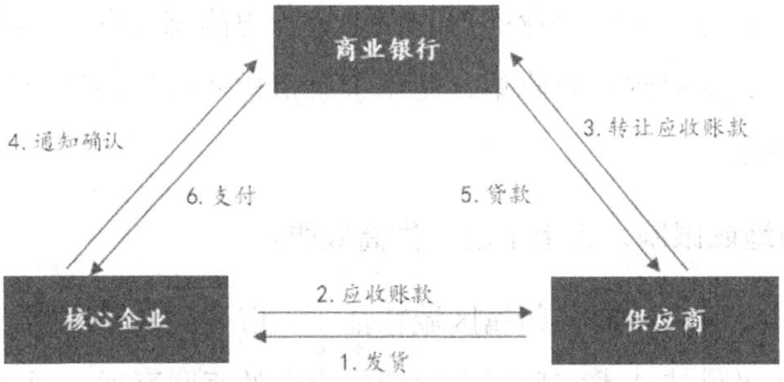

图 4-1-3　应收账款融资流程图

1. 保理（供应商信用模式）

银行凭借供应商在核心企业获得的订单或对核心企业的应收账款，为供应商核定授信额度，并在生产备货的订单环节或销售、提供服务后的应收账款形成环节为供应商提供订单融资或应收账款融资。有追索权融资的情况会计入供应商企业征信记录。还款资金第一来源基于核心企业的信用，有一定自偿性。核心企业没有保证到期履行付款的义务。风险缓释措施包括抵押、担保、应收账款质押和保理。

保理业务的应用相对广泛和成熟，为中小企业提供融资便利，但也存在不足：第一，保理业务中融资企业一般要承担后续追索权，如果买方未能支付全部的款项，保理商有权要求融资企业承担该责任。第二，由于不了解买方，保理商在评估风险时，主要基于供应商的信用，使得融资成本较高，供应商也会间接提高产品价格，增加了买家的采购成本。

2. 反向保理（核心企业信用模式）

财务能力强的核心企业利用较高的信用评级，将融资成本较低的资金引入供应链，降低其供应商的融资成本，使得核心企业在享受较长账期的同时，享受供应商在短账期情况下提供的折扣，但是这种做法需要获得核心企业的确权。反保理和保理的区别在于：第一，保理商的风险评估依据是供应链的核心企业，而不是供应商的信用评级。第二，由于对核心企业比较了解，保理商可以选择核心企业确权的应收账款进行融资，不仅降低了保理商自身的风险，同时降低了供应商的融资成本。

（二）预付账款融资模式

主要应用于下游企业（经销商）融资。在这种模式下，供应商通常为核心企业。核心企业承诺回购未被提取的货物，由第三方物流企业提供信用担保，经销商以仓单为凭证向金融机构申请保兑仓服务，利用质押贷款缓解预付款压力。金融机构获得未来一段时间的货物提货权。核心企业将货物发送至金融机构指定的第三方物流仓库，在经销商提前还款或补存提货保证金后，金融机构会通知第三方物流发货，经销商获得货物，从而进行生产或销售，缓解资金流转困境。

1. 融通仓（经销商信用模式）

银行为符合准入条件的经销商核定授信总量，基于经销商与核心企业签订的以预付款 / 款到发货为结算方式的货物贸易合同 / 订单，为经销商提供用于向核心企业支付货款的融资。核心企业发货至指定监管仓库，由监管方提供货物监管和信息服务，并将货物质押在银行。核心企业为经销商融资提供信息流的支持（订单信息等）。授信模式创新趋势：基于经销商在核心企业下游供应链的地位，通过与核心企业既往的交易历史数据建立并优化授信模型，简化授信流程，快速核定授信额度。图 4-1-4 为融通仓融资流程图。

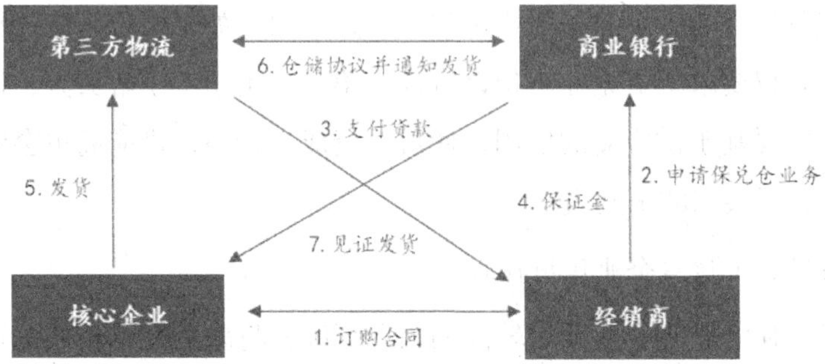

图 4-1-4　融通仓融资流程图

2. 保兑仓（核心企业信用模式）

核心企业为经销商提供连带责任担保或作为共同借款人，承诺回购。经销商在交纳一定保证金后，商业银行提供全额贷款，供应商分次向银行提交提货保证金，银行收到保证金后通知核心企业发货。核心企业对于发货不足的部分需要对银行承担退款责任。这种模式主要适用于经销商获得大批量采购的折扣，经销商采取一次性付款方式，在淡季向核心企业打款，锁定优惠价格，在旺季分次提货。核心企业得到大笔预收款，缩短了应收账款周转天数，提升销售回款的现金比率。经销商在核心企业信用支持下，即使自身资信一般，也可获得银行融资支持。商业银行将核心企业和物流监管的流程合并，简化了风控维度。图 4-1-5 为保兑仓融资流程图。

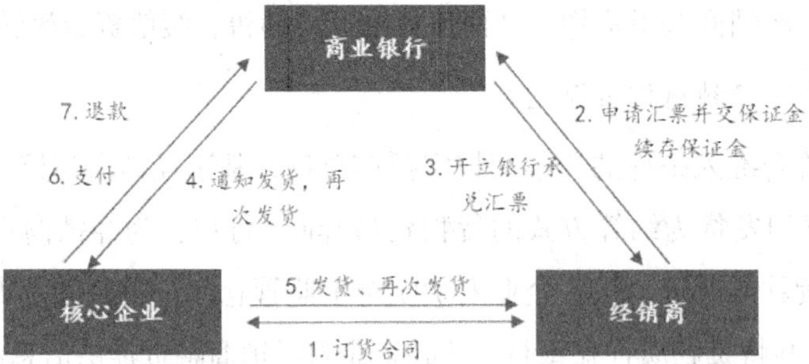

图 4-1-5　保兑仓融资流程图

（三）库存融资（存货融资）

库存融资主要应用于无核心企业的供应链融资。在很多情况下，融资企业除货物以外，并没有核心企业的信用担保或应收账款。因此融资企业可以将货物抵质押给第三方物流，再向商业银行提出贷款申请。商业银行在获得物流公司的评估证明后，向融资企业发放贷款。商业银行委托第三方物流公司对融资企业提供的抵质押商品进行监管，静态抵质押授信不允许以货易货，融资企业必须打款赎货。动态抵质押授信商业银行会设置最低限额，可以以货易货，不存在任何的担保。图 4–1–6 为抵质押授信流程图。

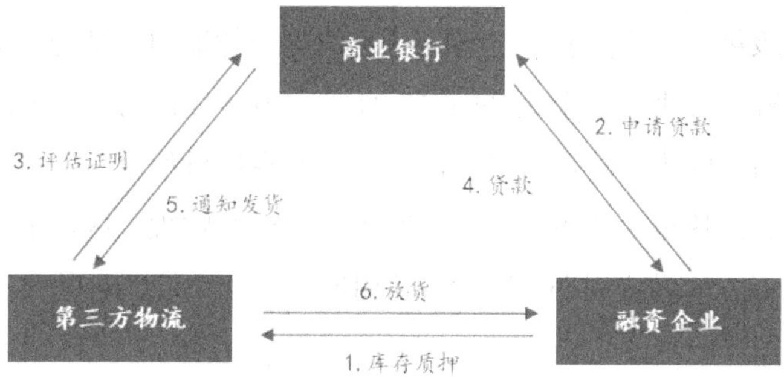

图 4–1–6　抵质押授信流程图

仓单质押授信分为标准仓单质押授信和普通仓单质押授信，主要区别在于质押物是否为期货交割仓单。标准仓单是指符合交易所要求，由指定交割仓库在完成入库商品验收，确认合格后，再发给货主用于提取商品的标准化提货凭证。普通仓单质押授信是由仓库或第三方物流提供的非期货交割用仓单作为质押物，并对仓单做出背书提供融资。

（四）区块链等技术应用于供应链金融

传统供应链金融存在以下两个问题：

第一，供应链末端中小企业的融资成本高、效率低。主要原因有两点：一是核心企业掌握授信额度的分配。银行由于信息不对称无法直接授信于末端的中小企业，而是由核心企业为链上中小企业分配授信额度，流程复杂且效率低下，增加了中小企业的融资成本。二是核心企业信用无法多层级流通。只有核心企业上下游的一级供应商和经销商能够利用核心企业较高的信用进行融资，对于二级以上供应商信用传递不足，导致末端中小企业无法融资或融资量少等。

第二，金融机构监管成本高，金融风险高。主要原因有三点：一是存在严重的信息孤岛问题。传统供应链信息数据庞大，各部门间信息流通困难。二是银行信用风险较高。由于传统供应链中中小企业数量众多且缺乏透明的财务信息，导致银行对链上融资企业的背景和经营情况了解有限，对其资金使用和还款情况不可控，信用风险大增。三是供应链金融风险控制能力有限。一旦核心企业的生产经营能力和偿债水平出现问题，整条供应链的债务风险也会随之增加，产生巨大的影响。将区块链技术应用于供应链金融可以有效解决以上问题。在区块链模式下，核心企业可向一级供应商开立电子凭证，代替传统的纸质商票。电子凭证可以拆转融，各级供应商均可获取并转让持有的电子凭证用于贴现、融资，从而缓解因上游企业赊销带来的资金短缺问题。此外，电子凭证代替传统的线下纸质票据，业务上链后，因为区块链难以篡改，进而使数据可信度高，线上操作有利于提高融资效率，区块链模式下可实现即时审核，即时贴现，区块链模式的应用能够大幅缩短融资方的融资周期，减少等待时间。图 4-1-7 为区块链技术运用于供应链金融流程图。

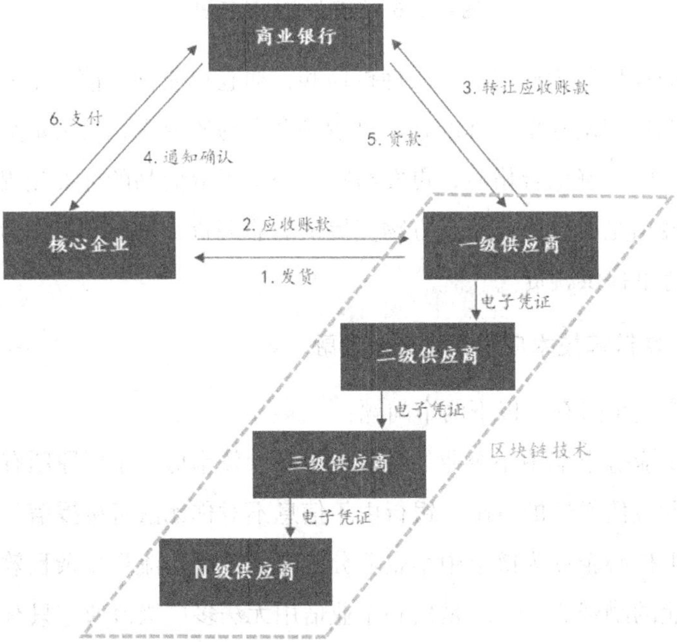

图 4-1-7　区块链技术运用于供应链金融流程图

（五）供应链金融 ABS

随着供应链金融的不断创新，资产证券化和商业保理正成为供应链金融中主要的资金来源。从基础资产来看，供应链金融 ABS 底层资产大多为应收账款，建筑装饰、机械、电气设备、汽车、医药、电子、化工等行业应收账款较多，计算机通信行业应收账款周转天数较长，以上均是供应链金融潜在较高需求的行业。目前我国供应链金融 ABS 主要集中在房地产项目融资，包括应收账款、票据收益权、保理债权、供应链账款等企业 ABS 产品。图 4–1–8 为我国供应链金融 ABS 市场规模。

2016 年至 2020 年，中国供应链金融 ABS 市场规模迅速扩张，交易量从 156 亿元人民币左右攀升至约 4 178 亿元人民币。然而 2020 年后，我国供应链 ABS 市场规模连续两年下降且幅度较大，交易量在 2022 年萎缩至 2170 亿元人民币左右。主要原因是 2021 年下半年恒大等房企信用危机爆发，市场对房地产金融风险偏好剧烈收缩，房地产销售和交易萎靡，房贷减少，资产供给能力被严重削弱，银行出表需求随之降温；另外受新冠疫情冲击，我国经济发展下行压力大且居民收入增长放缓，消费贷承压负向影响了供应链金融市场规模。

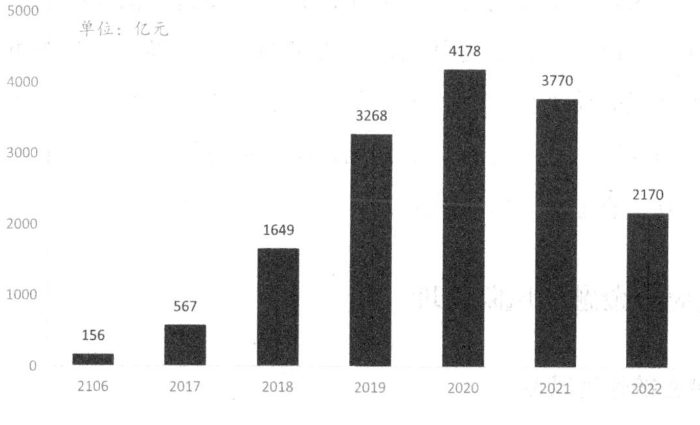

图 4–1–8　我国供应链金融 ABS 市场规模

保理公司可以以核心公司的名义发行 ABS 获得资金。但是这种模式的风险点在于，如果核心企业出现经营不善等情况，那么以该企业名义发行的 ABS 将不再被市场信任，连带着保理公司的信誉也可能受损。此外，由于保理公司通常会通过短期贷款等方式获取过桥资金，也有可能导致保理公司的资金链断裂，从而给整个供应链金融的参与者带来巨大损失。图 4-1-9 为保理 ABS 产品结构图。

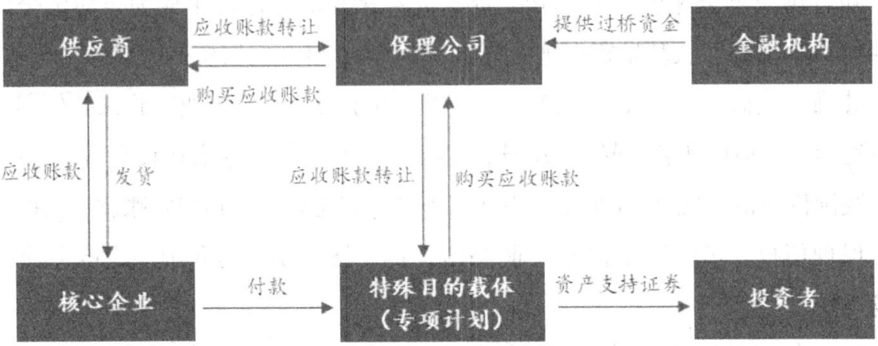

图 4-1-9 保理 ABS 产品结构图

供应链金融 ABS 围绕特定单一核心企业是当前的主流；相比之下，不特定主体的“N+N”型供应链金融产品各期核心债务人和基础资产形式均可能有所不同，通过交易结构安排，可以缓释核心债务人的信用风险和基础资产相关风险，预计该类型供应链金融产品发行量将逐步上升。

综合而言，伴随着供应链金融及应收账款相关 ABS 产品的迅速发展，不同类别产品的相关风险点更加值得重点关注，其中主要包括供应链上下游交易的真实性、公允性；以应收账款等为基础资产收付的发生、确认、是否可转让等；存在抵押、质押情况时质抵押物的价值风险和仓储风险，以及供应链条中核心企业的信用风险。与此同时，除去常规的信用评级，部分资质相对普通的发行人可能需要引入第三方企业担保等增信措施。

四、供应链金融的风险管理

（一）供应链外生风险

供应链外生风险指由于外部经济和金融环境或者产业条件发生变化，供应链资金流、商流、物流的顺畅受到影响而产生的潜在风险。由于市场利率、汇率变动导致供应链上企业融资成本上升，或者宏观经济政策和产业结构的变化也可能导致产品需求变动。供应链金融中的交易基础主要是商品，且融资额度往往与货物价值相挂钩。供应链金融业务依赖于产业链，因此需要关注产业链的发展状况。

为了规避行业的风险，供应链金融只能在持续、稳定发展的行业中实施，否则会使供应链运营遭受损失，进而影响到融资资金安全。

（二）供应链内生风险

供应链内生风险主要指供应链内部结构、流程或者要素出现问题而导致的潜在金融风险。首先，在实际操作中，银行对货物的监管难度较大，缺乏仓储管理能力，依赖第三方物流企业对货物进行监管，贷后风险管控依赖于第三方，还可能存在物流企业的实际监管能力与金融机构的期望与要求不匹配的风险。其次，可能存在借款企业与物流 / 仓储企业合谋伪造仓单，导致同一商品重复质押、质押商品被非法挪用等情况，进而使得供应链金融项下的抵押品落空。最后，其他操作细节上存在瑕疵，供应链金融的监管环节中涉及众多细节要求，因此避免操作细节上的瑕疵，对于供应链金融业务的安全具有较为重大的意义。

（三）供应链主体风险

对供应链融资需求方和核心企业本身的调查和分析，主要包括主体资质、财务状况、诚信历史、贸易背景、运营情况、履约能力和担保方的信用资质等内容。第一，核心企业的信用评级直接影响到上游供应商与下游经销商的融资与还款，一旦核心企业信用资质恶化，金融机构信用风险将突显。一般情况下，核心企业的主体评级不得低于 AA+。第二，应收账款的收回与否很大程度上依赖于债务人的履约能力，因此债务人应收账款的账龄值得重点关注，通过征信网站查询债务人是否有历史违约记录、经营异常等情况，洞察相关履约风险。第三，操作风险是供应链金融最难防范的风险。理论上，供应链金融的融资模式完美地构筑了隔离融资主体信用风险的“防火墙”，但对该融资模式的操作监督要求较高。识别虚假贸易，包括甄别交易流程上的单据、凭证是否符合合同的要求，是否符合常规交易相关的操作。第四，应收账款的合法性是否会出现问题，是否存在同一笔应收账款多次质押、重复质押等问题。可能会存在部分中小企业借助供应链金融贷和普惠金融优惠政策骗贷。第五，近几年的供应链金融庞氏骗局现象也值得注意，尽量减少保理和票据平台的风险，重点关注核心企业与供应链上下游交易的真实性和公允性、应收账款是否得到核心企业的承认（贸易的真实性），是否存在价格虚高等异常情况（款项价格的真实性），相关合同以及票据是否真实存在、相关票据有没有承兑（凭证材料的真实性）等，确保应收账款的要素明确具体。

柴正猛和黄轩[①]对供应链金融的风险识别、风险评估等相关文献进行了梳理，总结了现有文献的风险识别和风险度量问题，从融资风险[②]、违约风险[③]、信用风险[④⑤]、参与主体风险[⑥]、系统性和非系统性风险[⑦]、供应链金融模式的风险[⑧⑨⑩]等多重角度进行了分析。并从金融机构或企业的财务、非财务因素中提取风险指标进而构建风险模型，定性、定量地度量风险的大小等内容。

（四）供应链金融风险管理与预警

供应链金融服务模式仍然存在信息披露不透明、隐藏财务杠杆风险等隐患，需要进一步完善财务信息披露、业务限制和监管的要求，加大大数据征信和征信科技的运用，对供应商进行实名核实准入、多方交易数据汇总监控，完善履约评价体系、反欺诈体系和信用预警体系，考虑接入央行征信体系和中登网。根据核心企业的主体信息、贸易信息、融资信息，提供信用画像和决策算法来分析风险、设定模型。加强以数据为核心的供应链金融平台地位，增加其稳定性，可以反向

---

① 柴正猛，黄轩.供应链金融风险管理研究综述[J].管理现代化，2020，40（2）：109-115.

② BARSKY N，CATANACH A H. Evaluating Business Risks in the Commercial Lending Decision[J]. Commercial Lending Review，2005，20（03）：3-10.

③ TENG Y, ZHOU L G，CHEN J L. et al. The Research on Supply Chain Portfolio Default Risk of Financial Enterprises Based on Architectonic No.12 Copula[J]. Industrial Engineering and Engineering Management（IEEM），2015：892-894.

④ Chen H，Wen J.Financing Model Analysis and Risk Management of Supply Chain Finance Based on Gray Evaluation[J]. Research Gate，2017，19（3）：9-16.

⑤ 王一鸣，宁叶，周天，等.商业银行供应链金融的风险及防范：基于交易对手信用风险的视角[J].金融理论与实践，2017（8）：37-41.

⑥ 郭清马.供应链金融模式及其风险管理研究[J].金融教学与研究，2010（2）：2-5；9.

⑦ 李毅学.供应链金融风险评估[J].中央财经大学学报，2011（10）：36-41.

⑧ 郭菊娥，史金召，王智鑫.基于第三方B2B平台的线上供应链金融模式演进与风险管理研究[J].商业经济与管理，2014（1）：13-22..

⑨ 李志华，史金召.供应链金融的风险识别与控制：基于线上、线下模式的比较[J].商业经济研究，2015（8）：99-101.

⑩ 何昇轩，沈颂东.基于第三方B2B平台的线上供应链金融风险评估[J].东南学术，2016（3）：139-147.

保证货物品质。应用物联网技术、区块链技术时，供应链金融在数据征信和实时查询物流、资金流和信息流方面都需要不断加大监管力度。

第二节 消费金融

一、消费金融的概况

（一）消费金融的概念

消费金融在广义上主要指为了满足个人或者家庭对商品和服务的消费需求而提供的金融服务，而互联网消费金融是“互联网＋消费金融”的新型金融服务模式。消费金融行业作为国家金融体系的重要组成部分，旨在为消费者提供多样化的金融产品和服务，以满足其消费需求。这一行业包括银行、消费金融公司、小额贷款公司等多种金融机构，涵盖了包括消费贷款在内的广泛金融服务。狭义的消费金融则是在广义的基础上剔除了住房按揭贷款和汽车消费贷款。根据银监会《消费金融公司试点管理办法》，消费金融被定义为消费金融公司向借款人发放的以消费（不包括购房和购车）为目的的贷款。

根据《关于促进互联网金融健康发展的指导意见》，互联网金融业态分为互联网支付、网络借贷、股权众筹融资、互联网基金销售、互联网保险、互联网信托和互联网消费金融等七大类。其中互联网支付、网络借贷和互联网消费金融均属于广义消费金融的范畴。另外严格规定了互联网消费金融不包括互联网支付、网络借贷。互联网消费金融改变了传统以人力为主要驱动的发展模式，将获客、风控等核心业务环节转移到线上，突破了地域性限制、提高了整体工作效率、优化了用户体验，使行业形态更加多元化。

（二）我国消费金融现状

2009 年，银监会发布《消费金融公司试点管理办法》，并在北京、天津、上海、成都启动消费金融公司试点审批工作，标志着我国消费金融行业的正式起步。2013 年，进一步扩大了消费金融公司的试点城市范围，包括沈阳、南京、杭州、合肥、泉州、武汉、广州、重庆、西安、青岛等 10 个城市获得试点资格。2015 年，国务院常务会议决定放开市场准入，将消费金融公司试点范围扩大至全国。2014年京东发布京东白条，2015年苏宁推出零钱贷和任性付，阿里推出花呗，随后消费金融出现爆发式增长。2015—2017年，互联网经济的快速发展带来的以大型互联网平台、支付平台为代表的流量平台纷纷入局消费金融业务，同时由于政策放开消费金融市场准入，消费金融进入高速发展的阶段。从2017年监管开始整顿P2P乱象，消费金融公司牌照发放缓慢。2020年开始消费金融市场进入了规范发展阶段，监管政策密集出台，从多方面约束控制行业相关主体的展业过程。2022年国内经济受到新冠疫情、极端高温天气等多重超预期因素的反复冲击，叠加世界经济下行风险加大等因素，国民经济增长承压，居民消费意愿和消费能力有所下降，消费金融公司的业务发展增速略有放缓。我国消费金融受到消费者习惯、准入门槛、征信体系、风控技术、资金来源和运营成本等多方面因素制约，整体渗透率较低。根据中国银行业协会公布数据，截至2022年，我国消费金融公司资产总额为8 844亿元，同比增长17.5%。与商业银行近200万亿元总信贷规模和信托近20万亿的规模相比，我国独立的消费金融行业的业态尚小。

互联网金融行业的放贷主体主要包括商业银行、消费金融公司（包括汽车金融公司）、小额贷款公司、信托公司。不同的放贷主体拥有不同的牌照，适用不同的监管框架，竞争优势存在差距。消费金融和小额贷款公司这两种牌照在监管主体、设立门槛、融资渠道、展业范围等方面均有不同，消费金融牌照较为稀缺，在杠杆倍数等方面与小额贷款牌照相比具有优势。

从不同类型放贷主体的牌照区别来看，商业银行和消费金融公司的监管主体级别明显高于地方小额贷款公司，且商业银行受到的监管更为严格，这也就决定了商业银行在放贷方面更加审慎。从业务范围上来说，消费金融公司和小额贷款公司相对受限，主要是涉及商业银行难以覆盖的客群。融资成本方面的区别更为明显，商业银行由于可以吸收公众存款，进而带来了更多的低成本资金。杠杆率方面的差异影响了三类主体的规模，根据对不同主体的监管办法，商业银行和消费金融公司杠杆倍数最高可以达到12.5倍，而小额贷款公司杠杆倍数最高只允许5倍，高杠杆倍数可以带来更大的的业务规模，提升业务灵活性与资本效率。消费金融公司融资成本约为3%～4%，小额贷款公司融资成本约为6%。表4-2-1为消费金融和小额贷款牌照区别。

表 4-2-1　消费金融和小额贷款牌照的区别

项目	消费金融公司	小额贷款公司
企业性质	非银行金融机构	有限责任公司或股份有限公司
牌照发放	国家金融监督管理总局	地方金融监管部门
公司数量	31	5 500
能否接受公众存款	否	否
监管主体	国家金融监督管理总局派出机构	省（自治区、直辖市）人民政府负责对辖内小额贷款公司进行监督和风险处理，地方金融监管部门具体落实
注册资本要求	最低限额为 10 亿元人民币或者等值的可自由兑换货币	经营网络小额贷款业务的小额贷款公司：注册资本不低于人民币 10 亿元，跨省级行政区域经营的注册资本不低于人民币 50 亿元，且为一次性实缴货币资本
资金来源	股东、股东境内子公司、股东所在集团母公司及其子公司贷款；境内金融机构借款；作为公司股东的境外金融机构借款；非资本类债券；同业拆借；符合条件的消费金融公司申请发行资本工具	通过银行借款、股东借款等非标准化形式融资，也可以通过发行债券、资产证券化产品（以本公司发放的贷款为基础资产）等标准化形式融资
贷款用途	以消费为目的（不包括购买住房和汽车）	不能用于：股票、债券、期货、金融衍生品和资产管理产品等金融投资；股本权益性投资；偿还贷款或偿还其他融资等
目标客户	个人客户	普惠金融：小微企业、农民、低收入群体
杠杆要求	资本充足率应不低于 8%，对应杠杆倍数上限约为 12.5 倍	融资杠杆上限统一为 5 倍

二、消费金融的行业特征与问题

（一）资产端高收益呈现逐渐压缩趋势

一般情况下，消费金融的借款人个人现金流和工作状况要略差于银行客户，因此这类产品一般会给予更高的回报。消费金融业务赚取存贷款利差，与传统商业银行业务相类似，但是其收益更高。由于消费金融行业整体具有高风险的特征，产品一般是无抵押的信用类贷款，消费金融的不良率显著高于商业银行。高风险在一定程度上代表高收益，行业大多数贷款利率通常在10%以上，部分甚至可以达到20%，支撑了行业高息差表现。根据目前市场的产品收益情况，小贷产品＞消费金融公司产品＞信用卡分期贷款＞银行表内消费贷款。根据兴业证券的研究数据表明，信用卡分期的年化收益上限在16%以内，优惠收益在8%～10%左右。传统小额贷款产品收益要求较高，考虑手续费等各种费用后综合成本常在20%以上，消费金融公司处于银行客户和小额贷款客户之间。2021年以来，多地监管部门对辖内消费金融公司进行窗口指导，要求消费金融公司将个人贷款利率控制在24%以内，根据《中国消费金融公司发展报告（2023）》披露的数据，2022年消费金融公司客户加权平均综合定价均在24%以内，31家消费金融公司中有8家综合定价在18%以内，12家消费金融公司加权平均贷款利率在18%以下，其中3家降至12%以内，相比2021年，至少有21家消费金融公司综合定价水平下降。

2022年，新冠疫情反复、消费需求收缩、监管政策趋严等问题使得消费金融公司的业务增速受到抑制，利率上限以及LPR（贷款市场报价利率）下行的趋势短期难以逆转，也倒逼消费金融公司调降产品定价或进行客户转型，压缩其利润空间。对消费金融公司综合运营能力、自身模型的优化能力、获客及信用成本等的控制能力提出了更大的考验。利率上限对消费金融行业的影响可能有以下四个方面：一是持牌消费金融公司将不得不寻求更低的获客成本、资金成本和运营成本等来保持利差水平；二是利率水平的降低可能将导致部分机构的客户定位有所上移，甚至可能与部分客户下探的中小银行形成竞争，进一步加剧行业竞争；三是对于原本综合利率水平较低的机构影响相对有限，行业表现或将进一步分化；四是利率上限将倒逼部分机构转型调整，行业整体盈利增速一定时期内或将有所下降。

（二）信息技术提升授信效率和数字化风控能力

通过搭建高效的数字化模型，信息技术可以提升消费金融在贷前、贷中和贷后的运行效率，提效信贷审核。①信用评分模型，构建分渠道、分客群的精细化评估模块，形成对目标客户的评分体系与风险策略。②授信额度模型，用于新客与存客的额度评估，并根据用户还款行为、购买行为、征信变化、银行交易等重要因素进行动态调整。③风险定价模型，综合考虑资金与运营成本、利润和预期净信用损失，设定产品定价，并在风险评分与违约概率之间建立关联，从而设定合理定价与拒贷区间。④客户价值模型，分析存量客户是否具有经济效益，并根据各细分客群对价格、额度、促销的敏感度，定制存量经营策略，如调额、调价、优惠促活等。

风控作为消费金融业务的核心竞争力，利用全面数据的收集和反欺诈分析，做好最基本的 KYC。传统外部数据覆盖面不足，征信、银行账户信息等传统数据仅能良好识别头部客群，通过获取高质量的另类数据辅助信贷模型的搭建与分析，如 App 数据（如 App 安装清单、使用行为）、位置数据、社交足迹、消费习惯、设备数据和电商数据等高覆盖度、高频次的数据。建立多样化的反欺诈模型，识别在获客、交易等过程中常见的欺诈行为，如提供虚假身份、虚假联络、申请信息、团伙诈骗等。以头部消费金融 / 互联网金融机构审批端的信用评价模型为例，通常包含上万个级别变量，并大量采用前沿的机器学习、深度学习算法。模型本身以周为频率进行迭代，而数据引入、加工、建模、迭代等多个环节，均由专业团队负责。获客、审批、催收等全流程均需全面线上化、自动化，并在大数据和人工智能的赋能下提升效率。纵观头部企业的消费金融 / 互联网金融机构，都拥有千人以上的科技和数据团队。

（三）业务渠道和模式多样化

从业务渠道来看，消费金融公司获客可简单区分为线上获客和线下获客，根据业务模式的不同，又可区分为线下自营、线下第三方渠道、线上自营和线上第三方引流四种方式。2022 年以来，消费金融公司持续推动线上化转型，一方面是由于新冠疫情的影响使得消费金融公司更关注轻资产、高效快捷的业务模式，另一方面是由于数字化时代背景下，线上业务转型有助于消费金融公司降本增效，并同时避免线下业务带来的合规风险。截至 2023 年，我国 31 家消费金融公司均开展线上业务，超过 25 家机构的线上第三方引流投放超过 50%，第三方引流获客模式仍占有较高比重，自主获客能力仍有较大提升空间。但同时消费金融公司逐步开始布局线下业务，但规模占比呈下降趋势，短期内线上化发展仍是大趋势。

除自营贷款外，互联网金融平台还可通过重资本模式（联合贷模式、联合贷 + 担保 / 保险模式、助贷 + 担保 / 保险模式）和轻资本模式（助贷分润）来扩大贷款规模。不同的商业模式下，风险与收益相匹配，互联网金融平台需权衡规模和收益。

《征信业务管理办法》明确了自2022年1月1日起，平台机构在与金融机构开展引流、助贷、联合贷等业务合作中，不得将个人信息等直接提供至金融机构，须实现个人信息与金融机构的全面“断直连”，旨在要求助贷机构和商业银行、消费金融公司等通过征信机构实现风险隔离，该政策对于互联网金融业务的影响主要体现在以下三个方面：一是将直接影响到商业银行与互联网助贷平台之间的合作模式——“互联网平台企业—征信机构—金融机构”模式中征信机构产生的费用将转嫁至其他参与机构，长期来说将提高相关机构的经营成本；二是由于核心数据需交由持牌征信公司，使得互联网助贷平台议价能力下降、持牌征信公司重要性提升；三是将倒逼商业银行、消费金融公司等提高自主风控能力和水平，目前在实际落地过程中互联网平台整改情况有所分化，预计互联网平台企业将向头部集中，客户和信贷规模或将逐步转移至强监管的持牌金融机构。[①] 表4-2-3为互联网消费金融的展业模式。

表4-2-2　互联网消费金融的展业模式

项目	联合贷	联合贷担保	助贷担保	助贷分润
核心特点	助贷平台与放贷机构共同出资，以出资的方式承担信用风险，出资比例下限为30%	助贷平台与放款机构共同出资的同时，引入第三方担保公司、信用保险公司或助贷平台担保子公司的方式为贷款提供增信	助贷平台不出资，通过引入第三方担保公司、信用保险公司或助贷平台担保子公司为贷款提供增信	助贷平台仅提供获客、风控、贷后管理支持
资金来源	小额贷款/消费金融公司、外部放款机构如银行、小额贷款、消费金融、信托公司等	小额贷款/消费金融公司、外部放款机构如银行、小额贷款、消费金融、信托公司等	外部放款机构如银行、小额贷款、消费金融、信托公司等	外部放款机构如银行、小额贷款、消费金融、信托公司等
增信方式	无外部增信	通过担保和信用保险增信	通过担保和信用保险增信	无外部增信
平台是否承担信用风险	是	是	是	否

① 根据2022年艾瑞咨询《中国消费金融行业研究报告》整理。

（续表）

项目	联合贷	联合贷担保	助贷担保	助贷分润
助贷平台收入来源	贷款撮合费 出资部分的利息收入	贷款撮合费 出资部分的利息收入 赚取担保收入	贷款撮合费 赚取担保收入	贷款撮合费

三、消费金融 ABS

（一）消费金融 ABS 市场规模

2023 年，为使消费金融公司、汽车金融公司提高金融服务能力和扩大消费信贷覆盖面，央行开始大力支持消费金融公司、汽车金融公司发行金融债券和信贷 ABS，募集资金积极开发特色消费信贷产品，满足居民消费升级需求。在多重利好政策的刺激下，2023 年消费金融 ABS 发行提速，共 8 家消费金融公司累计发行 18 期 ABS，累计 251.41 亿元，大幅超过 2022 年的 140.36 亿元，同比增速 79.1%。[①] 从 2021 年开始消费金融 ABS 发行遇冷，相比 2020 年之前的 ABS 发行小热潮，无论是在发行数量还是发行规模上，都有明显的下降。除了受到新冠疫情影响，在 2020 年网贷新规的影响下，再用小额贷款作为发行主体已并非理想方案。图 4-2-1 为消费金融 ABS 分类。

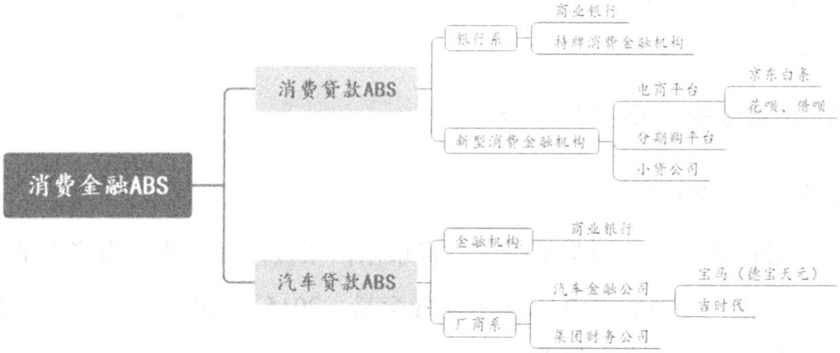

图 4-2-1　消费金融 ABS 分类

按照底层基础资产的不同，消费金融 ABS 可分为消费贷 ABS 和车贷 ABS。

① 数据来源：中国债券信息网数据统计 . https://www.stcn.com/article/detail/1080487.html

消费金融公司的融资方式包括股东投入资金、同业拆借、发行 ABS、金融债、银团贷款等，考虑到资金成本、融资规模、融资效率等多种因素，消费金融公司会倾向于选择低成本融资渠道。消费金融公司发行 ABS，有助于盘活机构存量资产，拓宽融资渠道，提升消费金融机构的业务发展能力；ABS 有助于丰富市场融资工具，提升市场投融资、资源配置效率，助力行业加快发展。2024 年 3 月，国家金融监督管理总局发布《消费金融公司管理办法》，将“资产证券化业务”纳入专项业务，政策积极信号助推消费金融企业 ABS 和消费金融 ABN（资产支持票据）重新放量。近几年整个市场上的融资利率明显下行，2024 年，融资利率已经到达一个比较低的位置，持牌的消费金公司能够以比较低的价格去实现市场化的融资，无论是基于自身的融资需求，还是提前去为未来的信贷扩张做储备，都可以促使消费金融公司发行更多 ABS 以实现更多的融资。

银行间和交易所消费金融 ABS 基础资产多为一般消费贷款。交易所消费金融 ABS 发行主体主要为公司，产品主要为“花呗”“借呗”等，发行主体自 2019 年以来逐渐趋于稳定，以阿里系、京东系等头部小额贷款公司为主要发行主体，小米、百度、苏宁旗下的小额贷款公司也参与发行，但市场份额相对较小。以往蚂蚁小贷发起的 ABS 一度占据消费金融 ABS 发行的半壁江山，从 2021 年 4 月开始蚂蚁小贷再未发行任何 ABS。从发行主体来看，银行间产品发行主体主要为商业银行和持牌消费金融公司，受原银保监会监管，其中持牌消费金融公司须年满三年才可能获批发行消费金融 ABS 资格，但相比小额贷款公司有更高的杠杆率上限（10 倍）。

（二）消费金融 ABS 产品案例

1. 京东白条 ABS

京东金融以应收账款为基础资产，将京东白条资产证券化，由华泰证券资产管理有限公司推出项目，并在深交所挂牌交易。2015 年 10 月京东金融发行的资产证券化产品是我国资本市场上第一个基于互联网消费金融资产的资产证券化项目。以 2020 年京东发行的消费金融 ABS 产品为例（东道四号 2 期京东白条应收账款债权资产支持专项计划），该产品的计划管理人为华泰证券资产管理有限公司，发行起始日为 2020 年 6 月 10 日，发行规模（10 亿），ABS 分层比例为优先

：次优：次级（84% ： 10% ： 6%），优先级的预期收益率为 2.97%，B1（3.45%），B2（6.1%）。图 4-2-2 为京东白条资产证券化交易流程图。京东白条 ABS 的基础资产不是信贷资产，而是企业应收账款债权，与京东自营电商的模式有关。具体来说，京东白条提供一种赊购服务，向用户提供延期或者分期付款的服务。这种模式的优势是不需要成立专门的公司，也不用具备相关资质，对于缺少消费金融牌照或者放款资质的金融服务机构，可以利用这种合规路径发行 ABS 产品，但是必须构建消费场景，加大了经营难度。

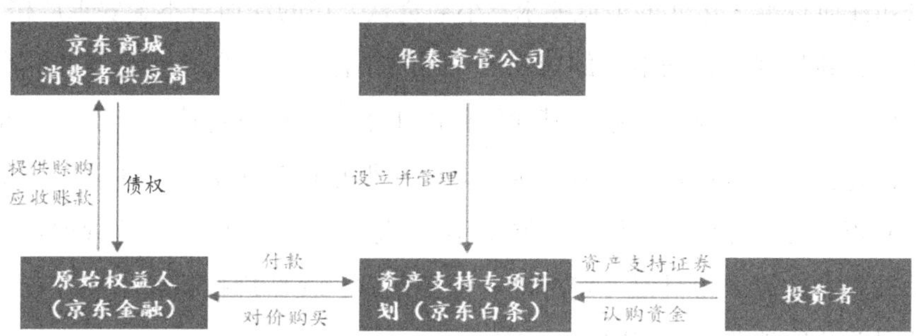

图 4-2-2　京东白条资产证券化交易流程图

2. 阿里小贷 / 蚂蚁花呗 ABS

互联网金融平台开展资产证券化业务最早可以追溯到 2013 年阿里小贷推出的“东证资管——阿里巴巴专项资产管理计划”。将天猫、淘宝上的小微企业的贷款作为基础资产，通过专项资产管理计划实现融资，开创了我国信贷资产证券化业务的先河，为后续互联网金融平台开展资产证券化业务提供了参考。但这种模式不属于消费金融的范畴。

蚂蚁花呗自 2015 年 4 月正式上线，主要用于在天猫、淘宝上购物，受到了广大消费者，尤其是“80、90 后”消费者的喜爱。为了更好地服务消费者，蚂蚁花呗打破了购物平台的限制，将服务扩展至更多的线上线下消费领域。目前，蚂蚁花呗已经走出阿里系电商平台，共接入了 40 多家外部消费平台：其中包括大部分电商购物平台，如亚马逊、苏宁等；本地生活服务类网站，如口碑、美团、大众点评等；主流 3C 类官方商城，如乐视、海尔、小米、OPPO 等官方商城；以及海外的部分购物网站。但是从 2021 年开始，部分“90 后”开始主动关闭花呗账户。因为年轻人的偿还能力有限，很多人花钱都大手大脚，不计后果。结果，当他们到了还钱的日期，发现自己根本无力支付。但是，花呗的后台监测显示，用户的消费越来越高，额度也会越来越高，最终形成“恶性循环”。

2020 年 11 月 2 日，中国银保监会、央行在官网公布《网络小额贷款业务管理暂行办法（征求意见稿）》，对网络小额贷款公司的注册资本金、业务范围、贷款金额和用途、联合贷款等方面做出新的规定，新规实施后将对小额贷款公司的经营和融资产生重大影响。新规要求网络小额贷款公司的注册资本不得低于 10 亿元，跨省经营的小额贷款公司注册资本不得低于 50 亿元，而对比持牌的消费金融公司注册资本 3 亿元的最低要求，小额贷款公司的注册资本金要求严格许多。融资方面，新规规定，网络小额贷款公司通过银行借款、股东借款等非标准化融资形式融入资金的余额不得超过其净资产的 1 倍；通过发行债券、资产证券化产品等标准化债权类资产形式融入资金的余额不得超过其净资产的 4 倍，且获得发行债券和资产证券化的业务资质的网络小额贷款公司必须满足经营管理较好、风控能力较强、监管评价满足一定标准等前提条件。在新规执行后，会有较多的金融机构排队获取消费金融牌照。

资产证券化一直是小额贷款公司的重要融资手段，以蚂蚁集团为例，2020 年以重庆市蚂蚁商诚小额贷款有限公司（以下简称“蚂蚁商诚”）和重庆市蚂蚁小微小额贷款有限公司（以下简称“蚂蚁小微”）为原始权益人在上交所和深交所发行的消费金融 ABS 产品达到 70 单，规模达到 1 300 亿元，占 2020 年消费金融发行总规模的 28.38%，接近三分之一，存续产品规模更是超过 3 000 亿元。截至 2019 年末，蚂蚁商城净资产 176.09 亿元，蚂蚁小微净资产 171.45 亿元，按净资产的 4 倍要求融资规模应控制在 1 390.16 亿元内，远小于存续产品规模。《网络小额贷款业务管理暂行办法（征求意见稿）》正式实行后，目前交易所市场上的主要发行主体“蚂蚁系”和“京东系”小额贷款公司通过发行 ABS 融资的渠道和规模都将受限。

按照新规要求，在单笔联合贷款中，网络小额贷款公司的出资比例不得低于 30%。而目前的放贷模式中，持牌金融机构与网络小额贷款平台合作的模式已成为主流，持牌金融机构（如银行）的资金成本较低，而包括蚂蚁集团在内的网络消费平台的用户面广，用户量大，二者的联合贷款应用广泛。根据蚂蚁集团的招股说明书，截至 2020 年 6 月末，平台促成的 1.7 万亿元信贷余额中，由金融机构进行实际放款或已实现资产证券化的比例合计约为98%，剩余2%则通过蚂蚁商诚和蚂蚁小微发放，联合放贷带来的杠杆效应巨大。

新规实施后，小额贷款公司依靠自有资金和融资进行放贷，业务规模将大幅缩减，相应的，作为消费金融ABS的基础资产，产品发行量也将下降，存续产品的后续循环购买资产充足情况也值得关注，但由于目前已发行的产品期限相对较短，存续产品的整体风险尚处于可控范围内。图4–2–3为蚂蚁花呗＋借呗联合贷款模式。图4–2–4为蚂蚁花呗＋借呗助贷模式。

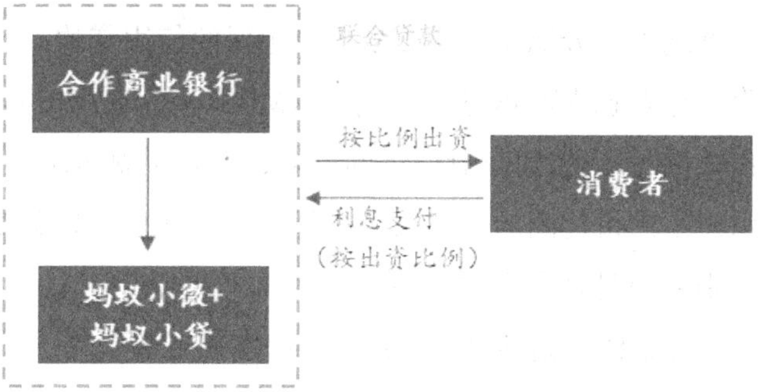

图4–2–3　蚂蚁花呗＋借呗联合贷款模式

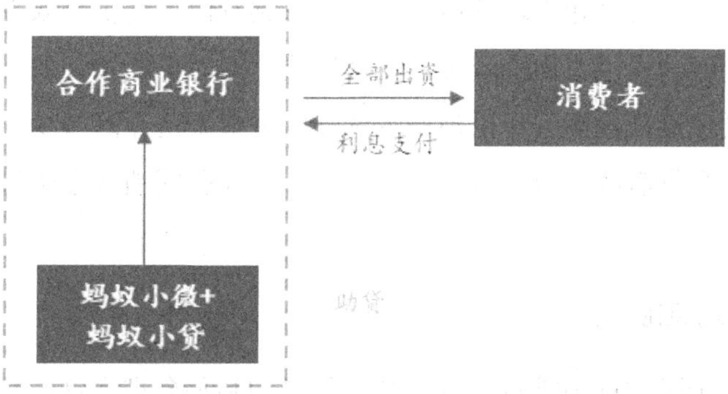

图4–2–4　蚂蚁花呗＋借呗助贷模式

联合贷款模式是蚂蚁小微小贷与金融机构合作，按照一定比例出资，承担引流、风险评估和定价、贷款管理等流程，分享一定比例的利息收入，并按照促成贷款规模收取一定比例的技术服务费。完全通过蚂蚁小微小贷自有资金或者ABS融资进行贷款投放的模式占比非常低，仅为1.68%。另外一种常见模式属于助贷模式，即蚂蚁小微小贷完全不出资，只负责客户引流和风险评估，收取技术服务费，而定价与贷后管理由金融机构负责。

四、消费金融的风险监管

（一）信用风险

由于我国消费金融市场被层层分割，金融科技公司主要服务于次级和中级客户，这些信用水平较低的长尾客户收入水平较低、还款能力较弱、违约风险较大。消费金融贷款绝大部分属于小额无抵押无担保的信用贷款，信用风险成为其主要面临的风险。消费金融ABS违约率高于RMBS（个人住房按揭贷款支持证券）和汽车贷款ABS，特别是受到新冠疫情的影响，消费金融ABS产品的违约率高于同期水平。由于不同机构间的借款人数据暂时不能共享，数据孤岛现象比较严重，因此难以识别客户是否存在“多头信贷”和“借新还旧”的行为，信用风险管理难度较大，需要整体规划和设计风控模型以实现有效监管。

（二）流动性风险

随着消费金融市场行业规模不断扩大，市场竞争不断加剧，行业对资金的需求也不断增加。消费金融需求的增长直接关系到货币市场供需双方资金流通的稳定性，消费金融公司也将面临资金流动性风险。面对不断增加的资金成本，消费金融产品的利率逐渐提高，可供消费者选择的融资渠道逐渐减少。尤其是新冠疫情影响下，资金供需两端流量减少，直接增加了互联网消费金融行业的资金流动性风险。

（三）市场风险

随着消费金融的逐渐推行，越来越多的机构和平台进入这一领域。参与主体的快速增加，必然会产生激烈的竞争，恶意竞争可能会引发盲目放贷、欺骗客户、纵容客户欺诈等不良现象。同时消费金融机构的短视行为，会直接影响到整个行业，造成行业的污名化和负面的舆论环境，如P2P最终走向灭亡。在经济环境出现较大波动时期，随着监管的不断加强，消费金融的体量出现快速下降，导致头部企业幸存，而部分中小企业快速消亡，影响行业健康的发展。

（四）操作风险

部分消费金融机构盲目追求业务规模，而疏于贷前的审核，不了解客户的真实情况，形成坏账。为覆盖更多的长尾客户，部分资质欠佳的金融科技公司存在诱导性宣传的问题，即诱惑消费者申请贷款，导致过度消费和过度借贷，进一步产生暴力催收等不健康的消费金融行为，不利于消费市场和金融体系的稳健发展。在业务管理过程中，对风险管控的重视程度不足，存在着严重的用户信息泄露行为，其中包括过失泄露或者主动出售客户信息获利。

综上所述，近几年随着监管趋严，应该从以下五个方面关注对消费金融的监管。第一，保护消费者的合法权益，尽量在消费者风险承受能力范围内，进行消费金融服务。第二，通过技术手段进行信用风险评估，完善征信系统，在不同机构间进行信息共享。加大对违约和故意欺诈行为的惩处力度，在本质上降低机构的操作成本和消费者的借贷成本，提高行业效率。第三，规范市场竞争机制，避免恶意竞争导致的逆向选择抑制真正的创新和技术改革。第四，建立健全的基础设施和制度，如征信数据共享设施、资金和信息安全管理设施、机构违规运营的检举和惩罚机制、消费者权益保护机制等。第五，通过对居民杠杆的管理，促进消费对经济的拉动作用，避免系统性风险的发生。

第三节　数字经济

一、数字经济的概念

数字经济一词由加拿大学者唐·塔普斯科特（Don Tapscott）在1996年提出。他将智能、知识和创新联系起来，认为这是促进财富和社会发展的创造性突破，但是他并未给出关于数字经济的明确定义。目前，学术界对数字经济尚无明确公认的定义，不同机构、政府部门和学者基于差异化经济社会环境给出了不同角度的理解，对数字经济的内涵进行了界定，以下汇总了近年来部分权威研究机构和学者对数字经济进行的定义。

美国经济分析局（BEA，2016）从互联网和信息与通信技术（ICT）的角度定义了数字经济，认为数字经济分成三个方面：与计算机网络运行相关的数字化基础设施、基于网络实现商业往来的电子商务业务、由数字经济使用者所创造和使用的数字媒体。

G20杭州峰会发布了《二十国集团数字经济发展与合作倡议》(2016)，将数字经济定义为以数字化的知识和信息作为关键生产要素、以现代信息网络作为重要载体、以ICT的有效使用作为效率提升和经济结构优化的重要推动力的一系列经济活动。

曼彻斯特发展信息中心的Bukht和Heeks① 通过三个逐级递进的层次来定义数字经济。第一，数字经济的核心是生产基础数字产品和服务的IT/ICT部门，包含软件制造业、信息服务业、数字内容产业等；第二，狭义的数字经济可以定义为经济产出中完全或主要以数字技术为基础的数字商品或服务；第三，广义的数字经济可以定义为信息通信技术在所有经济领域的使用，又被称为“数字化经济”②。

OECD(经济合作与发展组织)③ 对数字经济的概念定义是市场研究引用最多的框架之一，其分“核心—狭义—广义—数字社会”四个层次定义了数字经济的框架。其中，核心定义是指与数字内容、ICT商品、数字服务相关的经济活动，主要包含电子信息制造业、信息通信业、互联网行业、软件服务业等。狭义定义是指依赖数字投入的经济活动，主要包含数字媒体、电子商务、平台经济、共享经济、电子政务等。广义定义则是指对数字投入有明显作用的、GDP生产边界内的经济活动，主要包含数字化农业、数字化工业、数字化服务业等。数字社会的定义除包含前述范围外，还包含未被统计在GDP以内的其他数字化交易和活动，如免费的数字服务等。图4-3-1为OECD数字经济内涵和框架。

数字经济的概念并不是一成不变的，随着时代的变化，数字经济概念中包含的技术也在不断更新。早期的定义特别关注互联网，反映了其在20世纪90年代作为主流技术的地位。后来的定义增加了新技术，如移动和传感器网络云计算和

① Bukht, R., Heeks, R., Defining, Conceptualising and Measuring the Digital Economy[J]. SSRN Electronic Journal, 2017.https://xueshu.baidu.com/usercenter/paper/show?paperid=897be47b90c2127921c1d842639015e2&site=xueshu_se

② 参考平安证券《数字经济专题研究报告：全球发展趋势与投资机遇分析》.

③ OECD, A Roadmap toward a Common Framework for Measuring the Digital Economy. Report for the G20 Digital Economy Task Force, 2020.

大数据。随着经济社会与信息技术的发展，数字经济的内涵与边界也在不断变化和拓展。

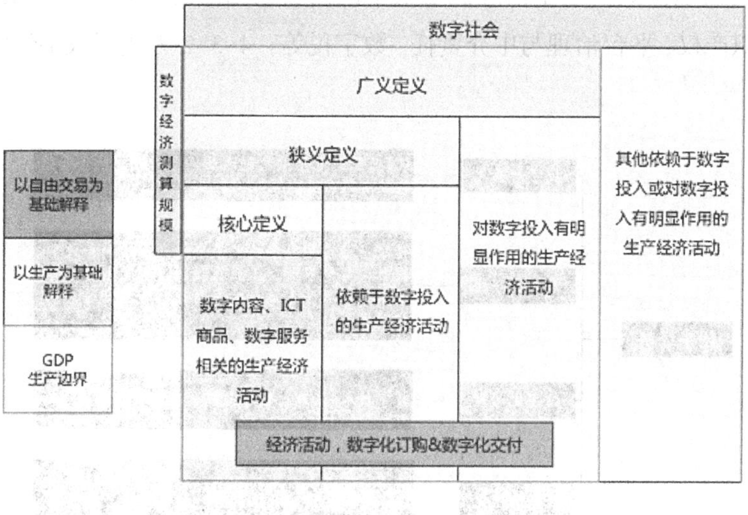

图 4-3-1　OECD 数字经济内涵和框架[①]

2021 年，中国信息通信研究院在《中国数字经济发展白皮书》当中对数字经济的最新定义是“以数字化的知识和信息作为关键生产要素，以数字技术为核心驱动力量，以现代信息网络为重要载体，通过数字技术与实体经济深度融合，不断提高经济社会的数字化、网络化、智能化水平，加速重构经济发展与治理模式的新型经济形态。”[②] 中国信通院构建了以数据价值化为基础、数字产业化和产业数字化为核心、数字化治理为保障的“四化”协同发展生态，四者构成了生产力和生产关系的辩证统一。数据价值化是指数据作为生产要素的价值化培育，包括数据的采集、确权、标注、定价、交易等诸多内容。数字产业化是指为数字经济发展提供技术、产品、服务和解决方案的信息通信产业，包括电子信息制造业、电信业、软件和信息技术服务业、互联网行业等，形成新兴产业和新的商业模式，并创造利润。产业数字化是指传统产业应用数字技术所带来的生产数量和效率提升，其新增产出是数字经济的重要组成部分，如新基建、数字货币、工业互联网、

① 数据来源：OECD（2020），平安证券研究所《数字中国，变局与机遇》，2021 年

② 中国信信息通信研究院．中国数字经济发展白皮书 [EB/OL].(2021-4-25)[2024-9-29]. http://www.caict.ac.cn/kxyj/qwfb/bps/202104/P020210424737615413306.pdf

智慧农业等。数字化治理指运用数字技术，建立健全行政管理的制度体系，创新服务监管方式，实现行政决策、行政执行、行政组织、行政监督等体制更加优化的新型政府治理模式。数字治理涵盖数字鸿沟、数据跨境流动、个人信息保护、数字化知识产权、平台治理与中介责任、数字税等。4–3–2 为我国数字经济的“四化框架”。

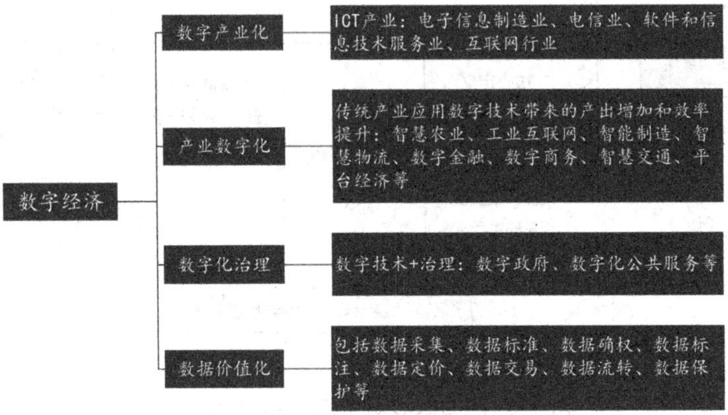

图 4–3–2　我国数字经济的“四化框架”

如何准确定义数字经济的内涵至关重要，不同的定义直接影响量化范围的大小和量化质量。因此，未来统一的数字经济定义将有助于数字经济的跨国研究和比较。

二、数字经济对经济增长的影响

我国经济经历了由高速增长到增速放缓的过程。之前的高速增长是一种粗放型的增长方式，经济增速放缓的原因有产业结构不合理、人口红利消失、全要素生产率降低等，未来经济增长的新动力主要在于技术创新和需求拉动。数字经济的发展将推动我国经济的高质量发展，通过提高供给体系质量、优化供给结构、提升效率等途径，人工智能、区块链、云计算、大数据技术创新将成为我国经济增长动力转化的关键因素。

关于信息技术与经济增长的统计关系，罗伯特·默顿·索洛（Robert Merton Solow）在 1987 年就提出信息技术与生产率之间并无明显统计关系的观点，即“索洛悖论”。近些年世界上大多数国家的国内生产总值（GDP）或劳动生产率增长率并没有因为数字经济的发展而出现预期中的提升。在这样的背景下，学界逐渐讨论是否出现了“新索洛悖论”：随处可见的数字经济却唯独在宏观经济统计指标中无法被捕捉到。数字经济对宏观经济规模、经济增长率等的推动作用到底如何，值得进行深入分析。数字经济对经济增长的影响机理主要体现在宏观、中观、微观和管理层四个层面。

（一）微观角度

数字经济对微观企业运营带来的好处很大程度上可以归结为成本的降低，实现多元化的经营，满足消费者多样化的消费需求，从而达到供给与需求的动态平衡、促进企业创新、提升企业运行效率等，具体可概括为规模经济效应、范围经济效应和长尾效应使得企业竞争生态发生了根本性改变，让市场格局变得更加灵活和多元化。同时，数字经济具有数据依赖、共享普惠等特点，能够精准识别和激发消费者需求，提高消费品供给效率和匹配性，改变消费者行为和预期。

1. 规模经济效应

规模经济是指在一定技术水平下，生产能力的增强会使得长期平均成本下降。在数字经济背景下，企业生产成本呈现出高固定成本和低边际成本的特性。固定成本通常是沉没成本，主要包括产品前期的研发成本、基础设施建设成本，以及为吸引用户而采取的免费、补贴等策略所消耗的成本。边际成本则由数字经济的特性决定，在企业用户积累到一定程度之后，会触发正反馈，引发强者愈强的马太效应，此时企业的产品几乎可以零成本无限复制。由于低边际成本甚至零边际成本，厂商倾向于无限扩大生产规模，而生产规模的扩大会均摊高固定成本，降低长期平均成本，带来生产上的规模经济效应，促进了企业产量的增加。

数字经济的特点在于可以降低边际成本，使其接近于零，企业规模越大，效率越高。传统的经济或者平台存在一个最佳的规模，因此企业规模不能无限扩张，当规模超过一定水平后，会出现边际效应递减，效率反而会下降。这是由于企业受到技术、管理等多方面因素的制约，传统企业的平均成本呈现出随着产量增加而下降，当达到最低点之后又随产量增加而上升的“U形”曲线。但是平台经济打破了规模的制约，虽然初始新建成本较高，但建立完成后，新增用户的边际成本几乎为零。腾讯的即时通信业务充分证明了规模经济效应，当你周围所有的人都在使用QQ或微信的时候，它就几乎成为一种必然选择，这使得腾讯要获取一个新用户的成本几乎为零，服务客户的人数相对于平台的成本相差不大。微信、支付宝等平台的日活跃用户数甚至超过十亿，这是传统经济难以想象的规模[①]。

江小涓和靳景[②]认为数字经济条件下生产的商品和服务，初始成本较高，持续生产的边际成本则较低，表现出显著的规模经济效应，打破了传统经济新古典经济学体系的边际成本递增规律。荆文君和孙宝文[③]梳理了我国数字经济的发展特征，从微观、宏观两个层面探讨了数字经济与经济增长的关系及其促进经济高质量发展的内在机理。丁志帆[④]在对数字经济的概念内涵与核心特征系统总结的基础上，通过“微观—中观—宏观”分析框架，探讨了数字经济驱动经济高质量发展的内在机理。

2. 范围经济效应

范围经济是指企业通过扩大经营范围，增加产品种类，生产两种或两种以上的产品以降低单位成本。技术不仅能够带来产量上的增加，还能使企业关注产品的多样化，带来分工与专业化的问题。传统经济背景下的企业通常通过提供多样化的产品来实现范围经济，企业同时生产两种或多种产品的成本通常低于分别生产每种产品的成本总和。而数字经济背景下，企业可以依托某一种主营业务积累起来的用户与较高的市场占有率，低成本地开展多样化的业务，使得企业产品种类大幅增加，获得更加丰富的利润。如腾讯主营即时通信，有邮件、新闻、游戏等衍生业务；阿里巴巴主营电子商务，又发展出金融、影视等衍生业务。这些衍生业务共同的特征是，其业务开展都是基于主营业务所搭建起来的平台和积累的用户，利用客户的黏性，衍生出来的业务更易被接受，具有低成本的特点。一旦平台建立并积累了用户和数据，就能够以较低成本从事跨行业业务。范围经济意味着跨界竞争会相对更容易。

---

① 参考平安证券《数字中国：变局与机遇》数字经济系列报告。

② 江小涓，靳景．数字技术提升经济效率：服务分工、产业协同和数实孪生 [J]. 管理世界，2022，38（12）：9-26.

③ 荆文君，孙宝文．数字经济促进经济高质量发展：一个理论分析框架 [J]. 经济学家，2019（2）：66-73.

④ 丁志帆．数字经济驱动经济高质量发展的机制研究：一个理论分析框架 [J]. 现代经济探讨，2020（1）：85-92.

3. 长尾效应

规模经济使产量大幅增加，导致大型企业出现，范围经济又可以使行业中出现多种业务或产品，满足不同需求，由此形成了消费端的长尾效应，使得企业能够低成本地满足更多尾部的、边缘化的消费需求。多样化的需求扩展了市场边界，为中小企业创新提供了空间。互联网、云计算、大数据等新兴技术为经济市场中的匹配问题提供了优化路径。平台经济、共享经济等新模式的出现，可以较好地匹配供需双方，将大量数据转化成有用的交易信息，提高匹配效率。互联网等新兴技术可以更好地提炼有效信息，从而在制订价格时更为精准，形成新的定价机制。荆文君和孙宝文[①]认为数字经济产生了巨大的范围经济与长尾效应。数字经济通过在线平台渠道销售多种产品和服务，消费者通过平台找到个性化的商品与服务，大大降低了搜索成本，企业还可以有效利用平台资源减少成本，实现分工细致化和专业化，提供定制化的生产，使得小众产品集聚起来，长尾不断延伸，企业效率提高、利润扩大。

（二）宏观角度

数字经济对宏观经济的促进作用，可以从生产函数（见式 4-3-1）的角度分析。以索罗模型为基础，数字经济将通过增加生产要素数量、改变生产函数的形式、提高全要素生产率水平三个渠道促进宏观经济的增长。

$$Y=AF(K, L, D) \quad \text{（式 4-3-1）}$$

1. 生产要素

在产能一定的情况下，通过加大投入或改变要素配置，可以让产出接近潜在产能。数字经济的规模效应，既增加了要素投入的数量，也提高了可投入要素的质量，同时可以较为精准地使得生产资料在各部门之间分配。在模型中的表现为参数资本要素（K）和劳动力要素（L）增加，或调整 K、L 投入的比重，从而增加 Y。增加要素投入或调整要素比重从而增加产出是工业经济背景下经济增长的本质，该路径被认为是最为普遍的经济增长路径，广泛存在于传统经济中，数字经济中也不可缺少。互联网等新兴技术所带来的规模效应，既增加了可投入要素

① 荆文君，孙宝文，数字经济促进经济高质量发展：一个理论分析框架，经济学家，2019，（2）：66-73.

的数量，也提升了可投入要素的质量，同时，可以较为精准地将生产资料在不同部门进行分配，更好地保证经济发展中要素投入的充裕性与持续性。

在增长理论中，生产要素主要分为资本、劳动力和自然资源，但已有研究证明，自然资源并不是支撑经济增长的必要条件，如日本、新加坡等资源不发达的地区也实现了经济高速增长。一般增长模型中只包含 K、L 两个关键变量。随着互联网、大数据、云计算等技术的广泛应用，不得不考虑将一些新的要素加入增长模型中。数据要素（D）参与传统创新活动，重塑数字创新产业逻辑和底层技术，与 K、L 等传统生产要素结合，提高了传统生产要素的投入效率，进而扩大了生产要素的总体投入，优化了生产关系配比并提升了资源配置效率。

2. 生产函数

数字技术改变了生产函数中 F 的形式，使得生产函数更高效，传统的柯布－道格拉斯函数形式 $Y=AK^{\alpha}L^{1-\alpha}$ 可能不再有效。数字经济时代的增长函数形式变得更加复杂，个人数据、交易数据等各类数据激增，而互联网技术连通功能使数据流动起来，真正让生产者与消费者、生产者之间信息互通，使凌乱的数据成为真正的有效信息，互联网技术提高了信息的有效使用效率。这一过程被反映为互联网技术大幅提高了信息或数据的边际产出，本质上是互联网等信息技术改变了增长函数的形式。而互联网为产业带来的微观特性，如网络外部性、双边市场等，会引发用户规模的正反馈效应，可能使总产出呈现出类似指数增长的情况。

3. 全要素生产率

通过技术进步提高全要素生产率，即模型中的参数 A，这既包括互联网对技术进步的作用（云计算、人工智能等改善了生产效率），也包括商业模式创新（共享经济、O2O 等）。这些新的模式创造了新需求，同时更精准地匹配了供需两端，促进了经济增长。数字经济催生了一系列创新技术（云计算、人工智能等）的产生，让更多技术手段得到应用推广，通过技术进步提升了生产函数的全要素生产率，提高了生产效率，促进经济增长，这是技术进步促进经济增长的“常规路径”。数据要素应用于生产、分配、流通和消费的各个环节，改变了生产要素的配置方式、提高了生产函数的边际报酬增长率、提升了生产技术水平。而商业模式的创新也在不断助推经济高质量发展。在互联网时代的创新驱动下，对中小企业而言，进入市场相对容易，由此产生了一些新的商业模式，如共享经济，O2O 等。这些商业模式不仅创造了新需求，也更精准地匹配了供需两端，促进了经济增长。

（三）中观角度

赵西三[①]从生产者协同视角进行了分析，认为数字经济有助于提升生产者之间的协作效率。丁志帆[②]认为数字经济的通过产业关联、产业创新和产业融合三种效应实现产业结构转型升级。沈运红和黄桁[③]认为数字信息技术的发展有助于打破时空和地理限制，有效拓展技术和知识溢出范围，推动了产业创新。祝合良和王春娟[④]从成本节约效应、规模经济效应、精准配置效应、效率提升效应和创新赋能效应五个方面分析了数字经济引领产业高质量发展的内在机理。陈晓东和杨晓霞[⑤]研究发现数字产业化是促进产业结构升级的基础性和先导性条件，但产业数字化促进产业结构升级的效应更为显著。

1. 产业关联效应

由于不同产业部门之间的技术关联和工序分工，数字产业与其他产业并非完全隔离，而是具有紧密的关联关系。随着数字技术对现有产业的数字化和智能化改造，传统的产业关联关系得以扩展。数字技术从数字产业逐渐扩散到与其联系最为紧密的行业，通过高协同性和正反馈效应形成具有密集互动的产业集群，再通过横向或纵向产业关联，进一步扩展到其他产业。

2. 产业创新效应

每一次技术革命都意味着新产品、新模式、新业态的爆发性发展。以大数据、云计算、人工智能为核心技术的新一代 ICT 产业生产率高、创新能力强、外溢作用显著，代表着未来产业升级的方向。同时，在数字技术扩散与产业化应用的过程中，供给与需求侧的响应也在迫使 ICT 产业不断升级。

---

① 赵西三．数字经济驱动中国制造转型升级研究 [J]. 中州学刊，2017（12）：36−41.

② 丁志帆，数字经济驱动经济高质量发展的机制研究：一个理论分析框架 [J]. 现代经济探讨，2020，（1）：85−92.

③ 沈运红，黄桁．数字经济水平对制造业产业结构优化升级的影响研究：基于浙江省2008—2017 年面板数据 [J]. 科技管理研究，2020，40（3）：147−154.

④ 祝合良，王春娟．数字经济引领产业高质量发展：理论、机理与路径 [J]. 财经理论与实践，2020，41（5）：2−10.

⑤ 陈晓东，杨晓霞．数字经济发展对产业结构升级的影响：基于灰关联熵与耗散结构理论的研究 [J]. 改革，2021（3）：26−39.

3. 产业融合效应

通过数字技术的渗透融合、产业间的延伸融合、产业内部的重组融合等方式推动产业跨界融合，形成新的产业，助推产业转型升级。高新数字技术向传统产业不断渗透，不仅能够提高数字经济发展水平，还有利于提高传统产业的现代化发展水平，促进传统产业的高附加值化。数字经济与实体经济的融合由消费领域向生产领域扩展，跨界融合、产销融合与协同创新已成为产业融合的新趋势。目前，数字技术已被广泛应用到了工业制造领域，催生了智能制造、个性化定制、网络化协同、服务型制造模式，提高了整个工业生产部门的经济效率。数字经济与实体经济的连接也逐步扩展到能源、交通、农业等各领域，表现为数字产业与传统产业的融合（或者说信息通信技术对农业、工业和服务业三大产业细分行业的渗透）和在信息技术基础上与其他产业的融合。

（四）管理层角度：

1. 摩尔定律（Moore’s Law）

每 18 个月综合计算能力提高一倍，价格下降一半，这也意味着数字技术进步超越了线性约束，呈现出指数增长态势。芯片的处理能力每 18 个月翻一番，而价格却不断下降。虽然第一个进入市场的第一代新产品占有 50% 的市场份额，但它被淘汰的速度也非常快。摩尔定律则决定了数字经济的超越式竞争特点。

2. 梅特卡夫法则 (Metcalfe’s Law)

网络价值以网络节点或用户数的平方的速度增长，联网用户越多，价值就越大，呈几何级数增长。随着联网的用户和设备增加，网络效应凸显，数字经济价值呈指数型增长。自 2013 年起，网络公司不断地将能源和金融企业从世界前几强挤出去，2015 年起前三大的世界企业就都是网络公司。梅特卡夫法则决定了数字经济成为国家财富的主要来源。

表 4-11　2024 年全球科技头部企业

企业	技术和服务	市值（亿美元）	国家
苹果	消费电子、软件、在线服务	33000	美国

（续表）

企业	技术和服务	市值（亿美元）	国家
微软	软件、消费电子、云计算	32300	美国
英伟达	人工智能、机器学习、深度学习、半导体	28400	美国
谷歌	互联网搜索引擎、软件、云计算、消费电子、在线服务、人工智能	19700	美国
亚马逊	市场和电子商务	19600	美国
脸书	大数据、人工智能、SaaS、广告	13600	美国
台积电	人工智能	8679	中国
博通	半导体	7588	美国
特斯拉	人工智能、传感器、生产	7280	美国
以下为我国科技头部企业			
腾讯	软件、大数据、机器学习	4552	中国
阿里巴巴	市场、电子商务、SaaS	2031	中国
美团	人工智能、市场、电子商务	1003	中国
字节跳动	自然语言处理、大数据	15600	中国
比亚迪	硬件、生产	7111	中国

注释：字节跳动和比亚迪市值数据为人民币计价，单位为亿元。

网络效应（Network Effect）指的是网络内的用户规模越大，网络价值越大。任何数字技术，当用户数量增加时，人们的评价会迅速上升。规模经济与范围经济的基础与支撑是网络效应。根据梅特卡夫定律，网络具有强外部性和正反馈效应，网络的价值与联网用户数的平方成正比。随着连接到信息与通信网络的家庭数量的急剧扩展，ICT 的网络外部性逐渐显现。当网络用户超过特定临界点时，就会触发正反馈，网络价值呈现爆发式增长态势（裴长洪等，2018①）。例如微信等社交平台，庞大的消费群体使得信息的传播与共享愈发充分，创造的网络价值

① 数字经济的政治经济学分析 [J]. 财贸经济 ,2018,39(09):5–22.

越大，能够进一步吸引更多的企业与消费者进入（石良平等，2019[①]）。网络效应改变了传统的边际成本定价模式，通过网络效应意味着边际效用递减规律不再生效，边际递增效应和网络联动效应成为数字经济时代促进要素流动新的动力机制。

3. 达维多定律 (Davidow’s Law)

进入市场的第一代产品能够自动获得 50% 的市场份额，其他公司生产的同类型产品只能分享其余的 50%。这就形成了数字经济垄断式竞争的局面。

马太效应（Matthew Effect）企业用户积累到一定程度后，会触发正反馈，实现强者越强、弱者越弱的马太效应。此时，企业的产品几乎可以零成本无限期复制。遵循达维多定律，得先机者得市场，在网络效应下快速实现规模扩张，发展成为平台经济体，并在马太效应下逐步形成寡头垄断格局。这也是企业在早期市场培育阶段不惜重金补贴的重要原因，比如网络约车、共享单车的市场发展均遵循这一规律。后进入者除非有重大创新，否则很难超越。刘超等（2023）[②]研究发现数字经济发展对区域创新效率差距存在马太效应和趋同效应，且趋同效应较强，有利于弥合创新效率差距。

四、数字经济的应用场景

2021 年 5 月国家统计局发布《数字经济及其核心产业统计分类（2021）》，为衡量数字经济发展水平提供了权威统计标准。数字产业化可以细分为数字产品制造业、数字产业服务业、数字技术应用业、数字要素驱动业四类；而产业数字化主要涉及数字化应用场景，如智能制造、数字金融、智慧物流、数字商贸等，其对应《国民经济行业分类》中的 97 个大类。我国数字经济的政策布局大致分为三个阶段。

第一个阶段为 2013—2015 年，我国互联网使用具有了广泛的基础，同时互联网行业逐渐步入了移动端时代，该阶段我国政策主要针对信息通信技术的快速发展，即数字产业化的推进，开始了对新一代信息基础设施建设的布局工作，如 5G、物联网、云计算等新一代信息技术业态在这个阶段逐渐进行了国家政策布局，这为后续产业数字化的进程打下了重要基础。

① 从存量到流量的经济学分析：流量经济理论框架的构建 [J]. 学术月刊 ,2019,51(01):50-58.

② 数字经济影响中国区域创新效率差距的双边效应 [J]. 中国科技论坛 ,2023(12):106-115.

第二个阶段为 2015—2017 年，针对数字经济的政策开始逐步转向信息通信技术与其他传统行业的融合应用，即产业数字化的推进，一个重要的标志是《国务院关于积极推进“互联网 +”行动的指导意见》的发布，提出了“互联网 +”与 11 个领域的综合应用。2016 年发布的《“十三五”国家战略性新兴产业发展规划》中，又进一步提出了加快建设“数字中国”，推动了物联网、云计算和人工智能等技术向各行业全面融合渗透。同年又发布了制造业与互联网融合发展、信息化和工业化融合发展规划等重要文件，在此背景下，产业数字化进程显著提速，数字经济也在 2017 年首次进入了政府工作报告。

第三阶段为 2018 年至今，针对数字经济和数据要素等在内的政策规划陆续出台，数字经济和数字中国的概念也频繁出现在每年的政府工作报告中，各省也相继出台了针对具体产业的数字经济规划，数字经济政策逐步进入了落地实施阶段。2021 年《“十四五”数字经济发展规划》的发布，从顶层设计上明确了我国短期内数字经济发展的总体思路及目标，党的二十大以来发布的《数字中国建设整体布局规划》和国家数据局的设立，则布局了我国数字经济长期发展的框架，未来数据要素与产业数字化进程将进入全面加速期。如表 4–3–1 所示，为数字经济的相关政策。

表 4–3–1　数字经济的相关政策

时间	政策 / 会议的主要内容
2005-01	《国务院办公厅关于加快电子商务发展的若干意见》：发挥企业的主体作用，大力推进电子商务应用和数字创新等
2012-07	《“十二五”国家战略性新兴产业发展规划》：重点发展方向和主要任务是新一代信息技术产业，促进信息化与工业化的深度融合
2013-02	《关于推进物联网有序健康发展的指导意见》：加快传感器网络、智能终端、大数据处理、智能分析、服务集成等关键技术研发创新，推进物联网与新一代移动通信、云计算、下一代互联网、卫星通信等技术的融合发展
2015-01	《关于促进云计算创新发展培育信息产业新业态的意见》：到 2017 年，云计算在重点领域的应用得到深化，产业链条基本健全，初步形成安全保障有力，服务创新、技术创新和管理创新协同推进的云计算发展格局，带动相关产业快速发展
2015-05	《中国制造 2025》：以推动 3D 打印、移动互联网、云计算、大数据、生物工程、新能源、新材料等领域的突破，掌握新型计算、高速互联、先进存储、体系化安全保障等核心技术，全面突破 5G 技术

（续表）

时间	政策 / 会议的主要内容
2015-07	《国务院关于积极推进“互联网 +”行动的指导意见》：充分发挥互联网的创新驱动作用，以促进创业创新为重点，推动各类要素资源聚集、开放和共享，大力发展开放式创新等。体现信息技术与制造技术深度融合的数字化、网络化、智能化制造为主线，推行数字化、网络化、智能化制造和“互联网 +”协同制造
2015-08	《促进大数据发展行动纲要》：着力推进数据汇集和发掘，深化大数据在各行业创新应用，促进大数据产业健康发展，完善法规制度和标准体系，科学规范利用大数据，切实保障数据安全
2016-05	《关于深化制造业与互联网融合发展的指导意见》：到 2025 年，制造业与互联网融合发展迈上新台阶，融合“双创”体系基本完备，融合发展新模式广泛普及，新型制造体系基本形成，制造业综合竞争实力大幅提升
2016-07	《国家信息化发展战略纲要》：到 2020 年，第五代移动通信 5G 技术研发和标准取得突破性进展，积极开展 5G 技术的研发、标准和产业化布局
2016-09	《G20 数字经济发展与合作倡议》：鼓励数字技术与制造业融合，建设一个更加连接的、网络化、智能化的制造业
2016-10	《信息化和工业化融合发展规划（2016—2020 年）》：大力促进信息化和工业化深度融合发展，着力打造支撑制造业转型的创业创新平台，积极培育新产品、新技术、新模式、新业态，加快构建支撑融合发展的基础设施体系，增强制造业转型升级新动能
2016-11	《“十三五”国家战略性新兴产业发展规划》：实施网络强国战略，加快建设“数字中国”，推动物联网、云计算和人工智能等技术向各行业全面融合渗透，构建万物互联、融合创新、智能协同、安全可控的新一代信息技术产业体系
2017-10	党的十九大报告：加强应用基础研究，为建设科技强国、质量强国、航天强国、网络强国、交通强国、数字中国、智慧社会提供有力支撑
2018-08	《数字经济发展战略纲要》：首个国家层面的数字经济整体战略
2018-09	《关于发展数字经济稳定并扩大就业的指导意见》：推动数字产业发展壮大，拓展就业新空间；促进传统产业数字化转型，带动更多劳动者转岗提质就业
2019-05	《数字乡村发展战略纲要》：加快乡村信息基础设施建设，发展农村数字经济，强化农业农村科技创新供给，建设智慧绿色乡村，繁荣发展乡村网络文化，推进乡村治理能力现代化，深化信息惠民服务，激发乡村振兴内生动力，推动网络扶贫向纵深发展
2019-10	《国家数字经济创新发展试验区实施方案》：启动国家数字经济创新发展试验区创建工作，通过 3 年左右的探索，使数字产业化和产业数字化取得显著成效，在数字经济要素流通机制、新型生产关系、要素资源配置、产业集聚发展模式等方面开展大胆探索，充分释放新动能

（续表）

时间	政策／会议的主要内容
2019-11	《“5G+ 工业互联网”512 工程推进方案》：培育形成 5G 与工业互联网融合叠加、互促共进的创新态势，促进制造业数字化、网络化、智能化升级，推动经济高质量发展
2020-03	《工业和信息化部关于推动工业互联网加快发展的通知》：加强工业互联网在装备、机械、汽车、能源、电子、冶金、石化、矿业等国民经济重点行业的融合创新，突出差异化发展，形成各具侧重、各具特色的发展模式。引导各地总结实践经验，制定垂直细分领域的行业应用指南
2020-03	《关于构建更加完善的要素市场化配置体制机制的意见》：数据作为生产要素之一，被正式纳入国家所定义的要素市场化配置中。培育数字经济新产业、新业态和新模式，支持构建农业、工业、交通、教育、安防、城市管理、公共资源交易等领域规范化数据开发利用的场景。推动人工智能、可穿戴设备、车联网、物联网等领域数据采集标准化
2020-07	《关于支持新业态新模式健康发展激活消费市场带动扩大就业的意见》：积极探索线上服务新模式，激活消费新市场；加快推进产业数字化转型，壮大实体经济新动能；鼓励发展新个体经济，开辟消费和就业新空间，培育发展共享经济新业态，创造生产要素供给新方式
2021-11	《“十四五”大数据产业发展规划》：建立数据价值体系，提升要素配置作用，加快数据要素化，培育数据驱动的产融合作、协同创新等新模式，推动要素数据化，促进数据驱动的传统生产要素合理配置
2021-12	《“十四五”智能制造发展规划》：建设智能制造示范工厂，培育智能制造新模式
2021-12	《“十四五”推进国家政务信息化规划》：2025 年政务信息化建设总体迈入以数据赋能、协同治理、智慧决策、优质服务为主要特征的治理新阶段
2022-01	《“十四五”数字经济发展规划》：优化升级数字基础设施，充分发挥数据要素作用，加快推动数字产业化
2022-01	《数字乡村发展行动计划（2022—2025 年）》：形成以城带乡、共建共享的数字城乡融合发展格局
2022-05	《关于推进实施国家文化数字化战略的意见》：发展数字化文化消费新场景，提升公共文化服务数字化水平
2022-06	《国务院关于加强数字政府建设的指导意见》：构建智能集约的政务信息平台支撑体系，到 2025 年，与政府治理能力现代化相适应的数字政府顶层设计更加完善、统筹协调机制更加健全，政府数字化履职能力、安全保障、制度规则、数据资源、平台支撑等数字政府体系框架基本形成
2022-07	《“十四五”全国城市基础设施建设规划》：加快新型城市基础设施建设，推进智慧化转型发展

（续表）

时间	政策 / 会议的主要内容
2022-10	《全国一体化政务大数据体系建设指南》：构建“1+32+N”全国一体化政务大数据体系
2022-12	《扩大内需战略规划纲要（2022—2035 年）》：培育“互联网 + 社会服务”新模式
2023-02	《数字中国建设整体布局规划》：提出数字中国“2522”的整体框架，夯实数字基础设施和数据资源体系“两大基础”，推进数字技术与经济、政治、文化、社会、生态文明建设“五位一体”深度融合，强化数字技术创新体系和数字安全屏障“两大能力”，优化数字化发展国内国际“两个环境”
2023-03	《党和国家机构改革方案》：组建国家数据局，负责协调推进数据基础制度建设，统筹数据资源整合共享和开发利用，统筹推进数字中国、数字经济、数字社会规划和建设等

来源：根据西南证券《全球齿轮转动，数字经济机会详解》等券商研究报告汇总。

（一）数字基础设施建设

近几年，我国数字基础设施建设发展较快，主要表现在信息通信网络建设和算力基础建设上。我国在 5G 通信、云计算领域已处于领跑地位，“十四五”规划重点强调城乡的数字化基础设施建设，包括物联网感知设施、通信系统、市政公用设施、建筑等物联网应用和智能化改造等。除此之外，还需要搭建支持智慧城市和数字乡村发展的底层信息管理服务平台，即大数据中心。“新基建”的发展和“十四五”规划中数字中国建设目标的提出，为我国数字基础设施建设提供了重要指导。

1. 新基建

2018 年 12 月中央经济工作会议首次提出“新基建”的概念。2019 年 3 月，发改委提出新基建的范围是特高压、5G 基建、城际高铁及轨道、新能源汽车充电桩、大数据中心、人工智能、工业互联网七大产业。2020 年 4 月 20 日，发改委在新闻发布会上明确“新基建”的新定义，包括信息基础设施、融合基础设施、创新基础设施三个方面，如图 4-3-3 所示。

信息基础设施主要是指基于新一代信息技术演化生成的基础设施，而数据中心、智能计算中心等正是其中算力基础设施的代表，并体现出了国家基础产业转型“基建 + 科技”的内涵。算力主要涉及数据中心，通信包括 5G、工业互联网和物联网，新技术基础设施包括人工智能、区块链和云计算。融合基础设施是指目前存量与新增的传统基建项目的转型升级，如交通、水利和能源向智能化转型，形成智慧交通、智慧能源等基础设施，针对目前运行的项目进行升级替换，提高运营效率。创新基础设施指前沿的科技基础设施。新基建是以经济转型和增效发展为目标，加快各个行业的数字化升级和智慧城市建设。我国与一些发达国家相比，在科技基础设施设备与大型科研研究室等方面仍具有很大的进步空间。在“十三五”期间，制定了国家重大科技基础设施建设规划，投入数十个重大设施，包括生物医药及量子物理等多方面的科学研究。

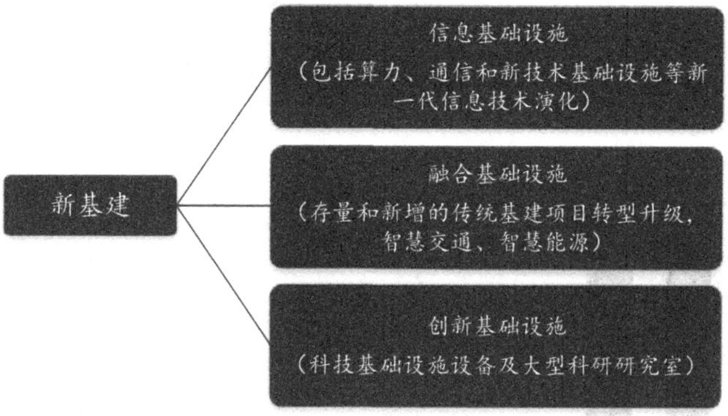

图 4-3-3　新基建的定义

2.5G

5G 行业主要以财政补贴为主，持续推进运营商 5G 基建建设和网络的铺设。我国的芯片、5G 核心技术和终端设备的核心部件主要依赖进口，核心元件等设备未来会向国产替代进口方向转变。2019 年 6 月，我国发放 5G 商用牌照，国内 5G 产业迅速发展。2023 年是 5G 商用的第四年，中国 5G 发展已经进入高速发展阶段，在中央及各地方政府政策的帮助及各产业协同发展的推动下，我国 5G 建设全球领先。根据 Wind 数据，截至 2023 年底，我国累计建成并开通 5G 基站 337.7 万个，全年新建 5G 基站 106.5 万个，基站总量占全球 60% 以上，持续深化地级市城区覆盖的同时，逐步按需向乡镇和农村地区延伸。图 4-3-4 为我国近年 5G 基站数量变化。图 4-3-5 为 5G 应用场景。

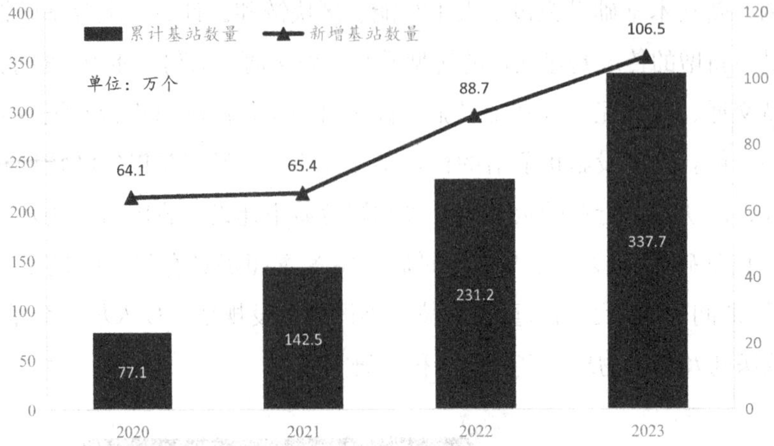

图 4-3-4　我国今年 5G 基站数量变化

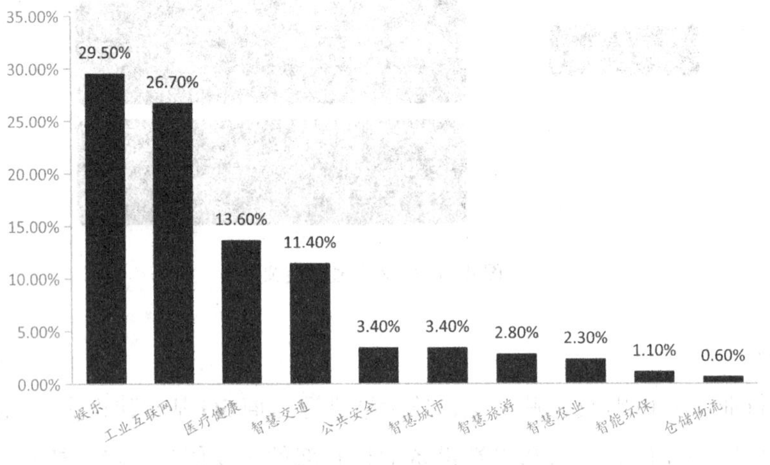

图 4-3-5　5G 应用场景

3. 数据中心

近年来，国家高度重视数据中心产业的发展。“十四五”规划和 2035 年远景目标纲要中明确提出要“加快构建全国一体化大数据中心体系，强化算力统筹智能调度，建设若干国家枢纽节点和大数据中心集群，建设 E 级和 10E 级超级计算中心”[①]。我国数据中心产业正由高速发展向高质量发展全面转变。互联网数据中

① 新华网. 中华人民共和国国民经济和社会发展第十四个五年规划和 2035 年远景目标纲要[EB/OL].(2021-03-13)[2024-10-15].http://www.xinhuanet.com/2021-03/13/c_1127205564.htm

心（IDC）是为了满足信息化需求而构建的集数据存储与数据计算于一体的信息基础设施。数据中心本质上为托管企业承载数据存储、计算与传输服务的基础设施，提供的服务质量和运营成本取决于机房的地理位置。随着大数据和云计算时代的到来，数据中心的建设要符合国家大数据技术战略，并能够有效推动数字经济的发展。

我国 IDC 行业起步于 1999 年，随着数字经济的发展，IDC 产业于 2014 年后迎来了快速发展时期，随着学者们对产业发展的不断研究，金融机构也不断挖掘数据中心的投资价值。根据中国信通院相关数据，2021 年全球数据中心市场规模超过 679 亿美元，较 2020 年增长 9.8%。图 4–3–6 为全球数据中心市场规模。

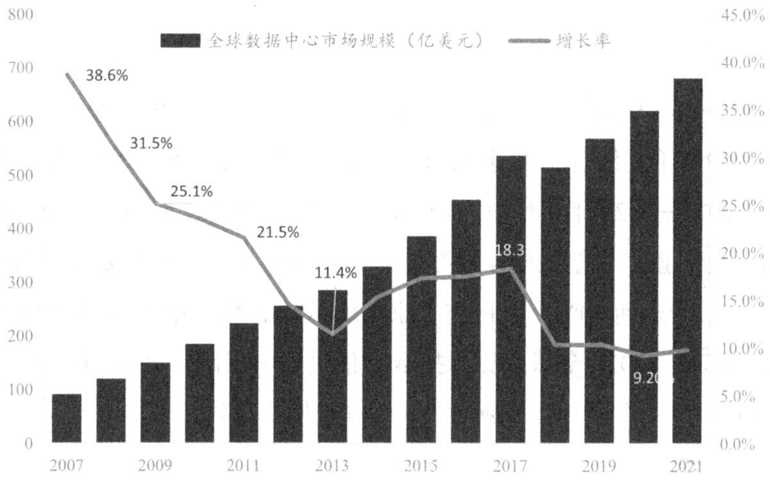

图 4–3–6　全球数据中心市场规模

根据 Wind 数据库相关数据，我国 IDC 市场规模 2023 年达到 5 078 亿元（基础业务和增值业务），随着我国数字化转型的深入推进，我国数据中心市场规模的增速在 2020 年达到近期高峰之后，呈现连续放缓的趋势，2023 年同比增长仅为 25.6%。2020 年 1 月新冠疫情爆发，从短期看，疫情导致的复工延期直接影响了数据中心的运维与相关基础硬件产品的制造、运输、交付，使得市场整体在短期内业务收入下降。但从长期来看，新冠疫情刺激下的“互联网 +”新业态发展也为整个数据中心及下游 IDC 服务市场培育了大量新兴客户，极大地推动了中国 IDC 行业市场规模的量级增长。在后疫情时代，随着越来越多的传统产业数字化转型落地，IDC 行业迎来新的发展机遇。图 4-3-7 为我国数据中心市场规模。

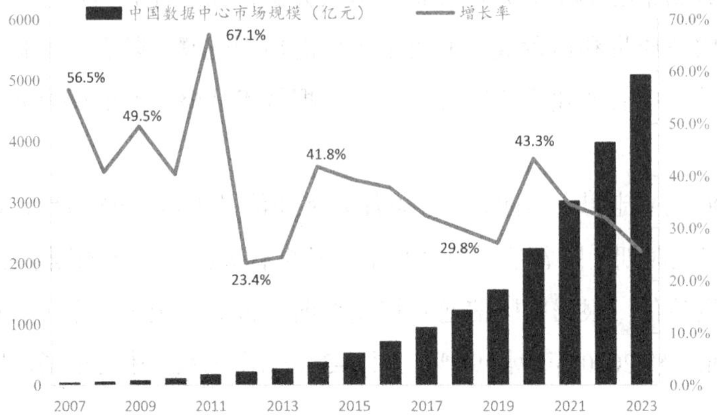

图 4-3-7　我国数据中心市场规模

我国数据中心机架规模持续稳步增长，大型以上数据中心规模增长迅速。按照标准机架 2.5 千瓦统计，截止到 2021 年底，我国在用数据中心机架规模达到 520 万架，2017—2021 年年均复合增速超过 30%。其中，大型以上数据中心机架规模增长更为迅速，机架规模 420 万架，占比达到 80%。发改委等部门要求数据中心上架率至少达到 60%，而目前北京上海等地各数据中心均达到 70% 左右上架率。根据 IDC《2020 全球计算力指数评估报告》，计算力的提升与数字产业的撬动比为 1∶3.3，数据中心市场巨大，可以成倍撬动数字经济。图 4-3-8 为我国数据中心机架规模。

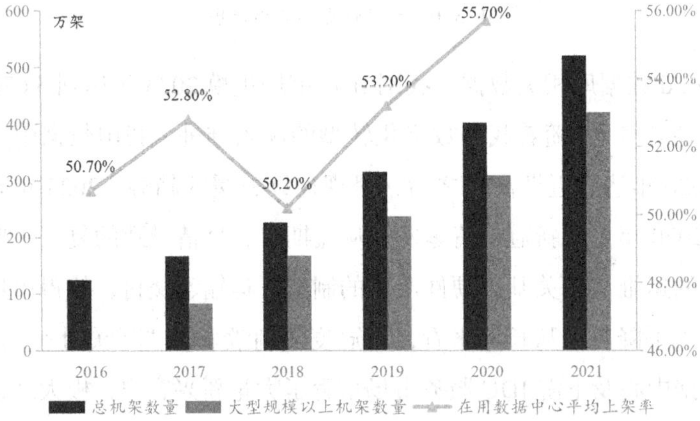

图 4-3-8　我国数据中心机架规模

王珏[①]认为为了满足海量数据处理与分析的需求，数据中心被纳入“新基建”。刘红卫等[②]对我国数据中心产业发展的内在驱动因素进行研究，发现数据规模和网络流量是主要推动力，认为我国目前东西部数据中心发展水平不协调，东部地区需求比较旺盛但会受到资源、审批建设的影响，中西部地区资源供给过剩，但基础设施薄弱、需求较低，缺乏产业发展的配套设施。袁钰和孙俊杰[③]认为移动互联网和大数据的发展是过去五年数据中心增长的主要原因，而未来随着智慧城市、5G、工业互联网的发展和“传统企业上云”，数据中心会迎来新的增长动力。

我国自2012年开启数据转移战略，主要模式为“东数西存”，即仅东部将西部数据中心用作数据备份，但是这种模式存在数据消纳量不佳、实际利用率低、拉动当地就业效果不佳等问题。因此，国家信息中心提出“东数西算”的完整框架与推进路径。东数西算，“数”主要指数据，数据中心主要分布于东部，“算”指算力，指东部的数据传输到西部进行计算和处理。东部数据传输到西部的主要原因有以下三点：第一，由于西部地区具有丰富的日照和风力资源，因此该地区的光伏和风电产业发展领先。相比东部，西部的优势在于辽阔的土地面积与光伏风电等新能源。第二，具备能源成本优势，西部的能源产业富余较多，如果输送到东部则消耗较大。另外，数据中心对电力的需求量较大，而西部的数据中心可以依托西部廉价的能源供给实现运行。第三，优化我国算力资源分布，改善区域发展不平衡问题。我国东、中、西部在人口密度、资源储备和算力资源分布等方面存在较大的差异，存在区域经济发展水平不平衡、不充分等问题，东数西算可以实现资源优化配置，提升资源利用率。

越来越多的企业（华为、腾讯、阿里巴巴等）选择在西部设立数据中心，西部因为拥有充足的电力资源并且气候适宜，可以实现降本增效。根据我国规划目标，到“十四五”末，东部数据中心总量占比由60%下降至50%左右，西部数据中心占比由10%上升至25%左右。目前的西部数据主要用于边缘计算，即实时性要求低的冷数据计算，其主要原因有两方面，一方面是网络跳转造成的时延，

---

① 王珏．“新基建”时代数据中心的发展[J]. 中国信息界，2020（3）：78–79.

② 刘红卫，陆欣，于磊．浅谈高质量建设数据中心助推数字经济建设[J]. 信息系统工程，2020（4）：23–24.

③ 袁钰，孙俊杰．中国云计算数据中心市场现状与发展契机[J]. 中国工业和信息化，2020（4）：80–85.

另一方面是数据流转（传输、储存）造成的成本问题。应用东数西算对于数据中心和传输网络的建设与升级来说，有望提高传输效率，降低流转成本，最终达成更高等级的协同效应。智能制造、无人机、VR 等对时延要求稍高的产业也可通过云计算来使用西部的算力。未来西部算力的应用并不局限于目前界定的备份、模型演练等冷数据场景，西部数据枢纽的价值将进一步提升。表 4-3-2 为数据中心相关政策。

表 4-3-2　数据中心相关政策

时间	政策及内容
2016-10	中央政治局会议提出“构建全国一体化大数据中心体系”
2020-05	《关于 2019 年国民经济和社会发展计划执行情况与 2020 年国民经济和社会发展计划草案的报告》：出台推动新型基础设施建设的相关政策文件，推进 5G、物联网、车联网、工业互联网、人工智能、一体化大数据中心等新型基础设施投资
2020-12	《关于加快构建全国一体化大数据中心协同创新体系的指导意见》：加快推动数据中心绿色高质量发展，建设全国算力枢纽体系
2021-05	《全国一体化大数据中心协同创新体系算力枢纽实施方案》：推动数据中心绿色可持续发展，加快节能低碳技术的研发应用，提升能源利用效率，降低数据中心能耗。引导超大型、大型数据中心集聚发展，构建数据中心集群，宁夏、内蒙古、甘肃、贵州节点内数据中心集群，优先承接后台加工、离线分析、存储备份等非实时算力需求
2021-07	《新型数据中心发展三年行动计划（2021—2023 年）》：用 3 年时间，基本形成布局合理、技术先进、绿色低碳、算力规模与数字经济增长相适应的新型数据中心发展格局
2021-12	《贯彻落实碳达峰碳中和目标要求推动数据中心和 5G 等新型基础设施绿色高质量发展实施方案》：到 2025 年，数据中心和 5G 基本形成绿色集约的一体化运行格局
2022-02	《关于印发促进工业经济平稳增长的若干政策的通知》：同构构建数据中心、云计算、大数据一体化的新型算力网络系统，将东部算力需求有序引导到西部，优化数据中心建设布局，促进东西部协同联动。表明要加快新型基础设施重大项目建设，包括加快推进数据中心建设及东数西算工程，启动建设全国一体化算力网络国家枢纽节点，共有 8 大算力枢纽（宁夏、内蒙古、甘肃、贵州、粤港澳、成渝、长三角及京津冀）和 10 个集群

4. 工业互联网

作为工业大国，我国在制造业高质量发展过程中面临劳动生产率、产能利用率和行业利润率偏低等多方面挑战。我国正处于经济结构转型时期，需要转变生产方式、优化经济结构、转换增长动力，智能制造有助于提升效率和加快技术创新。当前，我国人口红利逐渐消退，面临劳动力短缺和人力成本快速上涨等压力，劳动密集型产能逐渐从我国转移到东南亚、墨西哥等国家。而发达国家凭借知识产权和技术等方面的优势，便能大力发展先进制造业并引导先进生产力回流本国。通过工业互联网可以解决以上传统制造业的痛点问题。

自从2012年通用电器提出工业互联网概念，国内外的学者认识到工业互联网将成为新一代推动智能制造发展的驱动力。工业互联网是指利用新一代信息通信技术，对人、机、物、系统等实现全面连接，构建覆盖全产业链、全价值链的全新制造和服务体系，为产业数字化、网络化、智能化发展提供新的途径，实现提升效率和降低成本。工业互联网是数字经济在工业制造业落地的核心手段之一，也是互联网从消费走向生产领域的关键环节，其中包括了网络、平台、数据、安全四大体系，是互联网、大数据、人工智能与实体经济深度融合的应用模式，将重塑企业形态、供应链和产业链，推动制造业转型升级。

国内学者对工业互联网的关注开始于2015年提出的《国务院关于积极推进"互联网+"行动的指导意见》和《中国制造2025》，主要研究方向集中在分布式架构、智能制造、人工智能、制造业、数字化转型、物联网、高质量发展、工业4.0、云计算等方面。工信部2020年发布的《关于推动工业互联网加快发展的通知》和《工业互联网创新发展行动计划（2021—2023年）》，引导制造业和创新企业积极发展工业互联网和接入工业互联网。现有的研究主要偏向于技术，而对于经济学角度的相关研究较少。杨帅[①]、胡晶[②]对比分析了工业4.0与工业互联网，发现二者在动因、内核、方向、结果等方面基本一致，但是在内涵、实现路径、实施重点与效果等方面明显不同。陈武等[③]、任保平[④]、何小龙等[⑤]、朱国军等[⑥]、马永

① 杨帅．工业4.0与工业互联网：比较、启示与应对策略[J].当代财经，2015（8）：99-107.

② 胡晶．工业互联网、工业4.0和"两化"深度融合的比较研究[J].学术交流，2015（1）：151-158.

③ 陈武，陈建安，李燕萍．工业互联网平台：内涵、演化与赋能[J].经济管理，2022，44（5）：189-208.

④ 任保平．工业互联网发展的本质与态势分析[J].人民论坛，2021，（18）：88-91.

⑤ 何小龙，李君，周勇，等．工业互联网平台应用现状及发展对策[J].科技管理研究，2021，41（10）：132-137.

⑥ 朱国军，王修齐，孙军．工业互联网平台企业成长演化机理——交互赋能视域下双案例研究[J].科技进步与对策，2020，37（24）：108-115.

开等①、李君和邱君降②等人的相关研究主要从工业互联网的本质、发展应用状况、演进路径和机理、价值创造等方面进行定性的研究，相关的定量研究较少。

“5G+ 工业互联网”指利用 5G 为代表的新一代信息技术，构建与工业经济深度融合的新型基础设施、应用模式和工业生态。2019 年工业和信息化部提出了“5G+ 工业互联网”应用的重点行业和场景，我国“5G+ 工业互联网”布局开始加速。2022 年三大运营商先后推出“5G+ 工业互联网”布局战略，关注智能矿山、装备制造、指挥交通、智慧医疗、智慧金融等多个垂直行业，“5G+ 工业互联网”正在成为数字化转型新模式。2024 年 9 月工信部组织开展了“5G+ 工业互联网”融合应用先导区试点工作，将聚焦发展政策、基础设施、行业应用、产业生态、公共服务等方面的建设，加快推进“5G+ 工业互联网”高质量发展。表 4–3–3 为“5G+ 工业互联网”相关政策。

表 4–3–3 “5G+ 工业互联网”相关政策

日期	政策和主要内容
2017-11	《关于深化“互联网 + 先进制造业”发展工业互联网的指导意见》：开展面向工业互联网应用的网络技术试验，协同推进 5G 在工业企业的应用部署
2018-12	《工业互联网网络建设及推广指南》：支持基于 5G 建设网络技术测试床，开展基础通用关键技术、标准、设备、解决方案的研制研发、实验测试等工作
2019-11	《“5G+ 工业互联网”512 工程推进方案》：提出打造 5 个产业公共服务平台，加快内网建设改造覆盖 10 个重点行业，提炼形成至少 20 大典型应用场景，引导产业界提升网络关键技术产业能力、创新应用能力、资源供给能力，培育形成 5G 与工业互联网融合叠加、互促共进、倍增发展的创新态势
2019-11	《关于推动先进制造业和现代服务业深度融合发展的实施意见》：在探索重点行业重点领域融合发展新路径部分，提出加快人工智能、5G 等新一代信息技术在制造、服务企业的创新应用，逐步实现深度优化和智能决策
2020-03	《关于推动工业互联网加快发展的通知》《关于推动 5G 加快发展的通知》：强调实施“5G+ 工业互联网”512 工程，总结形成可持续、可复制、可推广的创新模式和发展路径，促进“5G+ 工业互联网”融合创新发展

① 马永开，李仕明，潘景铭．工业互联网之价值共创模式 [J]. 管理世界，2020，36（08）：211–222.

② 李君，邱君降．工业互联网平台的演进路径、核心能力建设及应用推广 [J]. 科技管理研究，2019，39（13）：182–186.

（续表）

日期	政策和主要内容
2020-05	《有色金属行业智能矿山建设指南（试行）》《有色金属行业智能冶炼工厂建设指南（试行）》《有色金属行业智能加工工厂建设指南（试行）》：推进5G、工业互联网、人工智能等新一代信息通信技术在有色金属行业的集成创新和融合应用，引导露天/地下矿山无人驾驶、远程协作、移动装备的互联互通等“5G+工业互联网”融合应用
2020-09	《建材工业智能制造数字转型行动计划（2021—2023年）》：鼓励企业积极探索“5G+工业互联网”，促进工业互联网与建材工业深度融合
2020-12	《工业互联网创新发展行动计划（2021—2023年）》：支持工业企业建设5G全连接工厂，推动5G应用从外围辅助环节向核心生产环节渗透，加快典型场景推广。持续推进“5G+工业互联网”融合应用，针对重点行业培育30个左右典型应用场景，编制发布“5G+工业互联网”发展指数
2021-05	工信部组织的采矿行业“5G+工业互联网”会议：发布《“5G+工业互联网”十个典型应用场景和五个重点行业实践》
2025-11	《“5G+工业互联网”融合应用先导区试点建设指南》：聚焦发展政策、基础设施、行业应用、产业生态、公共服务等方面的建设重点组织开展先导区试点。《“5G+工业互联网”融合应用先导区试点工作规则（暂行）》

来源：中国信通院《中国“5G+工业互联网”发展报告（2021版）》

目前，工业互联网已经涵盖了工业的各个价值环节，与实体经济紧密融合。相比第三产业，第二产业数字经济渗透率较低，未来发展空间广阔。《中国工业互联网产业经济白皮书（2023版）》和网络相关数据整理得出2023年，我国工业互联网核心产业增加值达到1.39万亿元。根据《中国工业互联网产业经济发展白皮书（2023年）》统计显示，2022年，我国工业互联网核心产业[①]增加值达到1.26万亿元，带动渗透产业增加值3.20万亿元，工业互联网产业增加值总体规模达到4.46万亿元。工业互联网核心产业增加值规模从2020年开始突破万亿，并呈现稳健的增长态势。工业互联网带动第一产业、第二产业、第三产业的增加值规模分别为0.06万亿元、2.28万亿元、2.12万亿元，名义增速分别为7.76%、8.60%、6.41%。工业互联网带动第二产业的经济增加值规模相对最高，且增速最快，对第三产业的影响作用也在不断增强。图4-3-9为我国工业互联网产业增加值规模。图4-3-10为我国第一、二、三产业数字经济渗透率。

① 工业互联网核心产业涵盖网络、标识、平台、数据、安全及工业控制与装备、系统集成七大部分，具体包括智能装备、工业传感、工业网络与标识、工业软件与大数据分析，工业自动化与边缘计算、工业互联网平台、工业互联网安全、工业互联网其他相关服务等细分领域。

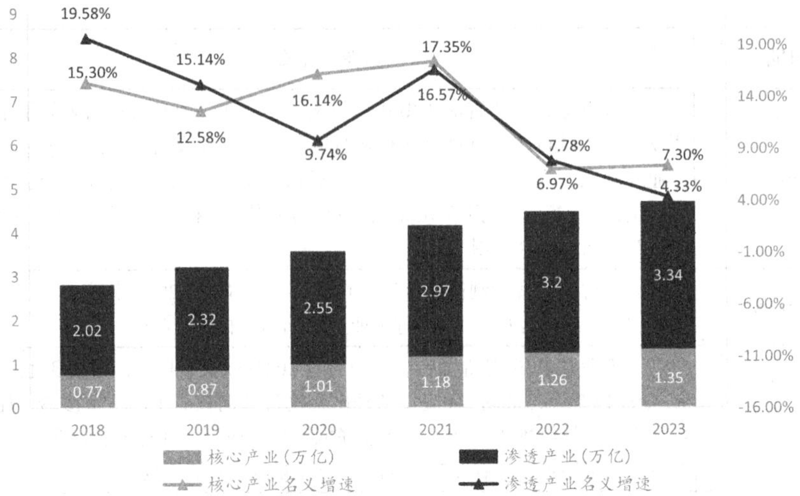

图 4-3-9　我国工业互联网产业增加值规模①

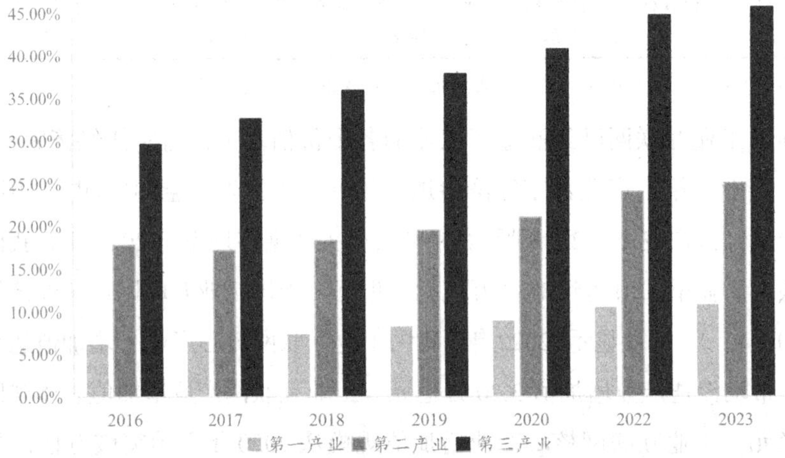

图 4-3-10　我国第一、二、三产业数字经济渗透率②

（二）平台经济

平台经济指的是依托平台进行交易的商业模式。所谓平台，就是连接多方供求，或虚拟或真实的交易场所。平台经济是以数字技术为基础要素，由数据要素

① 数据来源：《中国工业互联网产业经济白皮书（2023 版）》

② 数据来源：中国信通院发布的中国数字经济发展研究报告（2024 年）

作为驱动力量、平台作为载体、网络协同运营的经济活动单元所形成的综合性新型经济系统，是数字经济的重要组成部分之一，构成了实体经济发展的新动能。平台经济是运用数字技术进行运营的经济活动，它给金融业带来了“三升三降”的改变，对促进经济增长有积极作用。“三升”包括扩大规模、提升效率、改善用户体验；“三降”包括降低成本、控制风险、减少接触。目前我国平台经济发展态势良好，但仍存在一些问题。数字平台治理的目的，就是为了支持平台经济的高质量、可持续发展。

在平台经济发展初期，主要以电子商务模式为主，Amazon、eBay、阿里巴巴等相继成立。进入数字媒体阶段后，随着移动互联网和智能手机的快速发展，支付宝、京东、滴滴打车、PayPal 等平台经济媒介形式逐渐成为主导，不再是单一的商品交易平台。从 2017 年开始，平台经济逐渐表现为共享经济、零工经济等形式，如 Airbnb 等。

分享经济是指个人、组织或者企业，通过互联网第三方平台分享闲置实物资源或认知盈余，以低于专业性组织者的边际成本提供服务并获得收入的经济现象，其本质是以租代买，资源的支配权与使用权分离。而共享经济一般指以获得一定报酬为主要目的，基于陌生人且存在物品使用权暂时转移的一种新的经济模式。其本质是整合线下的闲散物品、劳动力、教育医疗资源等。也有的说共享经济是人们公平享有社会资源，各自以不同的方式付出和受益，共同获得经济红利。零工经济区别于传统“朝九晚五”的工作时间，它是一种时间短、灵活的工作形式，可以利用互联网和移动技术快速匹配供需方。零工经济是一种日益增长的长期发展趋势，但灵活就业者与在线平台的分类与监管等也是亟须解决的问题。如 Airbnb、Uber、Coursera、知乎网等。

国际流行的一个说法是：全球平台经济是美国、中国和世界其他地区三分天下。根据胡润研究院发布《2024 全球独角兽榜》，2024 年全球独角兽公司中，美国公司最多，为 703 家；其次为中国，有 340 家；第三名是印度，数量仅为 67 家。

1. 平台经济可能存在的问题

发展平台经济没有现成的发展经验与成熟的发展模式，在前期制度真空、监管缺失的背景下，平台经济在发展中出现了一些问题。第一，部分大型平台利用规模优势实施不正当竞争或垄断。平台经济具有网络效应与赢者通吃的特征，极易出现垄断行为，会严重侵害经营者、消费者及企业的权益。第二，平台履行社会责任不到位，出现假冒伪劣产品、产品质量存在安全问题、偷税漏税等劣币驱逐良币的现象。第三，存在金融、技术和数据安全等新型风险。第四，造成经济和产业结构发展不协调。

“大数据杀熟”是指经营者通过消费者数据的收集、分析，判断消费者的个人消费偏好，利用忠诚客户的路径依赖和信息不对称，就同一商品或服务向其索取高于新用户的售价，从反垄断法角度有可能构成差别待遇行为①②③。平台根据消费者的个人信息、消费记录、浏览历史等大数据信息，利用算法进行自动决策，使不同消费者在同一时间就同一商品看到不同价格，甚至可以对消费者进行一级价格歧视。线上交易价格歧视的隐蔽性更强，消费者在不知不觉之中就会被“杀熟”。

2. 平台经济发展的政策指引

尽管平台经济在发展过程中出现了一些问题和矛盾，但是我国对平台经济的新型经济形态持有开放并积极鼓励的政策导向，将平台经济列为数字经济的重要组成部分并给予了极为高度的重视，坚持倡导包容和审慎监管原则，不断扩大平台企业成长和发展空间。

2019 年以来，加强数字经济治理已成为全球趋势，各主要经济体纷纷加强了数字经济反垄断执法力度。美国司法部于 2019 年 7 月对 Google、Amazon、Facebook、Apple 四大科技巨头发起反垄断调查。2022 年 7 月，欧盟理事会批准了《数字市场法案》，欧盟委员会正考虑新设反垄断部门，以有效执行该法案。从 2020 年年末开始，我国国家市场监督管理总局相继对国内几大平台巨头发起反垄断调查，并开出巨额罚单。2021 年 4 月金融监管部门约谈了 13 家头部互联网平台，针对持牌经营、公司治理机制、监管合规、公平竞争、消费者权益保护等方面提出整改要求。由于数字经济具有虚拟性、网络化、平台化等特征，数字

① 朱程程．大数据杀熟的违法性分析与法律规制探究：基于消费者权益保护视角的分析 [J]. 南方金融，2020（4）：92–99.

② 梁正，曾雄．“大数据杀熟”的政策应对：行为定性、监管困境与治理出路 [J]. 科技与法律，2021（2）：8–14.

③ 赵传羽，丁预立，刘中全．网络外部性与基于购买行为的价格歧视：“杀熟”的经济学分析 [J]. 世界经济，2023，46（6）：210–236.

经济容易出现“赢者通吃”的生态垄断，少数巨头占有大部分数据资源，通过算法合谋控制市场价格，通过扼杀式收购消灭潜在竞争者，从而达到封闭市场、限制竞争的目的（贺蕙章和李锋森，2023）①。

当前，互联网金融业务整改初步落地，监管风险缓释，监管态度转变，互联网金融行业有望在合规背景下迎来复苏。竞争格局或趋于稳定，中小公司难以短期通过激进方式实现跨越式发展，头部公司凭借业务整改领先和牌照齐全等优势有望进一步巩固优势。表 4-3-4 为平台经济相关政策。

表 4-3-4　平台经济相关政策

时间	政策会议和主要内容
2020-11-06	规范线上经济秩序行政指导会：持续推动整治线上平台垄断、不公平竞争和假冒伪劣等违法违规行为，营造规范有序、健康发展的线上市场环境
2020-12-11	中共中央政治局会议：强化反垄断和防止资本无序扩张
2020-12-16	中央经济工作会议：国家支持平台企业创新发展、增强国际竞争力。完善平台企业垄断认定、数据收集使用管理、消费者权益保护等方面的法律法规
2021-02-07	《平台经济领域的反垄断指南》正式发布
2021-04-30	中共中央政治局会议：要加强和改进平台经济监管，促进公平竞争
2021-07-30	中共中央政治局会议：加快贯通县、乡、村电子商务体系和快递物流配送体系
2021-12-08	中央经济工作会议：加强反垄断和反不正当竞争，以公平监管保障公平竞争
2022-03-05	政府工作报告：加强和创新监管，反垄断和防止资本无序扩张，维护公平竞争
2022-03-16	国务院金融稳定发展委员会：关于平台经济治理，有关部门要按照市场化、法治化、国际化的方针完善既定方案，坚持稳中求进，通过规范、透明、可预期的监管，稳妥推进并尽快完成大型平台公司整改工作，红灯、绿灯都要设置好，促进平台经济平稳健康发展，提高国际竞争力
2022-04-10	《中共中央 国务院关于加快建设全国统一大市场的意见》：加强对金融、传媒、科技、民生等领域和涉及初创企业、新业态、劳动密集型行业的经营者集中审查，提高审查质量和效率
2022-04-29	使中央政治局会议：促进平台经济健康发展，完成平台经济专项整改，实施常态化监管，出台支持平台经济规范健康发展的具体措施

① 贺蕙章，李锋森，数字经济新型垄断：成因探析、典型形式及法律规制——兼论金融科技风险防控，金融理论与实践，2023，(1)：25-34.

（续表）

时间	政策会议和主要内容
2022-05-17	全国政协“推动数字经济持续健康发展”专题协商会：努力适应数字经济带来的全方位变革，打赢关键核心技术攻坚战，支持平台经济、民营经济持续健康发展，处理好政府和市场关系，支持数字企业在国内外资本市场上市，以开放促竞争，以竞争促创新
2022-05-31	《扎实稳住经济的一揽子政策措施》：出台支持平台经济规范健康发展的具体措施，在防止资本无序扩张的前提下设立“红绿灯”，维护市场竞争秩序，以公平竞争促进平台经济规范健康发展
2022-06-15	国务院常务会议：支持平台经济健康发展，支持民间资本发展创业投资
2022-06-22	中央全面深化改革委员会第二十六次会议：支持平台企业在服务实体经济和畅通国内国际双循环等方面发挥更大作用
2022-06-24	第十三届全国人大常委会第三十五次会议修改了《中华人民共和国反垄断法》
2022-07	中共中央政治局会议：促进平台经济健康发展，集中推出一批“绿灯”投资案例
2022-12-15	中央经济工作会议：大力发展数字经济，提升常态化监管水平，支持平台企业在引领发展、创造就业、国际竞争中大显身手

第四节　数字货币

随着金融科技的不断深化发展，货币的形态也在不断演变，实物货币正在被电子货币所替代。2020 年以来，以加密货币、去中心化金融（DeFi）、央行数字货币（CBDC）、稳定币、元宇宙、非同质化代币（NFT）等为代表的新名词、新概念在海外层出不穷，并受到全球资本的追捧。这些新概念的背后既有区块链等技术不断成熟的驱动，也有社会矛盾加剧进一步催生了去中心化思潮的影响，甚至还受全球货币和财政政策量化宽松的影响。区块链作为数字货币背后的核心技术迅速成为全球金融创新领域炙手可热的新兴热点，数字货币引起学术界、金融业界和各国监管部门的广泛关注，各国央行纷纷开始进行数字货币理论和应用的探索。

一、数字货币的概念

（一）概念和分类

数字货币，不依托任何实物，基于密码学由计算机程序产生，因其使用了加密手段放弃了传统物理形式而被统称为数字货币。数字货币相比传统物理货币具有不可伪造、点对点快捷交易、流动方便的特点。而区块链具有去中心化、不可篡改、匿名性等特点。每个数据块都链接到前一个块，形成连续的链，保障了交易历史的完整性。数字货币正是利用了区块链技术的去中心化等特性发展而来（CBDC并不是去中心化）。电子货币、虚拟货币和数字货币等概念划分不清，可能会造成误用。电子货币主要适用于银行电子系统间转账。随着数字经济的兴起，数字货币逐渐替代了电子货币；虚拟货币仅在限定网络空间内流通，强调货币物理形态的虚与实，而数字货币强调价值的数字表达。因此，游宗君和周书通①认为数字货币包含电子货币和虚拟货币。

根据是否由央行发行，数字货币可划分为法定数字货币和私人数字货币，法定数字货币是指CBDC，私人数字货币又可进一步分为加密货币和稳定币，具有代表性的加密货币包括比特币（BTC）、以太币（ETH）等，具有代表性的稳定币包括泰达币（USDT）、天秤币（Libra）等。图4-4-1为数字货币分类。

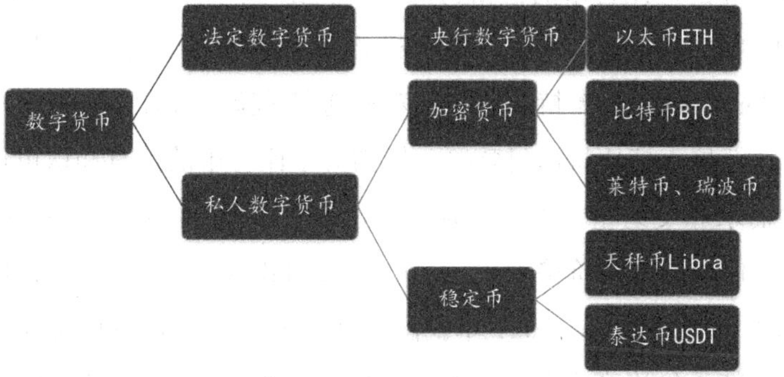

图4-4-1 数字货币分类

（二）加密货币

随着互联技术的不断发展和应用场景的跨越国界发展，货币已经突破主权国家发行的限制，出现众多加密货币。2008年比特币的创始人使用“中本聪”这一名称在互联网上发表了一篇题为《比特币：一种点对点电子现金系统》的报告，

① 游宗君，周书通．央行数字货币机制设计与经济影响研究：基于文献综述的视角[J]．征信，2022，40（10）：68-76.

次年初公布了比特币系统的开源代码。比特币是世界上第一种也是目前最主要的私人数字货币。随着比特币的出现，数字货币技术不断升级与进步，一些扩展变形的数字货币也得到了市场的认可，包括以太币（Ether）、莱特币（Litecoin）、瑞波币（Ripple）等。

比特币价格从 2009 年 10 月 0.0008 美元快速飙升至 2017 年 12 月 16 日将近 2 万美元，引发了个人和机构的投资狂潮，与此同时以太币、莱特币、瑞波币等竞争币以及比特币钻石、比特币信仰、比特币原子等分叉币相继衍生而出，国内也涌现出“一川币”“凯特币”“五行币”等各类空气币、山寨币及传销币，虚拟数字货币的过度炒作产生了极大的泡沫经济。2013 年塞浦路斯出现信用危机，为了缓解财政压力，政府决定对存款征收高额税收。这一政策引起了居民的恐慌，引发了存款的挤兑现象，居民将存款取出以避免损失，并将手中的货币换成比特币，以规避政策风险，比特币价格也随之升高。2013 年德国官方正式承认比特币的合法性，2021 年萨尔瓦多成为首个将比特币作为法定货币的国家。2020 年，受到新冠疫情冲击，比特币的价格再次飙升，在 2020 年底达到 30 000 美元，从年初涨了 400%。2020—2021 年，各类机构宣布持有比特币。保罗·都铎·琼斯（Paul Tudor Jones）宣布持有比特币对冲通胀风险，PayPal 宣布支持加密数字货币交易，特斯拉支持比特币付款等。机构对于比特币的持有和认可进一步扩大了比特币的需求和交易量，推动价格上涨。在 2021 年 4 月份比特币的价格达到 60 000 美元，但是 7 月份价格跌去了 50%，11 月份又创新高，达到 70 000 美元，在年底跌到了 46 000 美元。2021 年我国内地全面禁止虚拟货币交易，境内的矿场关闭，对比特币价格产生明显的利空，价格跌幅超过 10%。2022 年出现下跌，到 6 月份跌到了 20 000 美元以下。2024 年 1 月美国证券交易委员会（SEC）首次批准比特币现货 ETF。2024 年 4 月，香港证监会拟上架比特币现货 ETF，为比特币市场增加了大量的机构投资者，因此比特币价格自 2023 年至 2024 年不断冲高。比特币现货 ETF 直接投资比特币作为基础资产，能够反映比特币在加密货币市场的价格走势。ETF 从其他持有者或者通过授权的加密货币交易所购买比特币作为其底层资产，并储存在数字钱包中，投资者购买比特币 ETF 并且可以随时赎回。

随着以太币价格的飙升，截至 2018 年 1 月，以太币总市值已超过比特币总市值的 50%，而在 2017 年初这一比例仅为 5%。比特币的暴涨暴跌和以太币的迅速崛起都反映出加密货币市场的巨大波动性。加密货币的市场价格波动剧烈，全球市场事件或财经政治动荡等宏观因素，以及加密货币行业突发事件等都可能导致比特币价格产生剧烈波动。图 4–4–2 为比特币和以太币近年价格变动。

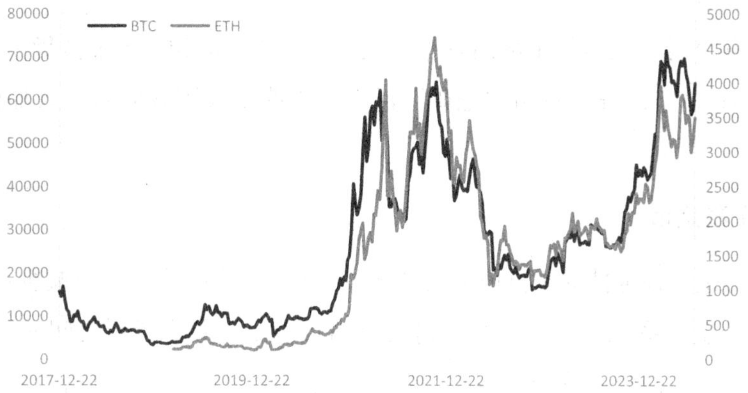

图 4–4–2　比特币和以太币近年价格变动

国际清算银行（BIS）和国际货币基金组织均指出，以比特币为代表的私人数字货币虽然有助于解决电子支付的信任问题，但其背后缺乏强大的资产支撑，难以解决资产价值信任问题。由于私人数字货币不具有货币的基本职能（交易媒介、记账单位、价值贮藏），无国家信用背书，不具备稳定币值，因此加密货币在市场上主要被视为一种投机资产。私人数字货币价值的巨大波动容易造成市场恐慌和风险，影响金融系统的稳定性。由于去中心化的区块链技术与主权货币发行体系隔绝，且不受中央银行控制和监管，因此会影响中央银行货币政策的实施和传导。

影响比特币价格的核心因素主要集中在全球流动性变化、供需与技术进步和风险偏好三个方面。从全球流动性变化的角度分析，比特币具有规避纸币币值波动风险的特性，全球流动性拐点相对比特币价格走势具有一定的领先性。从供需与技术进步看，有限的数量决定了比特币的稀缺性，需求端 ETF 发售规模快速上涨，为后续牛市带来稳定的购买力。从风险偏好角度分析，行业热点、政策监管、地缘政治风险等都会影响价格走势。比特币交易平台 Mt.Gox（2014）、FTX（2022）破产等对于比特币价格波动具有巨大的影响。2014 年 2 月，世界最大规模的比特币交易所 Mt.Gox 因为遭受网络攻击而停止比特币提取业务，引发交易混乱，随后 Mt.Gox 宣布破产。2022 年底 FTX 由于金融监管的缺失，发生了严重暴雷事件，实控人更是被指控涉嫌诈骗等多项罪名。2023 年 11 月，全球最大加密货币交易所币安（Binance）承认参与涉嫌洗钱、无证汇款和违反制裁的行为，并同意支付 43 亿美元罚款。

2021 年 9 月，央行等十部门发布《关于进一步防范和处置虚拟货币交易炒作风险的通知》，整治虚拟货币“挖矿”活动，表明了我国政府对私人加密货币的否定态度。

（三）稳定币

稳定币是一种维持固定价值或与特定资产挂钩的加密货币，以减少价格波动，并促进加密生态系统中的交易和支付，充当众多私人数字货币之间的交易媒介。稳定币利用区块链技术模仿法定货币的币值稳定机制，如设立准备金，把一部分资产（如美元等法定货币）作为准备金储存起来，用以支持和维护稳定币的价格（类似于法定准备金）；在稳定币价格出现大幅波动时，通过智能合约等手段进行买进和卖出（类似中央银行公开市场操作），以增加或减少流通中的稳定比数量，达到稳定价格的目的。

2014 年，Tether 公司借助比特币网络发行了一种在价格上锚定美元的代币——泰达币（USDT），泰达币完全与美元挂钩，价格基本维持在 1 美元左右。泰达币价格稳定且能够与法定货币相互兑换，因此可以满足数字货币间安全、高效的交易需求，为投资者的入场和交易提供了便利。2018 年泰达币发生信任危机，私人发行稳定币的信用风险暴露。2019 年 Tether 公司官司缠身，各大交易平台基于规避风险，纷纷上线其他稳定币，导致泰达币市场份额骤降。虽然泰达币等稳定币锚定单一资产法定货币，币值不稳定，同质化严重，竞争激烈，并且泰达币等在数字货币二级市场之外未有成熟的应用场景；但稳定币解决了加密货币价格波动性大的问题，为加密资产的广泛应用提供了价值稳定的解决方案，也为 Web3 打造了一个高效率、低成本、无国界的支付体系。

2019 年 6 月 18 日，世界最大的社交网络公司 Facebook 联合各行业领先机构发布了《Libra 白皮书》。天秤币以区块链技术为基础，以一篮子主权货币（包括美元、英镑、欧元、日元等法定货币）和短期政府债券为储备资产，为 Libra 稳定币增信，最大限度地降低币值波动风险。这套基础设施由技术体系、价值体系、治理体系共同搭建而成。天秤币以一篮子银行存款和短期债券作为资产储备，进一步保证币值稳定。一方面能够避免像泰达币一样受单一货币价格变动的影响，出现币值剧烈波动的问题，天秤币锚定多种资产且会定期调整资产构成，以达到最大程度的币值稳定；另一方面，避免受限于单一货币当局和政府的压力，限制天秤币的未来发展。学术界普遍认为，以天秤币为代表的稳定币仍有许多风险尚未得到评估和解决。当稳定币在全球范围内使用时，会放大这些挑战，并且可能会对主权国家货币政策、全球金融稳定及国际货币体系产生影响。

（四）CBDC

加密货币在海外的兴起还与海外主权货币超发有关。一方面，海外法定货币由于超发导致主权信用贬值，另一方面，货币超发导致资金流向以加密货币为代表的风险资产中，这些都使得比特币和以太币等越发流行。加密货币的盛行是否会影响和扰乱金融秩序成为各国政府和学术界关注的问题。加密货币先于法定数字货币诞生，比特币等私人数字货币的盛行，既为法定数字货币探索了新思路，也因“去中心化”和“金融脱媒”的可能，对国家铸币权产生挤出效应，影响货币政策的实施效果，进而带来潜在金融风险，给法定数字货币带来了倒逼效应。基于此，各国中央银行开始研究基于新技术的数字货币，以国家信用担保的法定数字货币抢占国际货币竞争的制高点，私人数字货币的成功应用成为中央银行推出数字货币的催化器。

CBDC 是由各国中央银行发行的数字货币，具有法定货币地位。CBDC 具备与传统物理货币相同的功能，能充当交换媒介、价值尺度、支付手段、价值储藏等。CBDC 和普通加密货币都是基于密码学加密和完全数字化的新型货币，但有本质区别。普通加密货币多是由某个机构或者个人发布的，并不具有法偿性。而 CBDC，以国家信用为担保，效力完全等于一般流通现金。CBDC 的名称也有多种，如法定数字货币、央行加密货币、数字基础货币等。

1.CBDC 的发展历程

2019 年天秤币推出之后，各国中央银行担心 Facebook 推出的全球性稳定币，将给国际货币体系、支付清算体系、货币政策、跨境资本流动管理等带来诸多风险和挑战。于是 2019 年之后，世界各国中央银行明显加快了数字货币的研究进程。BIS2021 年调查报告显示，65 个国家或经济体的中央银行中约 86% 已经开展数字货币研究，正在进行实验或概念验证的中央银行从 2019 年的 42% 增加到 2020 年的 60%，并且有 14% 的中央银行已经开始部署开发和试点工作。各国正积极开展法定数字货币研发试验。例如，加拿大中央银行的 Jasper 项目、新加坡金融管理局的 Ubin 项目、欧洲中央银行和日本中央银行银行联合开展的 Stella 项目等。各国发行 CBDC 的动机不同、政策方法和技术设计也不相同。发展中国家关注普惠金融应用，而发达国家更关注跨境支付效率改善。奥尔和波墨（Auer & Böhme，2020）调查了 CBDC 发展的经济和制度驱动因素，并评估其技术设计。受到新冠疫情的影响，社会疏离措施，公众对现金可能传播新冠肺炎病毒的担忧，以及政府对加快个人支付进一步向数字支付转变的努力，可能进一步推动 CBDC 的发展。

越来越多的中央银行行长和中央银行高管就 CBDC 发表了公开讲话。2017 年和 2018 年，其中许多人持负面立场，特别是对零售 CBDC。自 2018 年末以来，演讲中积极提及零售和批发 CBDC 的次数有所上升，实际上现在积极立场的演讲多于消极立场的演讲。根据 2019 年末支付与市场基础设施委员会（CPMI）对各国中央银行的调查，博阿尔（Boar）① 发现，、发达经济体的中央银行正在研究 CBDC，以提高安全性和稳健性或提高国内支付效率。对金融稳定的担忧也可能是研发工作的重要推动因素。特别是在新兴市场经济体，金融普惠是一个重要的动机。

2. 货币之花

贝西和加勒特（Bech & Garratt）② 首先提出了“货币之花”的概念模型（见图 4-4-3），这个模型既反映了一些支付创新带来的货币属性、分类的变化，同时也对未来可能出现的两类 CBDC 进行了区分。

货币之花模型用四个椭圆来划分货币的四个关键属性：货币的发行人（中央银行发行还是其他机构发行）、货币的形态（有形的还是电子的）、货币的通用性

① BOAR C.Ready，Steady，Go？ – Results of the Third BIS Survey on Central Bank Digital Currency[J]. 2021（114）：77–82.

② Bech，Garratt.Central Bank Digital Currency[J]. Bank for International Settlements（BIS），Committee on Payments and Market Infrastructures，Market Committee（CPMI：MC），2018.

（普遍通用还是获取使用受限）、货币的转移（是集中式还是分散式，即点对点式）。该模型展示了不同的货币类型之间的逻辑关系，在此基础上学者提出了 CBDC 的主要属性。图 4–4–3 中橙色框代表点对点支付，绿色框代表中央银行发行，蓝色框代表电子形态，红色代表普遍通用性。按维恩图法则，两个区域相交集表示它们有公共元素（共性），零售型 CBDC 是图中唯一具有 4 种主要属性的货币类型：中央银行发行（中央银行的负债）、电子形态、普遍通用和点对点（分散式）支付（类现金）。批发式 CBDC 不具有普遍通用性，因为这种 CBDC 只用于银行间结算转账。

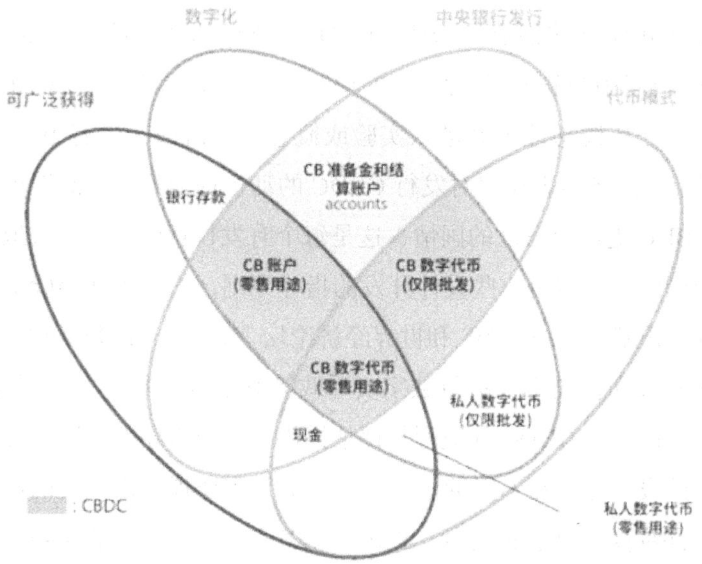

图 4–4–4 货币之花模型

随着对 CBDC 研究的推进，对分布式账本技术（DLT）和区块链在货币支付清算中的应用弊端逐渐有所认识，比特币等私人加密货币的“去中心化”技术不能适应 CBDC 的应用场景，对 CBDC 的特征的认知也出现了保持技术中立路线的趋势，图 4–4–4 是 2018 年贝希修改后的货币之花模型，通用型（零售型）CBDC 依然是具有 4 种主要属性的货币类型，而分散式还是集中式支付技术已不再是 CBDC 的主要属性，而是用基于代币还是基于账户取而代之作为一种货币属性，即把交易时验证币还是验证账户持有人身份作为确保 CBDC 安全性和完整性的重要措施。瑞典的电子克朗方案就有基于账户和基于代币的考虑。此外，贝希还提出了一些 CBDC 的其他重要设计特征，如通用性（7 × 24/ 日内创建、发行和赎回）、匿名性、转移机制（点对点 / 通过第三方）、计息（计息 / 不计息，利率可设置为不同水平），持有使用数量限额等。BIS 的货币之花在相当程度上是对当时各国货币当局和学者 CBDC 研发成果的总结提炼，但经过货币之花模型的创建到二次修正，CBDC 的形象和内涵逐渐清晰明确。

二、CBDC 的技术设计

（一）CBDC 金字塔

从货币之花模型的创建到修改，CBDC 的研究呈现出快速发展的态势，根据 BIS 对 60 余家中央银行相隔一年的两次调查，显示出约 40% 的中央银行对 CBDC 的研发已从概念性研究进入实验或概念论证阶段，另有 10% 进入项目试点。[①] 新兴市场经济体表现出对发行 CBDC 的动机更强烈，可能性更大。选择哪种类型的 CBDC 更适合自己的国情，这是每个有发行意愿的国家或地区都要考虑的问题。由国际组织拟定一些设计开发的指导原则，组织国际经验交流分享，也进入了国际货币基金组织、BIS 和世界经济论坛（WEF）等国际组织的重要议程。世界经济论坛发布白皮书《央行数字货币政策制定者工具包》，为各国货币当局设计、发行不同类型 CBDC 的流程与评估提供了一个指导性通用框架。

CBDC 的设计方法在不同的国家是不同的，需要提炼出主要的设计选择和各国方法的不同维度。奥尔和波墨[②] 提出了 CBDC 金字塔（见图 4–4–5）对设计方法进行分类，这种方法从零售 CBDC 可以解决的消费者需求出发，确定相关的技术设计权衡，然后得出最终设计选择。设计选择方案形成了一个层次结构，其中较低的初始层表示提供给后续较高级别决策的设计决策范围。金字塔图左侧列出消费者对零售 CBDC 的需求及有关特征，右侧是针对这些需求和特征的 CBDC 设计方案。和货币之花模型一样，CBDC 金字塔在理论上并没有多少创新探索，是对目前各国中央银行 CBDC 研发实践的总结，对 CBDC 需求与设计特征之间构建了对应的逻辑关系，提出的一些思路、方法，从需求出发确定设计特征，技

---

① 调查来源：https://k.sina.com.cn/article_6311913111_17838269702000wyp0.html

② Auer, R., Böhme R., The Technology of Retail Central Bank Digital Currency, 2020, *BIS Quarterly Review*, March, pp.85–100.

术选择与 CBDC 治理相平衡等，对于目前大多数中央银行的研发工作还处于早期的情况下，有一定借鉴指导意义。

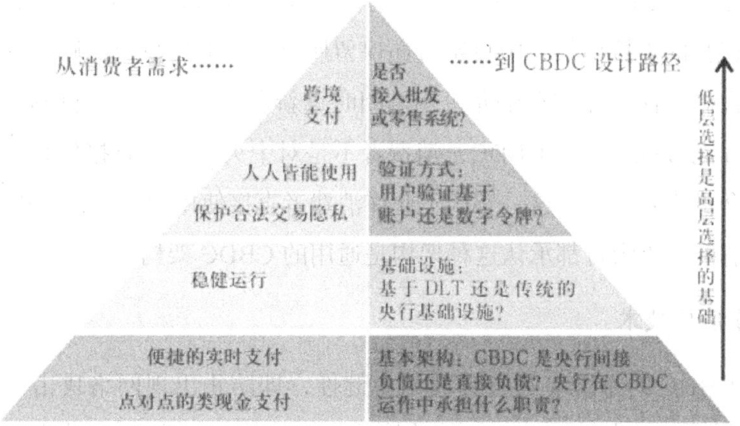

图 4-4-5　CBDC 金字塔结构

（二）运营架构

零售 CBDC 应当与现金一样安全和便于使用，否则消费者会选择其他替代性的支付方案。针对消费者的这一需求，CBDC 第一层的设计要解决的是采取什么样的运营架构，是直接、间接或者混合的 CBDC，也就是 CBDC 是中央银行的直接负债还是间接负债，还是作为中央银行直接负债，但由私营部门来处理 KYC 和零售业务相结合的方式。中介机构可能会遇到技术困难或偿付能力问题，CBDC 不应受到此类故障的影响。奥尔等[①②]对 3 种 CBDC 的利弊进行了分析，指出“与直接或间接 CBDC 架构相比，混合 CBDC 架构既有优点也有缺点。作为一种中间解决方案，它可能比间接 CBDC 更具弹性，但代价是中央银行运营基础设施的难度加大。另一方面，由于中央银行不直接与零售用户交互，因此它可以专注于数量有限的核心流程，而中介机构则负责包括即时支付确认在内的其他服务。”

---

① AUER R，FROST J，GAMBACORTA L，et al.Central Bank Digital Currencies: Motives，Economic Implications，and the Research Frontier[J]. Annual Review of Economics，2022（14）：697-721.

② AUER COMELLI，FROST J. Rise of the Central Bank Digital Currencies[J].International Journal of Central Banking，2023，19（4）：185-214.

直接CBDC：由中央银行运营的支付系统，提供零售服务。CBDC是对中央银行的直接债权。中央银行维护所有交易的分类账，并执行零售支付。混合CBDC：在两大支柱上运行的中间解决方案。中介机构处理零售支付，但CBDC是对中央银行的直接债权，中央银行还保留所有交易的中央分类账，并运营备用技术基础设施，使其能够在中介机构倒闭时重新启动支付系统。间接CBDC：通过金融中介间接提供零售CBDC，消费者不是对中央银行的直接债权，而是对这些金融中介机构有债权。这一架构不允许消费者直接使用中央银行的资金，因此，并不是所有的中央银行都承认这种架构是通用的CBDC架构。

（三）底层技术

零售CBDC的系统应具有弹性与稳健性，即防止出现网络攻击、系统故障等技术问题，所对应的选择可以是传统的集中式控制，或DLT技术，其效率和对单点故障的保护程度各不相同，重要的是技术路线选择是建立在基础架构之上。如果选择直接型CBDC，不适合应用DLT技术，除非在非常小的管辖区，因为数据量可能很大。DLT技术设计选择与基础设施数量有关。CBDC必须确保不受中央银行运营中断的影响。基础设施可以基于传统的集中式数据库，也可以基于DLT。这些技术在效率和单点故障保护程度上有所不同。DLT通常用对底层技术的信任来替代对金融中介的信任。卡尔和艾旦（Calle和Eidan）[①]详细描述了其中的一些概念。同样值得注意的是，所有尝试DLT的中央银行都使用许可型的DLT，运营商可以决定谁可以进入这个网络。在这项研究覆盖的中央银行中，没有一家中央银行冒险使用非许可型的DLT，就像比特币和许多其他私人加密货币所使用的那样。游宗君和周书通对于中央银行选择中心化记账还是基于DLT去中心化记账方式进行了对比分析，认为基于DLT的记账方式能有效防止数据被篡改，减少单点故障，从而增强弹性，而且可以通过复制其他终端分类账来恢复丢失的数据，但是面对大量数据时，DLT平台的处理速度较慢。姚前[②]指出，选择Token（代币）形式可以突破现有银行账户体系身份验证烦琐、数据孤岛的限制，能对交易安全、数据安全和用户隐私保护等问题提供

① Calle, G., & Eidan, D., Central Bank Digital Currency: an Innovation in Payments. R3 White Paper, 2020, April.

② 姚前．区块链与央行数字货币[J]. 清华金融评论，2020（3）：65-69.

新的解决方案，其支撑技术即为DLT。

第三层是消费者对CBDC的隐私保护要求，既要达到消费者持有使用CBDC带来的信息保护要求，也要符合法律法规对客户告知、反洗钱和反恐怖融资等方面的要求。对此有基于账户（Account-based）和基于代币（Token-based）两种选择。基于账户的CBDC类似于借记卡，需要直接验证持币人身份，使得安全性更高，其用户在中央银行的CBDC账户或者在商业银行等其他中介机构开立账户，以电子方式保有资金。基于代币的CBDC类似现金，以电子方式在用户之间流通，等同于法定货币，通过验证CBDC的真伪来间接验证持币人身份，具有更好的匿名性，但也更容易面临欺诈和丢失风险，出现反洗钱、反恐怖融资等方面合规性差等问题。

博尔多等（Bordo）① 认为，基于账户系统的交易是实时和无成本的，而基于代币系统的交易验证需要高度复杂、高耗能的计算，从而增加了验证成本，降低了运行效率。理查兹（Richards）② 认为，综合两者优势产生的混合系统也有可能，即便用户之间的交易是以代币传输的，但由于允许创建关联用户的交易记录和余额，也可以在一定程度上满足鉴伪和溯源的需求。BIS行长卡斯滕斯（Carstens）认为，CBDS最终一定会带上某种身份识别要素，即使与银行账户体系的耦合关系松散也难以实现完全匿名。

第四层是消费者对CBDC通用性的需求，即CBDC的准入问题。基于账户的CBDC与身份验证捆绑在一起，但是对于一个特定目标群体来说，可能因此而难以获得准入，即没有银行账户的人和依赖现金的个人。以代币为准入基础，基于价值的支付选择，可以实现实物和数字兑换的预付型CBDC，但是也可能带来新的非法活动和丢失风险。

（四）跨境支付

第五层是消费者对零售CBDC跨境支付的需求。奥尔提出了两个思路：零售CBDC与批发CBDC连接打通向外支付的渠道，或者在零售CBDC方面有所突

① BORDO M，KEVIN A T.Central Bank Digital Currency and the Future of Monetary Policy[J]. NBER Working Paper 23711，2017（8）：31.

② RICHARDS T., Cryptocurrencies and Distributed Ledger Technology. Australian Business Economics Briefing,2018, June.

破，允许消费者直接持有外国的数字货币进行跨境支付。据 BIS 的调查，超过一半的中央银行正在进行 CBDC 的研发或试点工作以提升跨境支付效率，未来国际合作将为 CBDC 提供广泛的应用场景。

全球跨境支付结算系统主要包括实时全额支付系统（RTGS）、代理行网络和环球银行间金融电信协会（SWIFT）三部分，费用高、效率低且存在地缘风险。当今，世界各个主要经济体都已经开始探索建立本土的跨境支付系统，如我国的人民币跨境支付系统（CIPS），欧盟的实时全额自动清算系统（TARGET），俄罗斯央行金融信息传输系统（SPFS），以及英国、法国、德国和伊朗的贸易互换支持工具（INSTEX）等。采取代理行 +SWIFT 的模式，涉及多个参与者、多个市区、多个管辖区和不同的法律法规，存在汇率的不确定性、代理行营业时间不同、交互标准不一致、手续费不确定等问题，造成了交易成本高、合规成本高、支付状态透明度低等众多问题。

2021 年 2 月，中国香港金融管理局、泰国中央银行、阿拉伯联合酋长国中央银行及中国人民银行数字货币研究所宣布，联合发起多边央行数字货币桥研究项目（m-CBDC Bridge），打造以 CBDC 为核心的高效、低成本且符合监管要求的跨境支付和结算。

m-CBDC Bridge 通过建立一个高效、低成本、通用的多边 CBDC 平台，使用 DLT，为各国中央银行、商业银行和商业参与者提供一个直接连接的网络。根据普华永道估计，SWIFT 跨境支付的交易成本约占交易金额的 6.38%，而通过 m-CBDC Bridge 进行跨境支付的成本将比代理行模式至少减少 50%。使用 m-CBDC Bridge 进行跨境支付，不仅能够节约交易费用和简化交易流程，还能将跨境交易时间缩短至 2～10 秒。

涂永红等[①]梳理了 m-CBDC Bridge 的内涵和运行机制，从经济效应、安全稳定效应、普惠效应及网络效应等方面对 m-CBDC Bridge 支付体系进行了经济分析，阐明其在治理机制、支付机制、信用机制、监管机制、技术机制和市场机制上的创新和未来改革的方向与价值。赵越强等[②]研究了 m-CBDC Bridge 项目等多

① 涂永红，张畅，刘嘉玮，等 .mBridge：数字经济时代的国际支付体系创新 [J]. 国际金融研究，2024（1）：73-85.

② 赵越强，徐迎迎，李小平，等 . 多边央行数字货币安排：发展动因、运行机制与应用前景 [J]. 国际贸易，2023（4）：81-88.

边 CBDC 的发展动因和运行机制。张乐和王淑敏[①]阐述了法定数字货币在跨境支付领域的优势，如有利于实现跨境支付的多元化，降低跨境支付的交易成本，提升全球链条的运转效率等。由加密技术和区块链等赋能的创新优势，有望弥补传统跨境支付体系在现代化和便利性等方面的不足，从而实现跨境支付体系的重构。薛新红等[②]探讨 m-CBDC Bridge 发展中面临的问题，以推动数字人民币国际化进程。宋鹭和李佳林[③]总结分析了数字人民币在跨境零售支付领域和参与批发型多边央行数字货币桥项目的应用拓展经验。

三、CBDC 的经济影响

CBDC 对于经济体系的影响如今已成为学术界和各国中央银行重点关注的内容。

（一）对支付体系的影响

零售型或者批发型 CBDC 的发行都会对现有的支付体系产生显著的影响。零售型 CBDC 对现有支付体系有以下三方面的影响，第一，许多国家出现了现金使用率大幅下降的情况，零售型 CBDC 作为现金的补充可以加速零售端无现金支付的发展。第二，零售型 CBDC 将推动支付产业的发展，增加提供支付服务的第三方机构的数量和现有支付体系的竞争性；由于零售型 CBDC 具有安全性、高效性和储蓄功能，对现有的电子支付工具产生替代，促使金融机构提高效率。[④]第三，CBDC 将从整体上提高一个国家支付结算体系的稳定性和支付效率。

零售 CBDC 对于支付体系同样存在一定的障碍。首先是数据保护问题。CBDC 的发行意味着货币与数据的联系更紧密，不仅涉及数据技术问题，也事关

---

① 张乐，王淑敏．法定数字货币：重构跨境支付体系及中国因应 [J]. 财经问题研究，2021（7）：66-73.

② 薛新红，邹银燕，王忠诚．跨境支付的新航道——多边数字货币桥框架建设与数字人民币国际合作 [J]. 上海经济研究，2024（2）：95-110.

③ 宋鹭，李佳林．央行数字货币、跨境支付应用与数字人民币的发展 [J]. 新金融，2023，（10）：51-57.

④ CHIU，GREENE E F. The Marriage of Technology，Markets and Sustainable（and）Social Finance：Insights from ICO Markets for a New Regulatory Framework[J]. European Business Organization Law Review，2019，20（2）：139-169.

个人隐私和数据保护。其次，公众对 CBDC 的接受速度可能较慢。公众往往对新的支付方式会持有较低的接受度，可能存在缺乏认识、心理障碍，甚至误解等问题。

批发型 CBDC 的使用者为能够获取中央银行准备金的商业银行、清算机构或其他实体，因此对国内和跨境的大额支付结算体系有较大影响。卡尔和艾旦指出，批发型 CBDC 将有助于改进 RTGS 系统的核心功能，提升金融机构间的转账和结算效率，使复杂的支付流程更加高效。我国人民币跨境清算结算主要通过人民币跨境支付系统来进行。对于 CBDC，只要使用者拥有央行数字钱包的使用权就可以进行跨境交易，无须开设人民币存款账户。跨国 CBDC 合作项目应用封闭型分布式账本技术、智能合约、流动性节约机制，可以有效缩短跨境支付链条，减少在代理行开立往来账户的操作成本和相关合规成本，建立高效的跨境清结算体系。[①] 郎平 [②] 分析了 CBDC 跨境支付的三种模式：升级实时全额支付系统、双边跨境支付系统、多边跨境支付系统，进而提出了对于流动性风险、网络安全风险、区块链技术风险及系统重要性风险等潜在风险的监管和治理方案。

（二）对货币政策的影响

1. 对货币供给的影响

CBDC 属于对 M_0（流通中的现金）的替代，减少了流通中的现金，影响了活期存款和银行准备金，对基础货币、货币乘数和货币供给产生影响。谢星和封思贤 [③] 从货币供给和货币政策传导两个角度分析法定数字货币对货币政策的影响。第一，CBDC 的发行会减少现金通货。由于现金交易支付需求减少和支付效率的提高，货币的流动性大为提升，造成通货数量在短期内快速降低。第二，CBDC 会造成准备金在短期出现大幅增长，但是长期出现下降趋势。在 CBDC 发行初期，由于 CBDC 对现金具有替代作用，客户会将多余的现金返还给银行造成银行持有

① 管涛. 从货币的功能看数字货币与货币国际化的关系 [J]. 国际经济评论，2023（2）：30–42；4–5.

② 郎平. 央行数字货币跨境支付系统：模式、风险及其治理之探 [J]. 金融监管研究，2024（3）：43–59.

③ 谢星，封思贤. 法定数字货币对我国货币政策影响的理论研究 [J]. 经济学家，2019（9）：54–63.

现金增加，进一步造成中央银行准备金数量在短期内大量增加的现象。但是随着客户对 CBDC 接受程度的提高，客户的提款率降低，各商业银行的准备金需求会下降，中央银行将面临降低准备金率的压力，基础货币数量也会下降。邱和达乌达侯赛因（Chiu & Davoodalhosseini）[①] 从理论角度分析了 CBDC 对宏观经济的影响，现金替代型 CBDC 比储蓄替代型 CBDC 在促进消费和社会福利方面更有效。

2. 对货币需求的影响

CBDC 对货币需求影响的相关研究主要从 CBDC 对商业银行系统的影响及 CBDC 的发放形式进行分析。CBDC 的发行在挤出现金的同时，也可能会挤出银行存款，拉升利率水平，提高商业银行的融资成本，并减少商业银行存贷款规模，严重时可能会出现金融脱媒，即使是不计息的 CBDC 也可能会对银行存款产生挤出效应。[②] 金融脱媒关键在于 CBDC 利率与银行存款利率的高低。恩格特和冯（Engert & Fung）[③] 认为如果 CBDC 计息，银行存款的优势将不复存在，大量银行存款被 CBDC 替代。宾德赛尔（Bindseil）[④] 认为如果 CBDC 是对纸币的替代，就不会对银行存款造成影响；但是如果 CBDC 替代的是银行存款，那么会提高商业银行吸储成本，减少银行存款，导致结构性金融脱媒。乔海曙等 [⑤] 总结了法定数字货币从二元信用创造机制渐进地向一体化信用机制演变的逻辑，法定数字货币将会对实物现金和商业银行存款产生替代效应。阿古尔（Agur）[⑥] 认为零息 CBDC 会大面积替代现金。基斯特和桑切斯（Keister & Sanches，2023）[⑦] 根据金融市场

① CHIU, J., DAVOODALHOSSEINI, S.M., Central Bank Digital Currency and Banking: Macroeconomic Benefits of a Cash-Like Design[J]. Management Science,2023,69(11):6708-6730.

② Yanagawa, N., Yamaoka, H., Digital Innovation, Data Revolution and Central Bank Digital Currency[J]. Bank of Japan Working Paper Series, 2019.

③ Engert, W., Fung, B., Central Bank Digital Currency: Motivations and Implications[J]. Regulation of Financial Institutions eJournal, 2017.

④ Bindseil, U., Tiered CBDC and the Financial System[J]. European Central Bank Working Paper Series, 2020.

⑤ 乔海曙，王鹏，谢姗珊 . 法定数字货币：发行逻辑与替代效应 [J]. 南方金融，2018，(03)：71-77.

⑥ AGUR I，ARI A，DELL ARICCIAG. Designing Central Bank Digital Currencies[J]. Journal of Monetary Economics，2022（125）：62-79.

⑦ KEISTER T，SANCHES D. Should Central Banks Issue Digital Currency？ [J]. Review of Economic Studies，2023，90（1）：404-431.

摩擦大小设置 CBDC 利率：当投资摩擦较小时，最佳政策是为 CBDC 支付较高的利率；如果摩擦妨碍了大量生产性项目融资，那么中央银行应该降低利率，甚至是负利率。不同于基斯特和桑切斯的模型和假设，安多尔法（Andolfatto）[①] 和邱（Chiu）[②] 在模型中引入了包含垄断因素的银行部门，得出了不一样的结论：CBDC 的引入降低了商业银行在存款市场上的垄断程度，CBDC 的发行并不会引发银行脱媒，也不会导致商业银行贷款规模的缩减，反而有可能因为扩大了存款规模而提升银行部门的金融中介作用。

（三）对货币政策传导机制的影响

不计息 CBDC 的发行对货币政策及其传导机制的影响相对较小，这是因为 CBDC 不计利息有助于限制 CBDC 与商业银行存款之间的竞争。卡尼零息 CBDC 作为纸币的数字化，可以成为一种安全的货币形式和支付手段，但会导致居民缺乏将银行存款转化为 CBDC 的动力。央行认为，相较于不计息的 CBDC 而言，计息的零售型 CBDC 对货币政策产生的影响会更为显著。具体来说，计息 CBDC 对货币政策的影响可能表现在以下两个方面。

第一，计息 CBDC 作为一种新的中国银行货币政策工具，拥有更加灵活的政策选择，甚至可以突破零利率下限。姚前 [③] 认为，在批发端，当 CBDC 利率高于准备金利率时，将取代准备金利率成为货币市场利率走廊的下限。在零售端，CBDC 利率将成为银行存款利率的下限。孙国峰和陈实 [④] 认为，数字货币有助于中央银行实施负利率政策，增加了量化宽松的货币政策工具。但恩格斯和冯（Engert & Fung）[⑤] 认为，实现负利率目标并非中央银行发行 CBDC 的必要条件。

---

① ANDOLGATT D. Assessing the Impact of Central Bank Digital Currency on Private Banks[J]. The Economic Journal，2021，131（634）：525–540.

② Chiu, J., Davoodalhosseini, S.M., Zhu, Y., Central Bank Digital Currency and Banking, Society for Economic Dynamics, Meeting Papers, 2019.

③ 姚前 . 法定数字货币的经济效应分析：理论与实证 [J]. 国际金融研究，2019（1）：16–27.

④ 孙国峰，陈实 . 美国非主权数字货币的法律监管路径 [J]. 中国金融，2020（16）：84–85.

⑤ Engert, W., Fung, B., Central Bank Digital Currency: Motivations and Implications[J]. Regulation of Financial Institutions eJournal, 2017.

达乌达侯赛因[1]指出负利率政策只有在现金完全被取代的情况下才比较有效。

第二，CBDC 的发行有助于货币政策精准调控，加强其传导效率。随着数字经济和 CBDC 的发展，中央银行可以全程监控数字货币的流转信息和投放领域，有效减少货币政策的传导时滞、精准定点投放货币、减少货币空转、强化逆周期调控，为宏观调控创造了有利条件。CBDC 可由政府统筹直接打入居民的银行账户，即 CBDC 本身可作为“直升机撒钱”政策的工具。

但同时，英格兰银行和欧洲中央银行指出，如果 CBDC 的发行使商业银行出现金融脱媒现象，会导致金融体系的不稳定，存贷款规模的减小也意味着市场利率和政策利率可能会出现脱节，CBDC 对货币政策的传导效率和实施效果也会起到削弱作用。

（四）对金融稳定性的影响

CBDC 的发行对金融稳定和金融监管的影响是各国中央银行最为关心的议题之一。CBDC 在一定程度上会导致金融脱媒和狭义银行效应，给当前银行等金融机构的业务带来挑战。BIS[2]公布了 CBDC 研发过程中各国中央银行应遵循的三个基本原则：第一，中央银行不应为了发行 CBDC 而牺牲金融体系的稳定性。有学者认为，CBDC 允许私人部门在结算中直接使用中央银行货币，这将显著降低支付系统中的信用风险，也降低了大型商业银行的市场垄断力与市场规模，因此减少了银行系统的负外部性与道德风险，有助于金融体系的稳定。但不少学者认为，CBDC 会对金融体系的稳定性提出挑战。[3]在平稳时期，CBDC 可能会导致商业银行结构性的金融脱媒及中央银行信贷分配过程的过度集中化；在金融危机时期，银行存款可能会大规模转向 CBDC，发生挤兑现象，从而加剧危机，风险传染性加大，可能引发系统性风险[4]。第二，为了保证金融体系的稳定，不少中

---

① Davoodalhosseini, S.M., Central Bank Digital Currency and Monetary Policy[J]. Journal of Economic Dynamics and Control, 2022(142), article number.104150.

② BIS.Central Bank Digital Currencies：Financial Stability Implication，Bank for International Settlements BIS Report No.4.

③ KESITER T，MONNET C.Central bank digital currency：Stability and information[J]. Journal of Economic Dynamics and Control，2022（142）：104–501

④ Bindseil, U., Tiered CBDC and the Financial System[J]. European Central Bank Working Paper Series, 2020.

央银行 CBDC 的设计方案都遵循“现金替代”“双层架构”“基于 100% 准备金发行”“不计付利息”等原则。刘凯等[①]对于主要经济体的 CBDC 的发展进行了梳理和总结，从支付体系与货币供求、货币政策及金融稳定与监管、社会总产出、国际经济金融体系等多个方面，总结与分析 CBDC 对经济系统产生的影响。刘凯和郭明旭[②]梳理了 CBDC 的相关概念、发行动机和设计方案等方面的研究文献。第三，当央行选择不同的设计方案时，CBDC 对经济和金融系统的影响可能会不同。在金融监管层面，CBDC 的流通速度更快、流通范围更广。如果中央银行不能对其开展有效监管，则很有可能引发金融秩序的混乱。[③]荷兰银行指出了中央银行也需要加大对金融机构数据获取和使用方面的监管力度，加强针对金融风险的防控、开展跨国合作及发展金融科技，论证了实现数字化监管的必要性。目前各国中央银行也已纷纷确立并完善了相关法律法规，一些学者也分析了 CBDC 可能带来的法律政策上的挑战。

四、数字人民币发展

（一）DCEP 的试点与发展

中国央行从 2014 年开始就成立了法定数字货币专门研究小组，2017 年直属央行的中国人民银行数字货币研究所正式成立，提出双层运营体系、M_0 定位、银行账户松耦合、可控匿名等 DCEP 顶层设计方案。2017 年底央行开始数字人民币研发工作，逐步打造出完善的数字人民币 App。2020 年，央行开始在深圳、苏州、雄安、成都及北京冬奥会场景开展数字人民币试点测试，2020 年 10 月，增加上海、海南、长沙、西安、青岛、大连 6 个新的试点地区，中国数字人民币试点与应用正在逐步完善。

我国央行发行的数字货币英文简称 DCEP，DC 是 Digital Currency（数字货币的缩写），EP 是 Electronic Payment（电子支付）的缩写，是数字货币与电子支

① 刘凯，李育，郭明旭．主要经济体央行数字货币的研发进展及其对经济系统的影响研究：一个文献综述 [J]. 国际金融研究，2021（6）：13-22.

② 刘凯，郭明旭．央行数字货币的发行动机、设计方案及其对中国的启示 [J]. 国际经济评论，2021（3）：137-154；7.

③ 保建云．主权数字货币、金融科技创新与国际货币体系改革：兼论数字人民币发行、流通及国际化 [J]. 人民论坛·学术前沿，2020（2）：24-35..

付结合的一种法定数字货币。姚前[①]设计了CBDC通过存款准备金等额兑换的发行回笼机制、CBDC的技术架构，并在局部采用DLT技术探讨了增强其可用性的改进方法，最后还研究了在保护用户隐私前提下如何对CBDC进行数据分析。吴婷婷和王俊鹏[②]梳理了CBDC的主要概念及特征，分析了发行数字货币的必要性；从第三方支付机构、商业银行、货币政策及支付结算的视角分析了央行发行数字货币对其可能产生的影响。

（二）DCEP的特点

1. 价值特征和无限法偿性

DCEP是由央行背书发行的，属于法定货币，是央行对公众的负债，任何机构和个人都不能拒绝接受。DCEP本质为货币，具有价值特征，使用时无须绑定银行账户，与支付宝和微信的转账形式具有本质上的区别。

2. 具有M_0属性

DCEP的目的之一是实现现金的数字化。由于纸币和硬币的印刷、流通、贮藏成本较高，可能产生伪造、携带不便等问题，加上市场上常用的移动支付方式，如微信、支付宝等，需要进行银行卡绑定。因此DCEP的设计是为了替代M_0，并和现金一样不支付利息。商业银行账户体系的M_1（M_0+活期存款）和M_2（M_1+定期存款）已经基本实现了数字化，第三方支付系统基本完善，没有必要进行重复的数字化改革。根据Wind数据显示2024年8月末，我国M_0为12万亿，M_1为63万亿，M_2为305万亿，M_0/M_1从2013年的18%下降到2022年的14%，现金使用明显下降，但是2024年升到19%。但是相比于挪威、瑞典等国家的M_0/M_1比则低于5%。

3. 双离线支付

交易双方均可以在不具备网络的情况下完成交易。这一特点与纸币的理念相吻合，可以适应偏远地区和特殊情况（台风、地震等）造成的线路中断等问题，极大适应了环境的多变。

---

① 姚前.中央银行数字货币原型系统实验研究[J].软件学报，2018，29（9）：2716-2732.

② 吴婷婷，王俊鹏.我国央行发行数字货币：影响、问题及对策[J].西南金融，2020（7）：25-37.

4. 松耦合和可控匿名

传统的电子支付采用账户的紧耦合形式，需要通过实名认证且与银行卡绑定。由于人们越来越注重个人隐私与信息安全，电子支付无法满足人们对匿名支付的需求，而 DCEP 无须绑定账户就可以实现转账交易。央行对于用户的交易数据具有完全权限，而商业银行和商家需要经过用户的允许才有权查看交易记录。这种可控匿名的松耦合形式既保护了用户的数据安全和隐私，又使央行可以通过大数据追溯用户的交易信息与行为，打击洗钱、恐怖融资等违法犯罪行为。

5. 二元体系

由央行将数字货币发放到商业银行，同时等额扣减商业银行 100% 的存款准备金，再由商业银行将数字货币兑换给公众。通过“中央银行—商业银行”二元体系，央行可以充分利用商业银行各方面的资源、人才及技术优势，分散所承担的风险，同时也可以避免对商业银行存款产生挤出效应，导致“金融脱媒”。表 4-4-1 为货币支付各类方式对比。

表 4-4-1　货币支付各类方式对比

项目	CBDC	现金	银行存款	第三方支付
载体形式	电子钱包	纸币和硬币	信用卡和电子账户	电子化账户
信用	央行负债	央行负债	商业银行负债	第三方平台负债
准备金	100% 准备金	—	法定存款准备金和超额准备金	100% 准备金
主权法定货币	是	是	否	否
货币供给	M_0	M_0	M_1/M_2	M_2
支付方式	离线 / 在线	面对面支付	线上转账	线上支付
是否付息	否	否	是	是
匿名性	部分可控匿名	完全匿名	不匿名	不匿名

五、数字货币的文献研究

如图 4-4-6 所示，在中国知网通过搜索数字货币主题，属于核心和 SCI/EI

来源期刊的学术文章共有 950 条，并针对这些文章进行分析。圆圈越大说明该词出现越频繁，颜色越接近黄色，说明越新。经过分析，重要的关键词包括数字人民币、央行数字货币、人民币、人民币国际化等。关于 CBDC 的研究文献数量在 2020 年达到高峰，有 230 多篇核心期刊论文，随后在 2021—2023 年发表数量出现小幅回落，但是均保持在年均 200 篇左右。

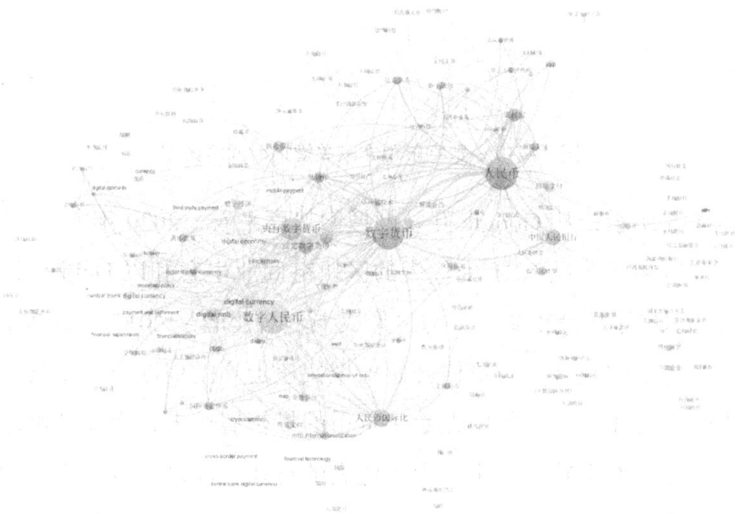

图 4-4-5　数字货币文献搜索

目前关于数字货币的文献中缺少通过可视化方式对文献进行梳理的内容。关于 CBDC 的文献研究，主要集中讨论以下四个方面问题：第一，CBDC 的功能和发展。第二，CBDC 的发行和框架设计，各个经济体研发 CBDC 的具体目标取决于其国情背景及其经济发展水平，而不同研发目标的实现依赖于不同的 CBDC 设计方案。第三，CBDC 对经济活动的影响。数字货币政策会对经济活动产生较大影响，学者从理论和实证角度研究了数字货币对货币政策的影响。第四，对 CBDC 的监管。金融监管往往落后于金融科技创新，对缺乏监管的货币形态进行创新会扩大金融风险，如虚拟货币的使用加大了货币市场风险。注重数字货币体系的金融风险和防范是当前研究的要点。数字货币风险主要为技术风险、法律风险、市场风险、信用风险、政策调控风险等。信息技术变革、网络安全等技术风险在数字货币实际运用过程中非常重要。图 4-4-7 为数字货币文献关键词时间线图谱。

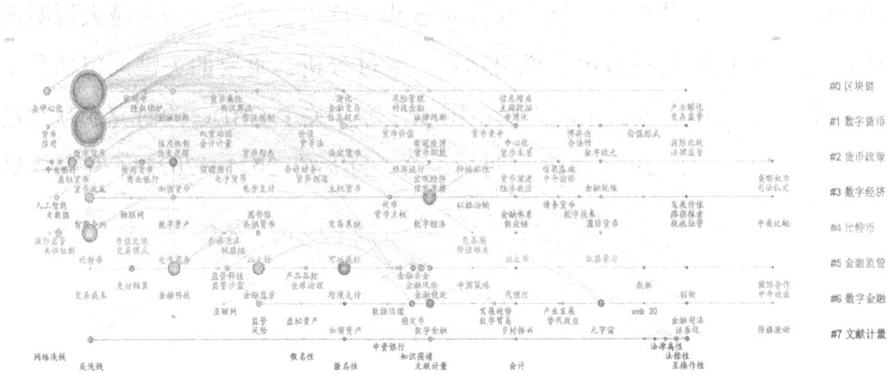

图 4-4-7　数字货币文献关键词时间线图谱

如图 4-4-8 所示，从 Google 互联网搜索热度来看，2020 年末至 2021 年初数字货币的关注度激增，以 NFT 为代表的区块链商业生态和以 DeFi 为代表的区块链金融生态都引发了广泛的关注。与之形成强烈对比的是 2017 年至 2018 年期间，由于以比特币为主的数字货币价格开始出现快速走高的情况，使得其关注度明显提升。但当时的关注点主要集中在数字货币的投机属性上，而非其可能引领的数字经济产业机会。而本轮以数字货币为代表的行业关注度提升，更多的则反映在整个产业链普遍得到了大众的关注上，尽管在关注量上 CBDC 远低于以比特币为代表的加密货币，但是其关注度明显提高了。

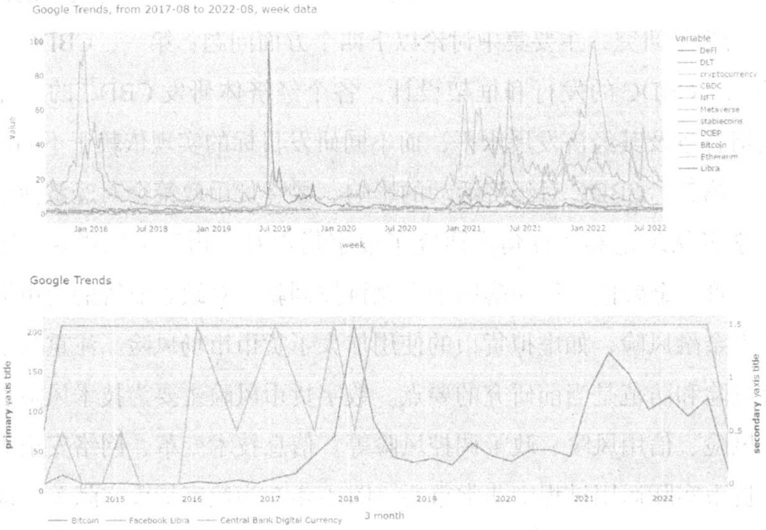

图 4-4-8　数字货币相关内容搜索关注度

第五章　金融科技的风险识别与预警

近年来金融科技的发展虽然带来了众多优势，如增加了获客量、服务便捷且覆盖面广、客户体验增强、降本增效显著等。但是由于其金融业务的本质，影响了金融风险的产生，加上金融科技跨行业和跨地域的经营特点，其风险扩散速度更快、波及范围更广、产生的风险溢出效应更强，从而有可能影响整个金融体系的安全与稳健。

以上金融创新引起的金融风险传播加剧，并有带来系统性风险的可能，迫使金融监管体制改革。金融科技带来的技术创新对传统金融监管提出了挑战，传统的审慎监管方式不足以应对如今的金融创新。基于大数据、区块链、云计算等科技的进步，建立一个金融合规、场景依托和技术驱动三位一体的金融风险防范体系显得尤为重要，在这一过程中监管科技在金融监管中的作用不容忽视。

第一节　传统金融风险

一、金融风险的含义和特征

（一）金融风险的含义

金融风险主要指与金融有关的风险，即由于金融变量的变动所造成的收益的不确定性。金融风险可以分为系统性风险和非系统性风险。系统性风险主要指整个金融体系所面临的市场风险，可能会造成本国或者全球金融和经济的不稳定，甚至导致金融危机。非系统性风险主要指微观金融机构在从事金融经营活动和管理过程中，发生资产或收益损失的可能性。

（二）金融风险的特征

1. 不确定性

影响金融风险的因素很难事先完全把握。金融风险一直伴随着金融活动，但往往会被表象所掩盖，无法发现金融风险的存在并度量风险的大小。

2. 相关性

金融机构所经营的商品——货币的特殊性决定了金融机构同经济和社会是紧密相关的。

3. 高杠杆性

金融企业负债率偏高，财务杠杆大，导致负外部性大，另外金融工具创新、衍生金融工具等也伴随着高度金融风险。

4. 传染性

金融机构承担着中介机构的职能，割裂了原始借贷的对应关系。处于这一中介网络的任何一方出现风险，都有可能对其他方面产生影响，甚至发生行业的、区域的金融风险，进而导致金融危机。一家金融机构出现兑付危机或者经营不善时，不仅会影响到它本身，往往还会引起多家金融机构的连锁反应，通过传染效应影响投资者信心，进而使得整个金融体系出现严重问题，威胁金融体系的稳健性，造成金融危机。

传统金融主要采用分业经营方式，可以将金融风险隔离在独立的领域。但是随着金融科技的深入发展，金融业的混业经营不断加深，不同金融机构之间的业务关联性不断增强，金融风险在不同行业、跨市场间传染的可能性增加，可能会造成金融体系的不稳定，因此对交叉性金融风险的防控愈发重要。图 5-1-1 为金融风险的特征示意图。

图 5-1-1　金融风险的特征示意图

二、金融风险的类型

对于金融风险的种类，从不同的角度出发可以分为不同的类型。如果按照来源不同，主要分为市场风险、信用风险、流动性风险。非金融风险包括操作风险、法律法规风险等。

（一）市场风险

市场风险是由于经济基本面因素和经济时间引起波动，导致金融资产价格变化的风险。如股价、利率、商品价格、汇率等波动造成的影响，这些影响可能是直接的或间接的。

1. 股票价格风险

股票价格风险指由于金融机构持有的股票价格发生不利的变动而带来损失的风险。

2. 商品价格风险

商品价格风险指金融机构持有的各类大宗商品（农产品、贵金属、矿产等）的价格发生不利的变动而带来损失的风险。

3. 汇率风险

汇率风险指由于汇率的不利变动而导致金融机构相关业务产生的损失，包括代理客户进行的外汇交易服务和自营外汇交易（即期、远期、期货、互换、期权等）。

4. 利率风险

利率风险指利率变动的不确定性造成损失的可能性。特别是在利率市场化进程不断推进的过程中带来的利率风险影响。

（二）信用风险

信用风险（违约风险、交易对手风险）主要指债务人、证券发行人或者交易对手不愿意或者无力履行合同所规定的义务而造成违约，导致银行、投资者或者交易对方等受到损失。

（三）流动性风险

流动性风险是指无法在不增加成本或资产价值不发生损失的条件下及时满

足客户的流动性需求，从而使金融机构遭受损失的可能性。当金融参与者无法通过变现资产，或者无法减轻资产作为现金等价物来偿付债务时，流动性风险就会产生。

（四）操作风险

操作风险指由不完善或有问题的内部程序、人员、系统或外部事件造成损失的风险。对于操作风险的研究和管理日渐完善，各类金融机构通过完善内部控制，减小操作风险的可能性，并将运筹学的方法引入操作风险管理中。

（五）法律法规风险

法律法规风险指金融机构经营活动或各类交易因为违反法律要求导致金融机构不能履行合同，进而可能给金融机构造成经济损失的风险。甚至有的金融活动就是在非法的范畴内进行的，比如，内幕交易、商业欺诈等。在银行系统中，也经常发生法律风险，特指银行在日常经营活动中，因为无法满足或违反相关的商业准则和法律要求，导致不能履行合同、发生争议、诉讼或其他法律纠纷，而可能给银行造成经济损失的风险。

三、金融风险对经济的影响

（一）金融风险对微观经济的影响

影响投资者信心和预期：金融风险是引发信心危机的基本因素，一旦投资者对金融市场失去信心，就会进行恐慌性抛售，导致股票价格或者汇率出现急剧下降。如果存款人对银行失去信心，就会造成挤兑风险，引发银行危机甚至使银行倒闭。

增加金融交易成本：金融风险增加了经济主体的管理成本，而且由于金融资产难以正确估价，金融交易也难以顺利完成，或者金融交易能够进行，但增加了交易成本。

（二）金融风险对宏观经济的影响

（1）导致社会投资水平下降，经济增长放缓甚至出现负增长。由于金融风险的存在，投资者担心投资资本的安全从而减少投资，导致整个社会投资水平下降，经济增长放缓。

（2）不利于国内外储蓄，容易造成财政政策和货币政策的扭曲。金融风险的存在会影响金融中介的信誉，弱化金融中介的分配职能，人们出于担心而不愿意将钱存放在金融机构。

（3）破坏经济运行基础，造成产业结构畸形发展。金融风险导致大量资源流向安全性高的部门，导致边际生产力下降，还会导致一些关键部门发展缓慢，经济结构出现发展瓶颈，产业结构畸形发展。

（4）影响一国的国际收支，危及国家经济安全。金融风险会导致一个国家的出口减少，外汇储备减少，对外借款增加，危及国家经济安全。

第二节　金融科技风险识别与风险传染

一、风险管理流程

金融风险的识别和评价分析，主要是认识和鉴别金融科技活动中发生各种损失的可能性，估计损失的严重性。金融风险管理流程（见图 5-2-1）主要体现在以下四个方面。风险敞口：分析各种风险敞口，研究项目存在的风险，受何种风险影响，能够承担的风险程度。风险识别：分析各种风险的特征和成因。风险识别是风险管理的基础，只有能够识别出是何种类型的风险，才能够进行有效管理。风险度量：通过运用各种风险指标和风险模型进行风险的衡量和预测，确定风险的相对重要性，明确需要处理的缓急程度。风险缓释：针对不同的风险进行风险转移等操作。

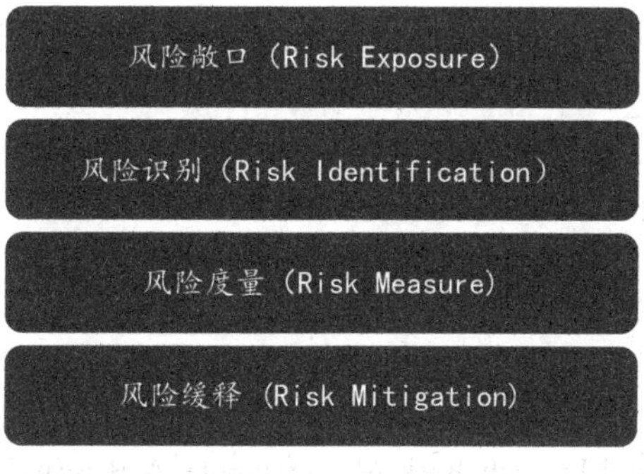

图 5-2-1　金融风险管理流程

运用大数据和人工智能等技术，有助于分析金融风险之间的关联，确定金融风险的源头，识别风险传播的渠道。企业可以通过大数据对疑似风险进行捕捉，为早期干预获得宝贵时间。金融机构可以依靠大数据建模分析，对疑似风险源进行进一步确认和分析，通过风险缓释措施、调整信贷政策等方式及时止损。金融监管部门可以通过大数据分析，有效地发现金融机构在风险管理中可能存在的缺陷和漏洞，识别重大风险隐患，及时采取干预措施。

二、金融科技风险类型

近几年，金融科技在我国快速发展，金融创新不断涌现，同时也暴露了很多风险隐患。金融科技的发展提升了金融服务效率，但是并未改变金融的风险属性，金融科技所面临的风险，一方面来自科技和网络安全，另一方面主要源于传统金融行业本身存在的风险，二者相互结合，将金融科技的风险不断放大。从现有的相关研究来看，金融科技风险既包括信用风险、流动性风险、操作风险和法律法规风险等传统金融风险，又新增了底层信息技术等非金融因素导致的风险，还可能诱发系统性金融风险[①②]。因此，金融科技的发展伴随着对风险管理要求的不断提高。李敏[③]、陈红和郭亮[④]、保罗·古迪奇（Paolo Giudici，2018）[⑤]从金融科技的功能和发展出发，认为金融科技具有信用风险、流动性风险、技术风险、操作风险、长尾风险、市场风险等。

（一）信用风险

信用风险指交易对手没有能力继续履约而带来的风险。信息不对称是造成信用风险最核心的原因。在互联网交易平台上，交易信息、身份确认、信用评价等多方面存在信息不对称的问题。征信体系存在信用数据不完整、征信体制不健全

① 易宪容，郑丽雅，何人可．金融科技合约关系的实质、运行机理及风险防范：基于现代金融理论的一般分析 [J]. 社会科学，2019（5）：40-49.

② 杨涛．警惕金融科技风险 [J]. 人民论坛，2019（17）：78-79.

③ 李敏．金融科技的系统性风险：监管挑战及应对 [J]. 证券市场导报，2019（2）：69-78.

④ 陈红，郭亮．金融科技风险产生缘由、负面效应及其防范体系构建 [J]. 改革，2020（3）：63-73.

⑤ PAOLO GIUDICI.Fintech Risk Management：A Research Challenge for Artificial Intelligence in Finance[J]. Frontiers in Artificial Intelligence，2018（1）：1-6.

等问题，因此信用风险更加难以控制。尽管大数据等技术在一定程度上能够缓解信息不对称的问题，但是依然无法保证掌握全部信用数据，也无法确保信息的真实有效，可能存在选择性披露部分数据等问题。① 网贷平台对于投融资双方的资质审查不严格，准入门槛低，信息披露制度不完善，而且融资方在高杠杆比率下进行经营，无抵押无担保的借款现象较多。有部分融资人通过编造投资项目、虚假债权来诈骗资金，并进行多平台间的借贷，在一个平台违约之后又去另外一家平台借贷，这些都极易造成信用违约风险。在股权众筹中，筹资人对项目的进展和潜力最为了解，倘若筹资人夸大项目前景、虚假披露，势必导致金融科技创新超越安全边界，损害金融消费者的合法权益。②

（二）流动性风险

流动性风险主要指资金无法偿付到期债务和满足业务发展需求。由于监管相对宽松，金融科技平台可能会存在资金自融、短借长贷、集中担保兑付等违规行为。由于平台的资金来源有限、资金需求量过大，会导致供需不平衡形成流动性风险。③ 为了吸引更多的投资者，网贷平台频频推出高收益、高流动性的产品，但是诱人的收益背后隐藏着期限错配等问题，这些高额的收益已经超出货币基金平均的收益，最终可能无法兑现。由于智能化交易降低了交易的难度，提升了交易反馈的速度，因此，一旦市场出现剧烈波动，造成恐慌，挤兑现象会更加明显，造成流动性风险。

（三）技术风险

金融科技的创新与发展面临着技术风险和数据安全风险。技术应用带来的风险主要包括技术自身缺陷造成的技术风险、技术滥用引发的道德风险及技术垄断产生的垄断风险。金融科技创新高度依赖技术，但是新兴技术的发展尚未成熟，技术自身存在各种缺陷，其在研发、应用和运维的过程中可能带来系统和网络安全等一系列问题，由此形成的技术漏洞、技术黑箱、算法偏差与歧视等都可能造

① 卢馨，李慧敏 .P2P 网络借贷的运行模式与风险管控 [J]. 改革，2015（2）：60–68.

② 何涌，毛秋霖 .P2P 网络借贷监管动因、行为与有效性 [J]. 财会月刊，2020（23）：144–150.

③ 方意，王羚睿，王炜，等 . 金融科技领域的系统性风险：内生风险视角 [J]. 中央财经大学学报，2020（2）：29–37.

成客户的损失。[①] 过度依赖技术创新可能加剧行业潜在风险，如技术成熟度不够引发的业务操作风险、技术的内在逻辑与金融业务设计理念不匹配导致的产品设计问题、技术的过度共享引发的区域性和系统性风险。

袁康和邓阳立[②] 认为金融科技技术在开发设计和应用过程中可能存在道德风险，即会受到技术设计者和使用者的价值取向的影响。部分金融科技公司会利用技术黑箱和设计漏洞等侵害消费者利益，造成新型的道德风险。袁康[③] 针对金融科技的技术风险及其法律治理进行了分析，提出应加强对技术风险的评估评级，发挥技术标准的自律约束，并完善技术分析在法律监管框架下的应用。

由于技术和数据是形成金融科技行业壁垒的主要因素，因此金融科技的头部企业会利用自身的资源优势形成数据垄断，抑制市场的公平竞争，导致缺少技术和数据的中小企业难以发展，垄断也会因为缺少竞争而丧失创新的动力，导致行业发展停滞。[④⑤] 石光和宋芳秀[⑥] 研究发现金融科技造成的平台垄断使得金融机构“大而不倒”的现象更加突出，增加了系统性风险发生的概率。

用户数据是驱动金融科技高速发展的核心资源，但目前数据安全和网络安全问题已成为金融科技发展的一大风险隐患。数据安全风险将会导致信息泄露、丢失、被截取、被篡改，影响信息的保密性、完整性、可用性。数据信息安全问题会造成用户隐私泄露，威胁用户资金安全，信息和数据滥用会损害消费者利益，进而引发监管失灵。部分金融科技公司为了获取利益可能会借助各种消费场景挖掘金融消费者的隐私，通过程序化的算法挖掘消费者的特征偏好，进行消费者的行为控制。网络安全风险是指遭受网络攻击、数据监听和拦截、病毒侵袭等威胁而造成的风险。各类钓鱼、欺诈和恶意程序快速增多，大规模的私人数据泄露和

---

① 李展，叶蜀君．中国金融科技发展现状及监管对策研究 [J]. 江淮论坛，2019（3）：54-59.

② 袁康，邓阳立．道德风险视域下的金融科技应用及其规制：以证券市场为例 [J]. 证券市场导报，2019（7）：13-19+40.

③ 袁康．金融科技的技术风险及其法律治理 [J]. 法学评论，2021，39（1）：115-130.

④ 马强，秦琳贵，代金辉．中国金融科技：面临障碍与发展路径 [J]. 经济体制改革，2020（1）：170-175.

⑤ 高惺惟．平台垄断与金融风险问题研究 [J]. 现代经济探讨，2021（7）：68-75.

⑥ 石光，宋芳秀．新一轮金融科技创新的主要特征、风险与发展对策 [J]. 经济纵横，2020（12）：100-108.

黑客恶意攻击事件频发。[1]客户在网上登录账号、使用密码、进行交易等活动时，都存在被泄露、篡改个人信息的风险，造成重大的资金损失。因此，2020年我国政府出台了相关法律法规，旨在保护信息安全，降低用户隐私被泄露的风险。

（四）操作风险

操作风险一般指由于不恰当的操作和内部控制、信息系统失灵和人员操作失误等引起的风险。金融科技的创新需要具有较强的专业性与技术性，初创期的金融科技企业一般缺少成熟的内部控制体系与员工培训系统，极易发生操作失误。

（五）长尾风险

传统金融机构提供的金融服务难以有效满足全部客户的需求。金融科技企业通过新兴科技向长尾客户提供普惠金融服务。但是由于长尾客户自身风险较大，导致金融科技行业风险明显高于传统金融机构。金融科技在降低门槛、放大金融市场功能的同时，引入了大量资质水平参差不齐的高风险客户[2]，引起劣币驱逐良币效应，使金融系统的抗风险能力降低。另外，大部分长尾端客户不具备足够的金融专业投资决策能力，并且无法准确判断信息的真假，加上从众心理的影响，极易引发群体非理性投资，可能造成资产价格的剧烈波动。[3][4]当宏观经济形势恶化或者出现负面消息时，风险承受力较弱的尾部投资者将会最先承受经济损失，长尾端风险传播更快，形成了“事件发生—自媒体发布—小范围传播—大范围传播—爆炸式传播—金融市场波动”的风险传导流程[5]，从而导致金融市场的剧烈震荡，可能进一步诱发系统性风险。

（六）市场风险

利率风险是金融科技面临的主要市场风险。传统金融机构为提升自身竞争力而降低贷款利率，导致部分小型的金融科技企业没有足够的应对能力，容易受到

---

① 季成，叶军．金融科技平台的风险及管理框架 [J]. 河北金融，2019（9）：19–22；47.

② 姜增明，李军彦，纪啸天．组合相关性和集中度约束的信贷结构优化研究 [J]. 农村金融研究，2019（2）：40–43.

③ 刘骏，曾嘉．新时期金融科技创新的审慎监管研究 [J]. 理论探讨，2021（3）：122–126.

④ 王怀勇．金融科技的算法风险及其法律规制 [J]. 政法论丛，2021（1）：105–116.

⑤ 蔡张炀，高庆海．我国金融科技风险表现、成因与监管应对 [J]. 投资与创业，2022，33（17）：20–22.

利率波动的冲击。[①]金融科技的快速发展带来了新的市场参与者和业务模式，可能会引发市场的不确定性和不稳定性，例如，互联网金融平台的发展可能导致资金风险和市场乱象；虚拟货币的出现可能引发金融泡沫和投资风险等。

总体来说，金融科技风险呈现出复杂性、内生性、易变性、非平衡性、传染性等特点。由于科技的加入，金融交易打破了以往的地域壁垒和风险传染的范围限制，加快了金融风险的传播速度，使得金融科技风险更加复杂难控。金融科技的发展不能改变金融风险的本质，传统金融交易中的流动性风险、市场风险和信用风险无法消失。监管措施更新速度难以匹配金融科技发展速度，金融业务与产品关联性逐步增大，加剧了金融数据流的监测难度，给金融监管带来了巨大挑战。两极分化现象严重，具有较强竞争力的企业逐步成为金融科技寡头，垄断市场交易，降低了市场竞争性和运行效率，助长了“大而不倒”的现象，造成金融市场面临着新系统性风险隐患。

三、金融科技风险识别和度量

（一）金融科技风险识别

风险识别指运用各种系统方法与经验，判断、分析可能发生的风险类别，以及分析风险发生的潜在原因。目前国内外对于金融科技的风险识别研究，主要集中在互联网金融方向。李彩凤和梁静溪[②]运用模糊层次分析法（FAHP）对互联网金融的风险进行了识别，将其主要分为操作风险、信用风险、运营风险、网络技术安全风险和法律及声誉风险；并认为在构建互联网风险评价指标体系之前，需要先明确各个主体之间的相互关系并总结归纳出各项评价指标。张小茜等[③]利用Altman–Z值评分对企业破产风险进行评估，并充分识别了相关风险的产生原因。吴珂和谢晋雯[④]沿用上述Altman–Z值评分模型对互联网金融风险进行刻画，采用

① 刘孟飞．金融科技的潜在风险与监管应对 [J]. 南方金融，2020（6）：45–55.

② 李彩凤，梁静溪．互联网金融风险的实证评价及优化对策 [J]. 金融理论与实践，2016（5）：69–74.

③ 张小茜，孙璐佳．抵押品清单扩大、过度杠杆化与企业破产风险：动产抵押法律改革的“双刃剑”效应 [J]. 中国工业经济，2017（7）：175–192.

④ 吴珂，谢晋雯．互联网金融风险诱因和严重程度的识别：基于 z 值评分模型 [J]. 商业经济研究，2018（22）：154–156.

定量方式计算了 16 家主要的上市互联网金融企业的风险水平，并根据计算结果提出了一系列有针对性的控制风险的建议。鄂奕洲等[①]研究了金融与互联网复杂交织路径以及系统多元参与主体与外部环境的动态协同进化，基于宏观环境与政策、信息技术、参与主体、运营操作四个维度构建了互联网金融风险识别系统框架。汪泉和曹阳[②]运用"SPECIAL"信用评价法、风险规避、风险覆盖、风险转移、风险分散、风险补偿等路径和方法进行了科技金融的信用风险识别和度量。

（二）金融科技风险度量

传统的金融风险度量方式主要是基于历史数据的分析，在风险管理中主要用于风险敞口计量，而并不能对尚未发生的具体风险事件进行预测。学术界通过定量分析的方式对金融科技风险进行了深度挖掘。张子豪和张毅[③]运用层次分析法研究了科技融入金融发展而产生的风险类型。郭品和沈悦[④]、何运信等[⑤]研究发现金融与科技融合会从恶化存款结构、抬高付息成本、加剧银行的流动性风险等方面对银行产生风险溢出效应。张贺和白钦先[⑥]指出了在科技助力下产生的金融风险具有更强的传染性，需要不断提高金融科技风险管理水平，其重点是金融科技风险度量模型及方法的选择。

关于风险度量的研究相对较为丰富。李彩凤和梁静溪利用模糊层次分析法构建风险评价体系，测量不同种类的金融风险。张贺[⑦]利用 MC-GARCH 模型度量

① 鄂奕洲，乔玉洋，刘子超．互联网金融模式演进与风险识别研究——基于系统科学视角 [J]. 华东经济管理，2016，30（3）：91–96.

② 汪泉，曹阳．科技金融信用风险的识别、度量与控制 [J]. 金融论坛，2014，19（4）：60–64.

③ 张子豪，张毅．互联网金融风险的评价指标体系与法律治理 [J]. 统计与决策，2018，34（20）：163–166.

④ 郭品，沈悦．互联网金融、存款竞争与银行风险承担 [J]. 金融研究，2019（8）：58–76.

⑤ 何运信，洪佳欢，王聪聪，等．互联网金融如何影响银行流动性创造：银行风险承担中介效应的实证检验 [J]. 国际金融研究，2021（12）：64–73.

⑥ 张贺，白钦先．中美互联网金融监管比较及启示：一个比较金融学框架 [J]. 甘肃社会科学，2022（1）：212–218.

⑦ 张贺 .MC-GARCH 模型在互联网金融风险度量中的实证研究 [J]. 重庆工商大学学报（自然科学版），2019，36（6）：48–56.

互联网金融风险。李翠霞和陈媛媛[1]则创新了尾部分布形式，运用 GARCH 模型进行风险测量。张贺等[2]通过 GARCH–VaR 模型度量金融科技风险，研究发现，金融科技企业遭受极端损失的可能性更高、损失的强度更大。现有的风险度量的研究基本采用数值型数据，但是很多风险需要从与企业相关的文本中挖掘，如公司新闻、股吧、财务报表附注等。唐旭丽等[3]分析了金融大数据的四种典型关联模式，即分类关联、时空关联、统计关联和事件关联，使用文本挖掘等方式详细说明了金融风险识别的应用案例。

四、金融科技风险的传染效应

虽然金融科技能够提高金融资源配置效率、促进商业模式转变、加速金融产品的创新，促使金融机构开展跨界、混业、跨区域经营。但是金融科技创新产品的交易结构更加复杂，基础资产难以穿透识别，导致金融产品和业务模式的风险隐藏在复杂的交易结构之下难以被发现和评估，增加了监管的难度，使得风险的扩散速度更快、波及面更广、溢出效应更明显。

（一）金融科技风险的传染机制

在金融科技的运行模式下，金融业务跨界融合，金融交易链条不断扩展，金融主体间的连接日趋复杂，与外部机构之间的信息交互也不断增多，使得传统金融机构不断趋同，金融和非金融机构的界限也逐渐被打破。金融科技公司不仅在移动支付、消费金融等现代金融体系中占据了极大的市场规模，还与银行、证券、保险等传统金融机构及相关金融基础设施具有紧密的联系，各机构之间业务相互合作，交易相互渗透，呈现出紧密的网络关联关系，导致金融风险相互传导的可能性加强。整个金融体系的复杂性增强，羊群效应加剧，市场出现共振，风险传染的速度加快，放大了金融市场波动。近几年金融科技的野蛮发展导致了风险的

① 李翠霞，陈媛媛．基于经验分布下 GARCH 模型对 VaR 的金融测度 [J]. 中山大学学报（自然科学版），2021，60（4）：177–182.

② 张贺，沈倩，宁薛平．基于 GARCH–VaR 模型的金融科技风险测度 [J]. 统计与决策，2023，39（24）：142–146.

③ 唐旭丽，马费成，傅维刚，等．知识关联视角下的金融知识表示及风险识别 [J]. 情报学报，2019，38（3）：286–298.

日益暴露，如果金融科技的风险不能得到有效的化解，将可能通过各种渠道传染到实体经济中，影响实体经济的稳定。

金融科技企业与传统金融机构紧密结合，可能会将自身的风险扩散传染到传统金融机构和金融体系。金融科技的风险通过创新的金融产品、客户体验、资金流动等渠道进行传染，因此可以通过金融机构的经营效率、盈利状况、风险管理效果等方面分析金融科技风险传染机制（见图 5-2-2）。

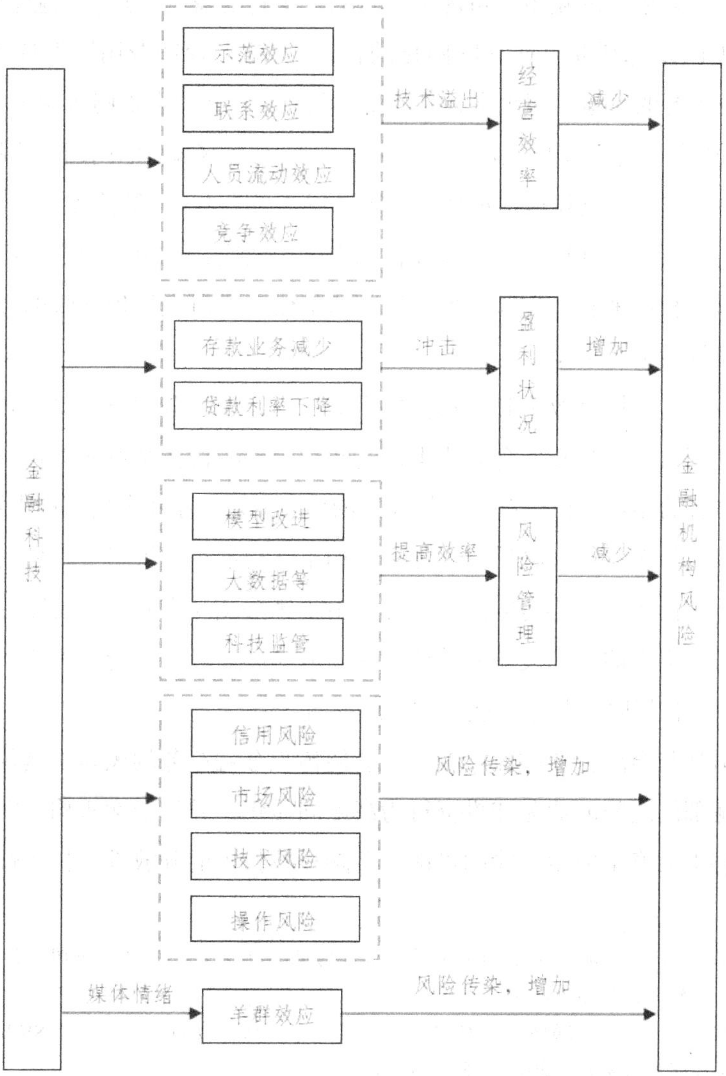

图 5-2-2 金融科技风险传染机制

金融科技对商业银行的风险承担存在非线性的影响，当金融科技发展快速，大量挤占传统金融机构业务时，可能造成系统性金融风险的产生。郭品和沈悦[①]分析了互联网金融对商业银行风险承担的影响，通过构建互联网金融约束理论模型推导出，互联网金融通过“减少管理费用”和“抬高资金成本”两个渠道决定商业银行的风险承担。一方面，互联网金融通过技术溢出降低了商业银行的管理成本，提高了盈利能力，降低了商业银行风险承担的意愿。另一方面，金融科技在业务上与商业银行的竞争，可能会影响商业银行的盈利，迫使商业银行提高风险承担水平以维持利润。在互联网化的初期，“减少管理费用”发挥主要作用，降低了商业银行的风险承担水平，但是在互联网支付和网上理财等深入发展阶段，“抬高资金成本”转而发挥主要作用，增加了银行的风险承担水平。因此，互联网金融对商业银行的风险承担水平的影响呈现“U”型曲线。邹静和王洪卫[②]认为，金融科技对银行系统性风险的影响存在期限结构效应，在短期会增加银行系统性风险，但从中长期来看影响并不大。朱辰和华桂宏[③]研究发现互联网金融持续带来较高的银行系统性风险。

金融机构通过模型改进和大数据技术等应用，保障金融数据安全和降低运营风险，并利用监管科技降低合规成本，这些均为金融科技企业所擅长的工作，由此促进了二者的相互合作。金融科技涉及的借贷业务，往往会出现期限错配问题，流动性风险极易爆发。金融科技增加了市场主体对信息的敏感度，易出现恐慌等羊群效应，进而增加风险传染的可能性。由于算法交易之间高度关联，一旦出现危机，会出现更大的市场波动或羊群效应，风险会通过资产价格传染整个金融系统，诱发系统性风险，甚至可能导致金融危机。

金融科技与金融行业的深度融合，会使传统金融业务的风险更具传染性和破坏性。金融部门之间的业务和投资行为高度同质化，导致金融机构之间的关系错综复杂，将加大产生内生风险的可能。金融科技技术的开放性、扩散性和隐蔽性

---

① 郭品，沈悦．互联网金融加重了商业银行的风险承担吗？：来自中国银行业的经验证据 [J]. 南开经济研究，2015（4）：80-97..

② 邹静，王洪卫．互联网金融对中国商业银行系统性风险的影响：基于 SVAR 模型的实证研究 [J]. 财经理论与实践，2017，38（1）：17-23.

③ 朱辰，华桂宏．互联网金融对中国银行业系统性风险的影响：基于 SCCA 模型及逐步回归法的实证研究 [J]. 金融经济学研究，2018，33（2）：50-59.

加大了金融外部传染性风险，使得传统的金融风险更为隐蔽，而技术风险、操作失误等所引发的负面影响会更加迅速地扩散至整个金融体系，进而诱发系统性风险。①②③④

（二）金融科技风险传染的文献研究

金融科技虽然有助于金融体系抵抗冲击，但是在危机时期会加剧风险传染。现有研究主要从理论层面研究金融科技面临的潜在风险，而对金融科技风险的量化研究相对不足，研究结论缺少说服力。

金融监管部门对金融领域系统性风险的防范主要基于单个大型的系统重要性银行或金融机构的风险监测和审慎监管，往往忽略了小型的、去中心化的金融科技公司。对于金融体系结构与风险传染路径并不重视，认为只要保证大型的金融机构稳健运行，就能确保金融体系的整体安全，然而这些小型的金融科技公司所诱发的系统性风险影响更加强大，会快速传染到其他行业或者企业，其金融科技风险溢出效应更显著，系统性风险的产生与蔓延速度更快。⑤

当前，关于金融科技风险识别的文献主要从单一风险的角度进行分析，随着大数据技术的发展，通过数据信息采集和分析，可以对金融体系的结构性特征和关联关系进行更为细致、准确的描绘，为关联风险的识别和系统性金融风险的分析提供了重要辅助。如通过对金融机构之间的关联关系分析绘制关联图谱，识别高风险的金融机构所造成的传染效应。监管机构可以通过风险热图等，锁定重点关注机构和具有系统性风险的脆弱性机构。通过大数据建模对金融网络数据进行分析，有助于提前洞察金融机构和企业关联关系的变化，加深对金融体系的网络

---

① 李敏，金融科技的系统性风险：监管挑战及应对 [J]. 证券市场导报，2019（02）：69-78.

② 朱太辉，陈璐，Fintech 的潜在风险与监管应对研究 [J]. 金融监管研究，2016（07）：18-32.

③ 汪可，吴青 . 金融科技对我国银行业系统性风险影响研究 [J]. 管理现代化，2018，38（3）：112-116.

④ LI, H., Research on the Risks and Regulation of Financial Technology[J]. The 2nd International Conference on Economic and Business Management (FEBM), 2017(33):938-945.

⑤ 周代数，郭滕达 . 金融科技风险观：一个辩证分析 [J]. 科学管理研究，2020，38（5）：143-147.

结构与系统性金融风险之间关系的理解，提高对金融风险形成和传染规律的认识，最终将有助于金融和监管政策的有效制定，更好地识别和化解系统性金融风险。

研究风险传染的强度及作用机制是防范系统性风险的重要内容，常见的系统性风险度量方式主要有以下四种。

第一，以金融机构间的尾部关联性来测量机构与系统间的风险贡献，如条件在险价值（CVaR）、困境保费（DIP）、边际预期损失[①]（MES）、系统性预期损失[②]（SES）、系统性风险指标（SRISK）等。[③④⑤]使用上述方法测度系统性风险的整体水平时，并未考虑整个关联网络的影响。CVaR 主要衡量单个金融机构带给整个金融系统的风险贡献，但是无法衡量超过置信水平的潜在损失，存在不可加性的缺陷。MES 主要衡量单个机构由于整体金融系统的风险可能受到的损失，忽略了金融机构的资产规模、杠杆率等因素。Δ CVaR 主要研究金融机构在危机时的风险贡献，常使用分位数回归或 DCC-GARCH 类模型计算，能够有效反映出金融机构间相互关联及风险传染的机制。

第二，基于金融机构的业务建立关联，利用银行同业拆借、往来资金结算等资产负债数据。国际货币基金组织基于银行间业务交易模式与信贷风险敞口构建了风险传染网络。韩永辉等[⑥]使用银行之间的同业交易头寸研究流动性风险和风险传染性。吴念鲁等[⑦]建立银行同业网络模拟模型，研究不同冲击下银行同业间流动性风险的传染机制。该类方法直接以双边风险为研究对象，对风险传染的形

① 某一单个银行对金融系统期望损失的边际贡献。

② 将整个金融系统资本不足时，某一单个银行的预期资本短缺定义为该银行的 SES，并将其作为对系统性风险的贡献。

③ ADRIAN T，BRUNNERMEIER M K.CoVaR[J].American Economic Review，2016，106（7）：1705-1741.

④ Acharya Lasse Pedersen，Thomes Philippon et al.Measuring Systemic Risk[J]. Review of Financial Studies，2017，30（1）：2-47.

⑤ Brownlees C T，Engle R F. SRISK：A Conditional Capital Shortfall Measure of Systemic Risk[J]. Review of Financial Studies，2017，30（1）：48-79.

⑥ 韩永辉，赵越，陈晓亮 . 利率市场化背景下银行系统性危机的实证研究 [J]. 财经理论与实践，2016，37（2）：2-8.

⑦ 吴念鲁，徐丽丽，苗海宾 . 我国银行同业之间流动性风险传染研究：基于复杂网络理论分析视角 [J]. 国际金融研究，2017（7）：34-43.

成机制具有解释性，但数据获取难度大，时效性相对滞后，对风险传染的间接影响解释不足。

第三，基于金融市场实时交易数据，利用主成分分析、格兰杰因果检验、CoVaR、方差分解等方法构建风险关联网络。[①②] 哈德尔等人[③] 以单指标方法衡量变量间的非线性关系，融合 LASSO 变量，构建 TENET 模型[④]。该方法的数据质量高且较易获取，尽管无法解释关联形成的内在机制，但包含了市场上的诸多复杂因素。曹齐芳和孔英[⑤] 采用 TENET 方法搭建以金融科技、银行和券商为主体的风险关联网络，分析金融科技与传统金融机构之间的风险传染关系，提出了关键性风险路径的识别方法。汪可等研究发现：金融科技在一定程度上加重了我国银行业系统性金融风险。

第四，通过综合指标法，主要为金融压力指数（FSI）法。金融压力指数由伊林和刘（Illing & Liu）提出，经过卡德雷利等人（Cardarelli）[⑥] 进一步完善，对金融压力指数变量选择和识别等形成了系统框架。大量实证研究表明，金融压力指数对金融风险的测度和识别的拟合性较高。国内相关研究虽然开始较晚，但是发展较快（从单个金融市场指标发展到金融总体指标等），在构造方法上有了许

---

① BILLIO M，GETMANSKY L，et al.Econometric Measures of Connectedness and Systemic Risk in the Finance and Insurance Sectors[J]. Journal of Financial Economics，2012，104（3）：535-559.

② BILLIO M，CASERIN R，LOSTOLA M et al.An Entropy-based Early Warning Indicator for Systemic Risk[J]. Journal of International Financial Markets Institutions and Money，2016（45）：42-59.

③ HArdle W K K，WANA W，YU L. TENET：Tail-Event Driven NETwork Risk[J]. Journal of Econometrics，2016，192（2）：499-513.

④ Tail-Event driven network risk（TENET）

⑤ 曹齐芳，孔英 . 基于复杂网络视角的金融科技风险传染研究 [J]. 金融监管研究，2021（2）：37-53.

⑥ CARDARELLI R，ELEKDAG S，LALL S et al.Financial Stress and Economic Contractions[J]. Journal of Financial Stability，2011，7（2）：78-97.

多新的尝试。[①②③④⑤⑥⑦] 郑金麟等[⑧] 梳理了系统性金融风险的测度方式，使用等方差加权法合成金融压力指数衡量我国系统性金融风险水平，并运用马尔科夫区制转移自回归模型识别不同金融压力时期。

第三节　金融科技风险预警

一、金融科技风险预警模型

（一）金融风险预警模型

近年来，国内外学者们不断创新金融风险预警模型，提高了金融风险预警的准确性。金融风险预警模型大致可以分为以下三类。

第一类为多元统计方法：主要包括 Z-score 方法、主成分分析法、Logistic 回归模型等。Z-score 方法需要事先确定影响违约概率的关键因素，并将它们加权计算分数。主成分分析法主要用来降维，优化输入数据样本集。Logistic 回归模型是离散选择模型的一种，用于研究自变量对因变量的影响。此外，还有聚类分析法和决策树模型。

① 章曦．中国系统性金融风险测度、识别和预测 [J]. 中央财经大学学报，2016（2）：45-52.

② 陈守东，王妍．金融压力指数与工业一致合成指数的动态关联研究 [J]. 财经问题研究，2011（10）：39-46.

③ 刘晓星，方磊．金融压力指数构建及其有效性检验：基于中国数据的实证分析 [J]. 管理工程学报，2012，26（3）：1-6.

④ 赵进文，张胜保，韦文彬．系统性金融风险度量方法的比较与应用 [J]. 统计研究，2013，30（10）：46-53.

⑤ 王广龙，熊利平，王连猛．SRISK 系统性风险测算方法、结果及评述 [J]. 投资研究，2014，33（04）：63-73.

⑥ 毛瑞丰．区域性金融风险早期预警体系研究：以安徽省为例 [J]. 金融经济，2014（20）：123-125.

⑦ 沈悦，戴士伟，罗希．中国金融业系统性风险溢出效应测度：基于 GARCH-Copula-CoVaR 模型的研究 [J]. 当代经济科学，2014，36（6）：30-38；123.

⑧ 郑金麟，张业圳，谢八妹．我国系统性金融风险的衡量与识别 [J]. 金融监管研究，2019（12）：54-65.

第二类为神经网络模型。王大庆[①]总结了金融风险预警模型，定义金融网络为所有节点（银行、证券、保险、基金公司等金融机构）和链接（信贷等金融关联）的组合。链接会影响节点的属性，链接的结构会影响整个金融系统。网络模型通过建立金融机构彼此间的风险暴露矩阵，再利用仿真来描述金融系统的多米诺骨牌效应。

第三类为 SVM（支持向量机）模型。SVM 模型是近几年的研究热点，相关研究普遍认为 SVM 模型能够较好地克服传统财务危机预警模型在假设前提、样本容量等方面存在的缺陷。SVM 模型的学习和预测效果优于多元统计方法和神经网络方法。

国内关于金融风险预警的研究起步相对较晚，近些年才逐渐出现一些实证研究。沈悦等[②]利用复合属性贝叶斯模型对银行危机进行预警。周稳海和赵桂玲[③]根据金融风险分类，利用主成分分析法和因子分析法测算金融风险水平。李梦雨[④]通过主成分分析，运用 K 均值聚类算法，进行金融风险划分，并使用 BP 神经网络构建我国金融风险的预警模型。

（二）金融科技预警模型构建

建立金融科技风险预警体系主要关注预警指标的设置和预警模型的选择。在预警指标体系方面，首先设定一套预警指标，对各个指标赋予权重值，然后经过验证，最后形成一套预警指标体系。但是目前对金融科技风险预警指标体系的研究相对较少。并非所有的金融科技风险预警指标都能用定量的方法进行测评，对于定性指标，可以通过问卷调查的形式进行模糊综合评价，以将其定量化。权重的系数主要通过专家咨询和经验判断的方式进行决策，根据选定的权重系数测度金融科技风险的预警综合评分值，按照设定的预警区域范围确定金融科技风险预警区域。通过假设金融科技风险间相互作用，构建金融科技风险预警模型（见图

---

① 王大庆 . 系统性金融风险预警模型创建研究 [J]. 经济研究参考，2013（49）：71–76.

② 沈悦，闵亮，徐有俊 . 基于金融自由化的中国金融安全预警研究 [J]. 金融发展研究，2009（6）：3–6.

③ 周稳海，赵桂玲 . 开放条件下金融风险预警指标体系研究 [J]. 特区经济，2010，（04）：72–74.

④ 李梦雨 . 中国金融风险预警系统的构建研究：基于 K– 均值聚类算法和 BP 神经网络 [J]. 中央财经大学学报，2012（10）：25–30.

5-3-1)，检验市场风险、信用风险、技术风险和操作风险对金融科技风险产生的影响及风险交互影响。

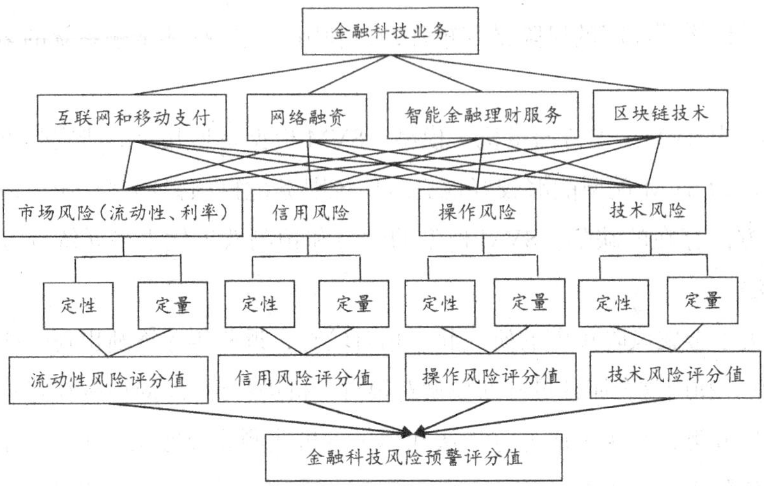

图 5-3-1　金融科技风险预警模式

市场风险、信用风险、操作风险和技术风险作为外生变量分别由其各自的显变量来测量，各风险之间是相互关联的，存在共变关系。市场风险主要通过利率风险、流动性风险和资产安全性等显变量决定（准备金率、存贷款利率、同业拆借利率、流动性比率、流动性缺口率、资本收益率、不良贷款率、逾期贷款率等），主要变量为定量数据。金融科技公司主要发挥资金周转的作用，沉淀资金可能在第三方中介滞留，如果缺乏有效的监管，可能会造成资金挪用，一旦资金链条断裂，将引发支付危机。如果平台不具有用户的优势，一定会提高利率，缩短投资期限以吸引投资者的青睐，可能会造成流动性风险。信用风险主要根据信贷主体个人和企业进行分类。个人信贷风险主要侧重于其偿还意愿，通过基本信息、经济状况、信用记录等定性和定量变量决定。企业信贷风险更侧重于企业的偿还能力，通过企业规模、管理者能力、偿债能力、盈利能力、运营能力、提现能力、企业成长能力、信用状况等定量变量决定。操作风险指在金融活动中，由于操作人员、操作流程和组织结构的不当或缺陷导致直接或间接的损失。内部操作风险主要是由内部控制、绩效考评和审计监管等原因造成的，主要的操作风险显变量均属于定性数据。技术风险通过定性和定量指标衡量。包括数据安全风险、隐私保护风险、交易安全风险和身份认证风险等。金融科技风险作为内生变量，由其独有的显变量决定。金融科技风险的显性变量主要包括金融科技公司整体的资产规模、信贷质量、产品种类、业务发展模式、财务健康状况等，同时加入通过大数据网络搜索指数获得的媒体情绪风险指标。

通过运用大数据和人工智能等技术，收集、归类、分析交易主体的交易数据，运用机器学习进行风险识别，构建与金融科技特征相匹配的风险模型，建立智能化的风险预警模型。模型首先需要对定性和定量的原始数据进行采集，然后对数据进行预处理，使数据格式规范统一，接着对数据进行训练样本（70%）和测试样本（30%）的划分。将训练样本导入 BP 神经网络模型和 SVM 模型进行机器学习，用测试样本来验证其准确性，通过进一步的预处理不断优化改进模型的准确性，最后根据测试结果进行分级预警。预警信号的阈值通过综合数据模型、专家经验和同业信息等确定，一旦风险值超过预警信号阈值，会触发预警流程。图 5-3-2 为建立机器学习预警模型的流程图。

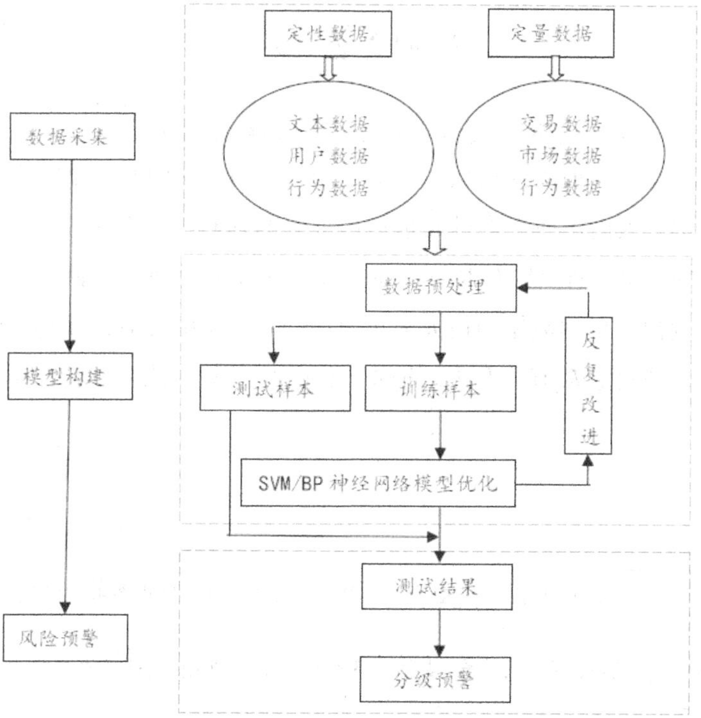

图 5-3-2　建立机器学习预警模型的流程图

二、机器学习预警模型

随着机器学习的不断发展，学术界开始使用机器学习技术进行金融风险的识别。机器学习算法按照样本有无标签，可分为有监督学习和无监督学习。无监督算法包括 K-Means 聚类算法、PCA 主成分分析和高斯混合模型等，有监督算法包括 BP 神经网络、K 近邻算法、SVM、随机森林和 XGBoost 等。K-Means 聚类算法原理参考吴夙慧等人的研究[①]，SVM 原理参考陈冰梅等人的研究[②]。下面主要介绍 K-Means 聚类算法、SVM 支持向量机算法和 XGBoost 算法的具体内容。

（一）K-Means 聚类算法

K-Means 算法的数学思想为，已知含有 n 个观测点的观测集为 $S=\{x_1,x_2,x_3,\cdots\cdots,x_n\}$，从中随机选取 K 个初始中心点 $\{\mu_1,\mu_2,\mu_3,\cdots\cdots,\mu_k\}$，将 n 个数据分为 K 个簇，将 K 个簇记为 $P_i,i=1,\cdots\cdots,k$。并不断迭代运算，使得簇内每个观测点距离其中心的距离平方和最小，将该距离平方和记为 D_i，其数学表达式如下：

$$D_i=\min\sum_{i=1}^{k}\sum_{x\in P_i}\|x-\mu_i\|^2$$

K-Means 算法中的两个关键点在于 K 值和初始中心点 μ_i 的确定。在经典的 K-Means 算法中，K 值需要根据经验事先确定，而初始中心点是随机的。但是在实际的研究中，人们往往很难对 K 值做出准确的判断，且不同的初始中心点也会影响到实验的结果，所以针对 K-Means 的算法研究往往针对这两个方向。成卫青和卢艳红[③]提出了根据数据间最大最小距离确定初始中心值，并基于误差平方和的变化趋势自动确定 K 值的方法，简称“手肘法”。奥卢坎米和特瓦拉（Olukanmi

① 吴夙慧，成颖，郑彦宁，等 .K-means 算法研究综述 [J]. 现代图书情报技术，2011（5）：28-35.

② 陈冰梅，樊晓平，周志明，等 . 支持向量机原理及展望 [J]. 制造业自动化，2010，32（14）：136-138.

③ 成卫青，卢艳红 . 一种基于最大最小距离和 SSE 的自适应聚类算法 [J]. 南京邮电大学学报（自然科学版），2015，35（2）：102-107.

& Twala）[①] 提出了 K-Means-Sharp 模型，改进了中心点的再选择步骤，自动监测异常值，从而减少了人为的干预和依赖经验的判断。王建仁等 [②] 基于基本数学理论、偏执项和手肘法等基本思想，提出了 ET-SSE 算法，能够更加快速且准确地确定 K 值。K-Means 算法，是经典的无监督聚类算法，其原理简单且适用范围广，不对指标预先设定权重，主观性影响很低，还可以高效地处理大数据集合。针对其 K 值选定、初始中心值等问题，适用于采用高维度的经典手肘法来减小误差。

（二）SVM 算法

SVM 算法是一种有监督的机器学习算法。支持向量机是在样本有限的情况下，寻找当下的全局最优解，通常该算法的原理可以分为线性可分情况和线性不可分情况两类来讨论。在样本集合为线性可分时，假设训练集表示为：

$$\{(x_1,y_1),(x_2,y_2),\cdots,(x_n,y_n)\},\ x_i\in\mathbb{R}^p,y_i\in\{1,-1\}$$

其中x_i表示第 i 个样本的特征向量，具有 p 个维度，y_i是x_i的标签，即$y_i=1$时，x_i属于正类别，$y_i=-1$时，x_i属于负类别。存在一个超平面 $u=w\cdot x+b$，使得该集合内所有样本点分开，其中 w 为该点法向量，b 为其截距。最优超平面，是使得与该平面距离最近的向量与该超平面之间的距离$\frac{1}{\|w^*\|}$最大化的平面，则 SVM 算法的目标为寻找 $\max\frac{1}{\|w^*\|}$ 的最优超平面将样本点分开，该目标等价于：

$$\max\frac{1}{\|w^*\|}\Leftrightarrow\max\left(\frac{1}{\|w^*\|}\right)^2\Leftrightarrow\min\frac{1}{2}\|w^*\|^2$$

约束条件为：

$$y_i(w^{\mathrm{T}}x_i+b)\geqslant1,i=1,2,\cdots,n$$

当样本集合线性不可分时，一般利用核函数将其映射到更高维的空间，在每

① OLUKANMI P，TWALA B. K-Means-Sharp：Modified Centroid Update for Outlier-Robust K-Means Clustering. Pattern Recognition Association of South Africa and Robotics and Mechatronics International Conference（PRASA-RobMech），2017，12（29）：14-19.

② 王建仁，马鑫，段刚龙．改进的 K-means 聚类 k 值选择算法 [J]. 计算机工程与应用，2019，55（8）：27-33.

一个约束条件内引入 Lagrange Multiplier（拉格朗日乘数）a_i构造新的函数，再通过对偶变换转换为更易求解的对偶问题，采用拉格朗日乘数法求极小值，分别对 w 和 b 求导并令其等于 0，这样目标函数就转化为：

$$\max\left(\sum_{i=1}^{n}\alpha_i-\frac{1}{2}\sum_{i,j=1}^{n}\alpha_i\alpha_j y_i y_j x_i^T x_j\right)\quad s.t.,\sum_i \alpha_i y_i=0,\alpha_i\geqslant 0,i=1,2,\cdots,n$$

此时目标函数中只有一个变量α_i，求该函数的极值，就是求α_i的最优化问题，这样得到了α_i得解，就可以求得 w 和 b 的解。

SVM 算法的关键点在于核函数的选取，假设有$\phi_i(x)$为x_i从原始空间到更高维空间的映射，则核函数可表示为：

$$K(x,m)=(\phi(x)\cdot\phi(m))$$

目前常用的核函数有以下几种（式中γ,μ,d为内核参数）：

（1）多项式核函数（Polynomial）：$K(x,m)=(\gamma x^T\cdot m+c)^d$，$\gamma>0$，参数多，模型复杂，值域为 [0，∞]。

（2）高斯核函数（RBF）：$K(x,m)=\exp\left(-\gamma\,\|x-m\|^2\right),\gamma>0$，可以处理非线性的数据，但当数据量非常大时不宜使用，值域为 [0，1]。

（3）线性核函数（Linear Kernel）：$K(x,m)=x^T\cdot m$，高斯核函数的特殊形式，通常用于线性可分的情况，含参少，计算速度快。

（4）Sigmoid 核函数：$K(x,m)=\tanh(\gamma x^T m+\mu)$，可以生成神经网络，在某些参数下与高斯核函数类似，某些情况下无效。

（三）XGBoost 算法

陈（Chen）[①] 提出了 XGBoost 算法，基于 GBDT（梯度提升决策树）算法的高效且广泛应用的集成机器学习算法，它取得了非常先进的成果。其基本原理为，给定一个具有 n 个样本点和 m 个特征的样本集合$D=\left[(x_i,y_i)\right],(|D|=n,x_i\in R^m,y_i\in R)$，集成模型使用 K 个分类器对结果进行预测，预测函数为：

① TIANQI C，CARLOS G. XGBoost：A Scalable Tree Boosting System[J]. 22nd ACM SIGKDD International Conference on Knowledge Discovery and Data Mining，2016（13）：785-794.

$$\widehat{y_i} = \varnothing(x_i) = \sum_{k=1}^{K} f_k(x_i), f_k \in \Gamma$$

其中，Γ是回归树的假设空间，有$\Gamma = \{f(x) = w_q(x)\}(q:\mathbb{R}^m \to T, w \in \mathbb{R}^T)$，$q$表示树的结构，$w$表示该节点的权重。有了预测值之后，可以导出 XGBoost 算法的目标函数：

$$\min\mathcal{L}(\varphi) = \min\left(\sum_i l\left(\widehat{y_i}, y_i\right) + \sum_k \Omega(f_k)\right), \Omega(f) = \gamma T + \frac{1}{2}\lambda \| w \|^2$$

其中$\Omega(f)$是模型复杂性的惩罚函数，它对叶子的节点个数T作出惩罚，相当于在训练过程中作出了剪枝处理，避免了过度拟合问题。将误差函数 l 在$\widehat{y_i}^{(t-1)}$处进行二阶泰勒展开，去掉公式中的常数项可以得到简化后的目标函数：

$$min\mathcal{L}(t) = min\left\{\sum_i \left[g_i f_t(x_i) + \frac{1}{2}h_i f_t^2(x_i) + \Omega\ (f_t)\right]\right\}$$

相比于传统的 GBDT 算法，XGBoost 算法做了如下改进：首先，支持传统的 CART 基分类器和线性分类器，这样 XGBoost 相当于带 L1 和 L2 正则化项的 Logistic 回归和线性回归，可以更好地进行分类和预测。其次，传统的 GBDT 算法只用到了一阶导数，而 XGBoost 对于误差函数进行了二阶泰勒展开，而且 XGBoost 算法支持自定义误差函数，只要该函数能进行一阶和二阶的求导即可。最后，为了防止过度拟合，XGBoost 算法不仅加入了惩罚函数，还引入了两种额外的方法进一步优化效果：第一种是弗里德（Friedman，2002）[①] 提出的 Shrinkage 方法，即在每一步分裂后加入权重系数η，来减小每个独立的树的影响，也为后续优化模型留出空间；第二种是随机森林中使用的 column（feature）subsampling 方法，即列采样方法，它不仅可以防止过度拟合，也可以加快算法的速度。

对比上述三种算法，K-Means 算法是经典的无监督聚类算法，其原理简单且适用范围广，不仅能对指标预先设定权重、主观性影响很低，还可以高效地处理大数据集合。针对其K值选定、初始中心值等问题，采用适用于高维度的经典手

① Friedman, J. H., Stochastic Gradient Boosting. *Computational Statistics and Data Analysis*. 2002, 38 (4), 367-378.

肘法来减小误差。SVM 算法是希望在样本有限的情况下，寻找当下的全局最优解。通常该算法的原理可以分为线性可分和线性不可分两类情况来讨论，其关键点在于核函数的选取。XGBoost 算法是基于 GBDT 算法的高效且应用广泛的集成机器学习算法，它对误差函数进行了二阶泰勒展开并加入了惩罚函数，有效防止了数据的过度拟合。

三、P2P 平台风险预警模型研究

（一）P2P 平台风险的文献综述

1.P2P 网贷平台风险类型及评估的研究

当前，国内外学者对于 P2P 网贷平台的风险度量和评估，大多从借款人和平台两大方面进行研究。从借款人的角度看，夏等人（Xia et al）[①] 基于年化收益率曲线，结合 XGBoost 方法，评估 P2P 平台上的贷款信用风险和预期获利能力。葛等人[②] 将大型 P2P 贷款平台的贷款数据与流行的社交媒体网站数据相结合，发现可以预测借款人的违约概率。苏亚和成春林[③] 采用实证研究的方法研究人人贷交易平台上借款人的信息（如借款人的学历、性别等）对其信用风险的作用，研究发现借款人的信息对借款人违约风险有显著的正向作用。杨立等[④] 从信息经济学和博弈论的角度，提出借款人的社交网络对于 P2P 的风险机制具有缓释作用。刘盼等[⑤] 将平台的运营周期划分为时间窗，把该平台的借款人信息进行量化，运用基于时间窗的短时多元回归算法，动态地分析了每个时间窗内平台的运营风险变

① YUFEI X CHUAN ZHE L，NANA L. Cost-sensitive boosted tree for loan evaluation in peer-to-peer lending[J]. Electronic Commerce Research and Applications，2017（24）：30-49.

② RUYI G，JUAN，BIN G，et al. Predicting and Deterring Default with Social Media Information in Peer-to-Peer Lending[J]. Journal of Management Information System，2017，34（2）：401-424.

③ 苏亚，成春林 .P2P 网贷借款人违约行为影响因素的实证研究 [J]. 金融发展研究，2017（1）：70-76.

④ 杨立，赵翠翠，陈晓红 . 基于社交网络的 P2P 借贷信用风险缓释机制研究 [J]. 中国管理科学，2018，26（1）：47-56.

⑤ 刘盼，李华康，孙国梓 . 基于短时多源回归算法的 P2P 平台风险观测方法 [J]. 计算机科学，2018，45（5）：97-101.

化趋势。胡忠义等[①]以 Lending Club 的借款人相关信息为数据，基于 K–Means 聚类的多分类器动态集成模型，评价其违约风险，结果表明，基于多分类器动态集成的 P2P 违约风险评估模型，比单一模型和静态集成模型准确率高。丁越[②]结合了 Logistic 模型和遗传算法，分别以 Lending Club 和拍拍贷的数据为案例，构建了 P2P 网贷违约预警的模型，比较了国内外网贷风控机制的差异并对行业的发展和监管提出了建议。

从平台的角度看，王伟等[③]采用改良的 CRITIC 法，以“网贷之家”网站发布的月度技术积分、杠杆积分、流动性积分、分散度积分、品牌积分及透明度积分为数据来源和指标，评价了我国 54 家 P2P 网贷平台的风险，发现 2015 年 5 月—2016 年 8 月，54 家平台的评级处于低水平。胡金炎和张笑[④]按照股东背景将平台分为上市系、国资系、银行系、民营系和风投系等，运用 Logit 模型研究平台的违约风险和经营风险，研究发现，国资和上市系平台的违约和经营风险较低，且高管的学历背景会显著影响经营风险，而民营系平台的经营风险与贷款期限有关，与聘请专业人士等策略无关。张杰和张远圣[⑤]利用因子分析法，从“网贷天眼”网站选取了信披评分、合规评分和偿兑性等因子，对我国 80 家 P2P 网贷平台进行风险评价排名。姜等人[⑥]认为具有国有企业隶属关系的 P2P 平台具有更大的交易量，可以吸引更多的投资者并提供更低的利率。这些平台的生存能力也比没有国有企业的平台要强得多，尤其是在市场低迷时期。徐梓原[⑦]运用二值选择模型、多项 Logit 模型和双变量 Probit 模型，构建了 P2P 网贷平台风险评价体系，发现平台热度、借款期限和投资集中度与网贷平台风险有负相关关系，预期收益率、

---

① 胡忠义，王超群，陈远，等 . 基于多分类器动态集成的 P2P 违约风险评估 [J]. 管理学报，2019，16（6）：915–922.

② 丁越，基于遗传算法的 P2P 网贷违约预警模型研究 [D]. 浙江大学，2019.

③ 王伟，纪金言，邓伟平 .P2P 网贷平台风险与平台特征：来自中国 54 家平台的经验证据 [J]. 河北经贸大学学报，2017，38（3）：56–64.

④ 胡金焱，张笑 . 股东背景影响下的 P2P 平台违约风险与经营风险 [J]. 山东大学学报（哲学社会科学版），2018（4）：120–129.

⑤ 基于因子分析的我国 P2P 网贷平台风险评价研究 [J]. 会计之友，2019（07）：23–27.

⑥ GUIGING J，ZHAO W，HUIMIN Z.A Prediction–Driven Mixture Cure Model and its Application in Credit Scoring[J]. European Journal of Operational Research，2019，277（1）：20–31.

⑦ 徐梓原 .P2P 网贷平台的风险特征研究：基于多项 LOGIT 模型和双变量 PROBIT 模型 [J]. 武汉金融，2019（3）：17–22.

运营时间与网贷平台有正相关关系。

2.P2P 行业运营模式和监管环境对比的研究

对比国内外 P2P 行业的发展领域的研究发现，国外学术界大多关注平台运营模式和监管措施。孙艳军[①]认为我国 P2P 信贷市场的资质风险、资金风险、经营风险、信用风险和破产风险等正在日益增加，这种情况在很大程度上应归因于监管缺位。借鉴英国和美国相应的监管制度，分析制订了我国的 P2P 信贷行业监管体系，认为 P2P 金融作为普惠金融体系中的重要组成部分，在监管体系的设计中，要保持开放的市场准入和金融创新态度。而且 P2P 网贷本质上仍属于金融行业，应以保障投资者和消费者的利益促进行业有效竞争和服务实体经济为目标。韩民和郑庆寰[②]认为 P2P 网贷行业已经成为小企业融资的新型渠道，对弥补我国中小企业融资有效供给不足的问题具有重要意义。

关于 P2P 网络借贷的风险监管和长效机制建设是研究热点。哈弗里切克等人（Havrylchyk）[③]以 Prosper 和 Lending Club 等平台为例，对欧洲和美国等地的 P2P 平台进行了介绍，重点对各自的竞争策略进行了描述性分析。张郁[④]对中美两国 P2P 网贷市场的具体运营背景的深层结构进行了比较分析，认为我国应当构建一个包括 P2P 网贷在内的金融消费者保护立法体系、建立金融消费者保护机构，将 P2P 消费者保护理念作为 P2P 监管的最高理念，建立更加高效快捷的 P2P 网贷纠纷解决机制。于博和李欣怡[⑤]通过实证研究发现，监管部门严监管限制了 P2P 平台的信用中介模式，使得用户能够更放心地在 P2P 平台进行借贷，由此扩大了用户规模和资金借贷流动水平。

---

① 孙艳军 . 以英美监管为镜鉴构建我国 P2P 普惠金融监管体系 [J]. 上海金融，2016（3）：60-66.

② 韩民，郑庆寰 . 美国小企业 P2P 网络借贷分析与监管改革：基于 Lending Club 的数据 [J]. 现代财经（天津财经大学学报），2016，36（4）：44-53.

③ OLEANA H，CALOTTA M，TALAL R et al.The Expansion of Peer-to-Peer Lending[J]. Review of Network Economics，2021.10（3）：145-187.

④ 张郁 . 中国 P2P 网贷消费者保护法律制度体系的完善：基于中美 P2P 网贷消费者保护的比较 [J]. 现代经济探讨，2020（、2）：125-132.

⑤ 于博，李欣怡 . 政策监管与合规转型对 P2P 平台成交量的异质性冲击效应 [J]. 贵州财经大学学报，2021（2）：20-30.

3. 机器学习应用于 P2P 网贷平台风险预警的研究

对于机器学习在 P2P 网贷领域风险识别与预警应用的研究，罗等人[①]采用决策树模型分析了网贷平台的羊群效应。林国强等[②]利用借款人手机通讯录之间的包含关系构建社交网络，通过机器学习 SVM 方法挖掘其内在关联，预测其信用情况，研究发现预测效果较好。张蜀林和李萌萌[③]通过机器学习的无监督学习 K–Means 聚类算法，对网贷平台进行分类，分析了其指标表现，并给出了网贷平台风险评级结果。使用有监督学习 Ada Boost 算法对网贷平台借款人的信用风险进行研究，结果显示 Ada Boost 算法效果最好。张文等[④]基于 K–Means 聚类和 SVM 的非均衡分类方法 $SVM^{K\text{-}Means}$ 预测 P2P 网贷平台的风险，与 Logistic 回归、SVM 和 BP 神经网络比较，该方法能更加准确地在早期对平台进行风险预测。全凌云等[⑤]选取 2018 年 6 月前后，即倒闭潮爆发的时间段的 40 家倒闭平台和 64 家运营良好的平台的数据，用二元 Logistic 回归模型识别出对平台风险有显著影响的因子，并通过训练原理完全不同的 BP 神经网络进行再次模拟和检验。严武等[⑥]将风险类型分为平台实力、产品特征、保障措施、风控能力、网络服务和投友印象等 6 个一级指标和注册资本等 30 个二级指标，利用爬虫技术收集了所需数据，并采用逻辑回归、决策树、随机森林和 XGBoost 等机器学习方法进行风险预警，得出了决策树模型在重要指标上的表现优于其他模型的结论。塞蒂亚万等人

① LUO B，LIN Z. A Decision Tree Model for Herd Behavior and Empirical Evidence from the Online P2P Lending Market[J]. Information Systems and E–Business Management，2013，11（01）：141–160.

② 林国强，赵毅鸣，况青作，等. 基于复杂网络和机器学习的 P2P 用户违约预测 [J]. 北京师范大学学报（自然科学版），2017，53（1）：24–27；2.

③ 张蜀林，李萌萌. 机器学习算法在 P2P 网贷平台风险评级中的应用 [J]. 时代金融，2017（3）：261–263.

④ 张文，崔杨波，姜祎盼. 基于 $SVM^{K\text{-}Means}$ 的非均衡 P2P 网贷平台风险预测研究 [J]. 系统科学与数学，2018，38（3）：364–378.

⑤ 全凌云，曹泽阳，安利平，等. P2P 网络借贷平台信用风险识别研究 [J]. 金融理论与实践，2019，（10）：51–58.

⑥ 严武，冯凌秉，蒋志慧，等. 基于机器学习模型的 P2P 网贷平台风险预警研究 [J]. 金融与经济，2019（9）：18–25.

（Setiawan）[①] 利用基于二进制 PSO 算法的 SVM 模型对数据集进行特征的筛选，并利用极端随机树（Extremely Randomized Tree）和随机森林（Random Forest）等算法进行分类，得出了 BPSO-SVM 结合 ERT 的方法在测试 P2P 信用风险方面更胜一筹的结论。周（2019）[②] 认为 P2P 借贷信用数据具有高维和类别不平衡的特征，因此常规统计模型无法有效、准确地预测借款人的违约概率。将 GBDT、极端梯度提升（XGBoost）和光梯度提升机（LightGBM）等机器学习算法用作单独的分类器，可创建基于集合学习的异类集成违约预测模型。研究发现：与基准模型相比，该预测模型可以取得较好的预测结果。

4. 媒体情绪对网贷平台风险的影响

根据网贷之家的统计数据，2016—2017 年间爆发问题或停业退出的平台数量高达 4 000 家，累计出现问题的网贷平台占比 67%。负面新闻的密集出现，使公众对互联网金融产生了质疑，网贷平台的风险与新闻报道的舆论情绪之间的相关分析，成为了学术界与业界的新焦点。

为了度量互联网金融市场情绪的变化，北京大学数字金融研究中心从新闻平台收集了 2013—2017 年超过 1 700 万条新闻数据，并采用大数据分析方法构建“金融科技情绪指数”，用来反映互联网金融相关的新闻体现出的对金融科技的正负情感态度。根据实证研究显示，互联网金融市场情绪的变化与网络借贷交易量之间存在正相关关系。但这种影响存在不对称性，悲观情绪对交易量的压制程度要强于乐观情绪的抬升程度。在市场情绪恶化时，问题平台在爆雷前往往选择用较高的投资利率吸引投资人，这将进一步增加经营风险。借款人由于违约成本低，在市场情绪恶化时，借款人选择抱团不还款，将导致平台资产端状况的进一步恶化。

媒体的报道扩大了突发事件的影响力，并且媒体的负面报道更容易受到关注，从而加剧恐慌情绪，对经济和金融稳定产生极大的冲击，导致事件的负面影响被

---

① Netty SETIAWAN N，SUHARJITO，DIANA. A Comparison of Prediction Methods for Credit Default on Peer-to-Peer Lending using Machine Learning[J]. Procedia Computer Science, 2019（157）：38-45.

② ZHOU J，LI W，WANG J，et al. Default Prediction in P2P Lending from High-Dimensional Data Based on Machine Learning[J]. Physica A-Statistical Mechanics and its Applications, 2019（534）：122370.

进一步放大。国内外关于媒体关注度的相关研究主要集中在对资产价格、管理层行为等方面。投资者关注度可以通过在互联网上的搜索亮与在微博、论坛等社交媒体上浏览指标的变化直接反映出来。国内外学者利用网络搜索引擎与网络论坛数据构建投资者关注度。近几年，学者们也开始关注情绪对金融资产价格的影响，国内外大多数文献使用文本数据度量媒体情绪。国外度量投资者情绪文献较为丰富，其中度量投资者情绪的文本数据主要来源于雅虎财经帖子、X、专业数据库和谷歌搜索。国内相关文献也针对东方财富网股吧、新浪财经股吧、雪球网等进行相关的股票收益率的研究，但相关文献缺乏对网贷平台的新闻和帖子的指标分析。

综上所述，国内外关于 P2P 网贷平台的风险研究主要集中于影响因素的描述性分析和相关监管理论的研究，后来集中到量化风险和机器学习领域。因此主要从以下两点进行创新，构建风险预警模型：第一，通过机器学习的方式直接以数据为导向探寻样本点中的联系，更适合我国 P2P 网贷行业数据动态性和演进性的复杂特点，为针对现阶段我国 P2P 网贷平台风险预警领域的方法体系作出了补充；第二，加入媒体和投资者关注度，江媒体和投资者情绪作为网贷平台预警的模型指标，将投资者的心理和行为作为影响运营平台的风险因素，从而对网贷平台的风险进行识别和预警。

（二）P2P 风险预警研究

国内外学者对网贷行业风险的研究并不完善。通过研究网贷平台风险预警能够找出平台的潜在风险，协助管理者提前控制风险。另外，也可以为投资者有效选择平台提供参考，及时规避风险，减少损失。因此，研究 P2P 平台风险预警对各方都有重要的价值。尽管目前 P2P 已经完全暂停运行，但是这种风险预警的方式同样适用于消费金融及其他模式的金融科技公司。

传统的风险度量方式，主要为专家打分法、Z 值和 ZEAT 评分模型等。专家打分法是指由某一领域的专家，根据其对行业的经验，对受评对象的信用度等指标作出评级。这种方法严重依赖专家的经验，不能形成统一的评价标准，导致结果不具有一致性。Z 值与 ZEAT 评分模型主要根据财务数据判断企业的信用风险，适合 P2P 网贷平台信用风险和经营风险的分析，在一定程度上弥补了专家打分法的主观性影响的不足，但是该方法不适用于非线性的研究，在实际应用中存在局限性。

相较于传统方法（专家打分法、主成分分析法、层次分析法），机器学习方法具有以下优势：首先，不需要人为设定指标权重，很大程度上排除了专家打分法和主成分分析法的主观影响；其次，机器学习算法直接寻找数据点内部的规律与关联，不依赖于前人的研究经验，更适用于动态性的 P2P 网贷行业风险预警；最后，机器学习算法用法简便、建模速度快，便于对比不同类型模型，并且随着训练集的扩充，预测精度会不断提升。总而言之，P2P 网贷行业由于数据量大和数据结构复杂的特点，传统方法的适用性和准确率无法满足其需求，因此，更适用于静态的、线性的风险评价。

（三）风险预警指标分析与体系构建

在关于 P2P 网贷平台风险的实证研究中，大多数学者都是针对某个平台的借款人风险进行研究，对不同网贷平台的风险特征进行对比研究的文献相对较少。本书主要选择多个平台数据建模分析问题平台与正常平台的区别，并在此基础上对网贷平台进行风险预警。

从 P2P 网贷平台的风险识别和预警角度出发，将平台是否有经营或违约问题作为被解释变量。根据网贷之家和网贷天眼的划分，若平台产生提现困难、经侦介入、跑路、延期兑付、网站关闭、平台清盘、平台展期或者平台诈骗等问题，则赋值为 1，若该平台正常营业，则赋值为 0。指标的选取借鉴了已有的 P2P 网贷平台风险衡量的研究，并结合数据的可获得性，分为流动性风险、操作风险、运营风险、盈利能力风险、关注度指标、情绪指标等六个一级指标将这六个指标作为解释变量。

流动性风险，用来衡量资产在市场上的流通速度，选取月平均借款期限（按照成交量加权）、累计成交量（亿元）、借款人数与投资人数之比，按照实际数据进行赋值。

操作风险，主要指系统存在漏洞或者人为失误造成资产损失，P2P 网贷平台的操作风险主要集中在信息安全风险。选取债权转让、资金托管、监管协会和信息安全、投标方式等下属二级指标。其中，债权转让指的是在不改变合同内容的前提下，债权人将债务合同的全部或者部分转移给第三人，从而原债权人丧失部分或全部的合同债权人权利，合同中的债权关系由两人变为新的两人或多人，债权人的资金使用会更加灵活，将有债权转让功能的平台赋值为 1，没有此功能的则赋值为0；资金托管指将投资人的资金直接放进托管账户，与平台相隔离，从而降低平台直接挪用资金的道德风险，与平台出问题概率成反比，有资金托管的P2P网贷平台赋值为1，没有的则赋值为0；监管协会指该P2P网贷平台是否加入了中国互联网金融协会或者地方互联网金融协会，若加入则将平台赋值为1，没有加入则赋值为0；信息安全指P2P网贷平台有没有通过国家等级保护认证，该认证是国内权威的信息产品安全等级资格认证，由公安机关根据国家信息安全保护条例等相关制度规定，按照相关的管理规范和技术标准，对各机构的信息系统安全等级保护状况进行认可及评定，其中的三级等保等级是国家对非银行机构的最高级认证，属于监管级别，将通过三级等保的平台赋值为1，未通过则赋值为0；投标方式可分为有无自动投标方式，将可以自动投标的P2P网贷平台赋值为1，没有自动投标则赋值为0。

运营风险，涉及平台的营运资本，是用来衡量该P2P网贷平台的人力、财力和是否合规等综合实力的关键指标。选取实缴资本、平台背景、运营天数和ICP经营许可证等下属二级指标。其中，实缴资本为平台注册时所填资本的实缴资本，按照实际资本数进行赋值；平台背景表示平台为国资系、上市系、银行系、风投系或民营系。国资系、上市系、银行系和风投系平台较民营系平台实力强，风险较低，所以国资系、上市系、银行系和风投系平台赋值为1，其他赋值为0；ICP经营许可证是国家对网站经营所颁发的许可证，如果没有该许可证即认定为非法经营，所以有ICP经营许可证的平台赋值为1，没有则赋值为0；运营天数衡量了一个平台开业至今或成为问题平台的天数，按照实际天数进行赋值。

盈利能力风险，考察P2P网贷平台运营期间的效益。选取月平均收益率（按照成交量加权）、人均投资金额（万元）和人均借款金额（万元）等，均按照实际数据进行赋值。

关注度指标包括媒体关注度和投资者关注度，媒体关注度主要通过各个网贷平台在网贷天眼的新闻报道数量进行统计，投资者关注度通过论坛上相关平台的讨论帖子数量衡量。

情绪指标包括媒体情绪和投资者情绪，主要通过新闻报道和帖子的文本数据进行分析，利用Jiagu进行关键词提取，获得正负情感指数。表5-3-1为以上各个变量的说明。

表 5-3-1 P2P 网贷平台的风险识别和预警变量说明

类别	一级指标	二级指标	二级指标说明
被解释变量	是否违约或停业	提现困难、经侦介入、跑路、延期兑付、网站关闭、平台清盘、平台展期和平台诈骗	平台产生违约或经营困难等问题（提现困难、经侦介入、跑路、延期兑付、网站关闭、平台清盘、平台展期或者平台诈骗），则赋值为 1，若该平台正常营业，则赋值为 0
解释变量	流动性风险	月平均借款期限（成交量加权）	按照实际数值进行赋值
		累计成交量 / 亿元	
		借款人数与投资人数之比	
	操作风险	债权转让	有债权转让功能则赋值为 1，没有则赋值为 0
		资金托管	有资金托管保障则赋值为 1，没有则赋值为 0
		监管协会	加入相关监管协会则赋值为 1，没有则赋值为 0
		信息安全	通过三级等保则赋值为 1，未通过则赋值为 0
		投标方式	有自动投标功能则赋值为 1，没有则赋值为 0
解释变量	运营风险	实缴资本	按照实缴资本数进行赋值
		平台背景	国资系、上市系、银行系和风投系平台赋值为 1，其他赋值为 0
		运营天数	按照实际天数进行赋值
		ICP 经营许可证	有 ICP 经营许可证的平台赋值为 1，没有则赋值为 0
	盈利能力风险	月平均收益率（成交量加权）	按照实际数值进行赋值
		人均投资金额 / 万元	
		人均借款金额 / 万元	
	关注度指标	媒体关注度	按照实际平台的新闻报道数量赋值
		投资者关注度	按照论坛帖子数量赋值
	情绪指标	媒体情绪	按照新闻报道文本的正负情感指数，小于 0 代表消极，-1 最消极。大于 0 为积极，1 代表最积极
		投资者情绪	按照论坛帖子文本的正负情绪指数

（四）数据处理与模型构建

样本数据来源于网贷之家、网贷天眼、零壹数据和官网，利用八爪鱼等爬虫软件获取了上述网站公布的所有网贷平台相关的数据，截止日期为 2020 年 2 月 29 日，共抓取了 3 267 个样本平台和各平台的 19 个指标，其中正常平台 344 家，转型或经营问题平台 2 923 家。考虑到 2019 年国家政策突然收紧导致很多平台被清退，因此早期问题平台的特征可能会对当前训练的显著性有所影响，因此筛选了 2019 年 9 月 1 日到 2020 年 2 月 29 日的问题平台 64 家和正常经营平台 344 家，剔除了无效数据和空白数据后，保留样本集内问题平台和正常经营平台共 59 个，当模型经过验证之后，可以扩大样本范围和时间范围进行研究。朱清香等[①]研究发现，小样本数据可以在经过处理后减小在机器学习中出现过度拟合等问题的可能性，增加结果的可信度。胡海青等[②]研究发现，在小样本下 SVM 更具优越性。在模型算法的选取上，根据谢陈昕[③]在 P2P 网贷以及风险识别等方面介绍的经验和机器学习算法的特点，并考虑到 P2P 平台本身具有数据和指标变动大，行业发展快等特点，选取了 K–Means 聚类算法、SVM 算法和 XGBoost 三种方法建模。表 5–3–2 是对平台样本数据进行的统计描述分析。

表 5–3–2　样本集描述

变量	观测数	均值	标准差	最小值	最大值
是否为问题平台	59	0.576 2	0.498 4	0	1
实缴资本（万元）	59	16 951.19	37 309.6	1 000	250 000
平台背景	59	0.474 6	0.503 6	0	1
运营天数	59	1 968.627	453.463 7	1 155	3 247
ICP 经营号	59	0.576 3	0.498 4	0	1

① 朱清香，王莉．互联网金融民营系 P2P 网贷平台的风险预警 [J]. 河北大学学报（哲学社会科学版），2016，41（4）：123–130.

② 胡海青，张琅，张道宏．供应链金融视角下的中小企业信用风险评估研究——基于 SVM 与 BP 神经网络的比较研究 [J]. 管理评论，2012，24（11）：70–80.

③ 谢陈昕 .P2P 网贷平台借款人信用风险评估模型适应性研究 [J]. 武汉金融，2019（3）：23–29.

（续表）

变量	观测数	均值	标准差	最小值	最大值
投标方式	59	0.610 2	0.498 4	0	1
债权转让	59	0.779 7	0.418 0	0	1
资金托管	59	0.966 1	0.182 5	0	1
监管协会	59	0.593 2	0.495 4	0	1
信息安全	59	0.813 6	0.392 8	0	1
月平均收益率（成交量加权）/%	59	10.780 7	3.170 0	6.39	20
月平均借款期限（成交量加权）/ 月	59	8.673 1	7.594 4	1	34.366 7
成交量 / 亿元	59	245.839 8	427.800 8	0.23	2 783.51
借款人数与投资人数之比	59	3.621 0	10.334 5	0.013	71.88
人均投资金额 / 万元	59	6.486 3	12.603 5	0.05	95.45
人均借款金额 / 万元	59	23.010 7	34.492 0	0.16	167.9
媒体关注度	59	24.118 6	35.713 0	0	176
投资者关注度	59	45.423 7	64.387 9	0	294
新闻情绪	59	-0.353 5	0.345 6	-0.993 2	0.090 4
投资者情绪	59	-0.649 4	0.285 6	-0.966 7	0.287 0

由于数据指标分为0—1变量和实值变量，各个指标下变量的量纲相差极大，所以首先将数据进行归一化处理，使得数值较大的变量转化为0—1之间，即利用公式：

$$u = \frac{u_1 - \min}{\max - \min}$$

先后训练和测试无监督算法K-Means聚类算法，有监督算法SVM支持向量机和XGBoost算法，选取经过预处理的数据。

1.K–Means 聚类算法

利用 K–Means 聚类算法对 P2P 网贷平台数据进行聚类和测试，调用 Sklearn 中的 SSE.append 函数，确认聚类分析的最优类数，结果如图 5–3–3 所示，从 k=2 簇开始，SSE 下降幅度放缓，为肘部。确认最优分类数为两类，符合被解释函数，即是否为违约或者停业平台。

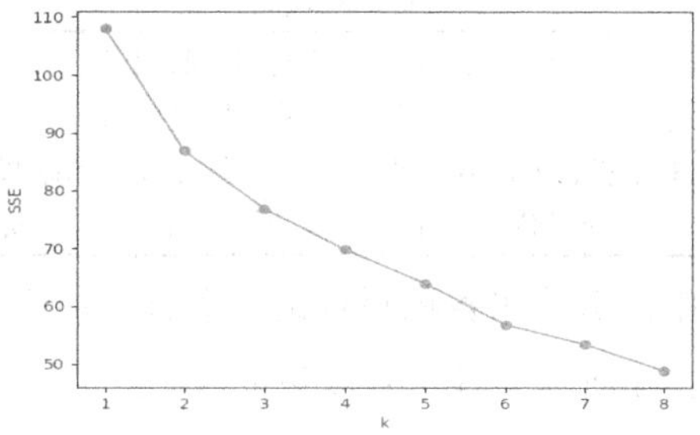

图 5–3–3　SSE 手肘法结果

根据上图所示的最优分类数，将 K–Means 聚类簇数分为两组，其可视化结果如图 5–3–4 所示。由图可见两簇质心相距较远，分类效果较好，在聚类的过程中发现，分为两类效果较好，分类具体结果如表 5–3–3 所示。

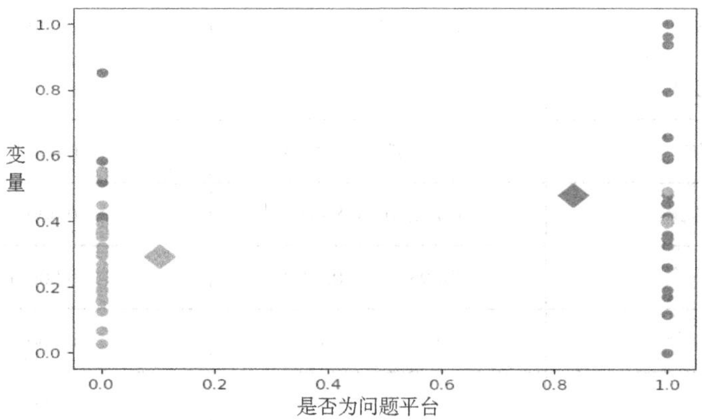

图 5–3–4　K–Means 可视化结果

第一类平台 30 个，第二类平台 29 个，第一类平台中除了今日捷财、爱投金融、钱盆网和壹心贷都为正常平台，第二类平台中除了轻易贷、拓道金服、银多网、爱鸿森和融金宝都为问题平台；聚类精度约为 84.75%。

表 5-3-3 K-Means 聚类结果

类别	平台名称
第一类	你我贷、翼龙贷、爱钱进、凤凰智信、民贷天下、点融、91 旺财、博金贷、今日捷财、道口贷、融贝网、积木盒子、真金服、白金钱包、向上金服、合众 e 贷、爱投金融、钱盆网、首金网、互融宝、微贷网、搜易贷、众房宝、壹心贷、银承派、e 融所、投哪网、达人贷、和信贷、布谷农场
第二类	洋钱罐、恒易融、白菜金融、普惠家、乾贷网、轻易贷、为为贷、178 网贷、玛瑙湾、小鸡理财、拓道金服、果儿金融、花虾金融（华夏信财）、自由财富、花生米富、融金宝、苏诚金融、中储贷、爱鸿森、银多网、银谷在线、信融投资、汇理财、德鸿普惠、众可贷、金蛋、汇盈金服、油界贷、安心投

K-Means 聚类结果中没有给出各项指标的显著性，所以对每个数据进行了显著性检验，结果如表 5-3-4 所示。各检验变量的 Sig 值都低于 95% 置信区间下的阈值，分类结果显著。

表 5-3-4 各变量 t 检验结果

变量名称	95% 置信区间	Sig 值
实缴资本 / 万元	（0.0283，0.1298）	0.001 5
平台背景	（0.3592，0.6630）	0.000 0
运营天数	（0.3353，0.4685）	0.000 0
ICP 经营许可证	（0.4046，0.7065）	0.000 0
投标方式	（0.5482，0.8295）	0.000 0
债权转让	（0.6250，0.8861）	0.000 0
资金托管	（0.9330，1.0226）	0.000 0
监管协会	（0.4749，0.7695）	0.000 0
信息安全	（0.7343，0.9546）	0.000 0
月平均收益率（成交量加权）/%	（0.2518，0.3972）	0.000 0
月平均借款期限（成交量加权）/ 月	（0.1646，0.3006）	0.000 0

（续表）

变量名称	95% 置信区间	Sig 值
成交量 / 亿元	（0.0491，0.1519）	0.000 1
借款人数与投资人数之比	（0.0138，0.1116）	0.006 6
人均投资金额 / 万元	（0.1227，0.2339）	0.000 0
人均借款金额 / 万元	（0.1243，0.3031）	0.000 0
媒体关注度	（0.0842，0.1899）	0.000 0
投资者关注度	（0.0974，0.2116）	0.000 0
媒体情绪	（-0.4436，-0.2634）	0.000 0
投资者情绪	（-0.7238，-0.5749）	0.000 0

2.SVM 算法

SVM 区分平台好坏主要依靠建立模型的核函数，不同核函数对数据样本采取不同的空间映射方式，采用 Kernel 指标分类，选择线性核函数、多项式核函数、神经网络核函数和高斯核函数进行对比，将归一化后的数据分为 40% 的测试集和 60% 的训练集，经过训练后由测试集进行检验。如表 5–3–5 所示，采用高斯核函数的训练精度最高。在训练集有限的情况下，能达到 66.67% 左右的训练精度，训练用时和满标用时也较短，印证了 P2P 网贷数据具有非线性的特点。而线性核函数得到的预测值较低，仅为 58.33%，这可能与模型的样本选取和参数设置有关，后期可以扩充样本集并反复调整参数来提高精度。

表 5–3–5　SVM 模型输出结果

Kernel 指标	精度结果	训练用时 / 秒	满标用时 / 秒
线性核函数	58.33%	2.591 1	0.000 2
多项式核函数	62.50%	2.846 8	0.000 3
神经网络核函数	62.50%	2.076 4	0.000 4
高斯核函数	66.67%	2.419 9	0.000 5

对高斯核函数的预测结果进行分析，如表 5-3-6 所示。SVM 模型对于问题平台预警的准确率高达 100%，但是存在过度预期的情况，将实际不存在问题的平台预测为问题平台，进而导致总体的预测准确度大幅度下降。

表 5-3-6　SVM 模型高斯核函数预测结果

实际观测值		预测结果		
		是否为问题平台		准确率
		是	否	
是否为问题平台	是	15	0	100%
	否	8	1	11.11%
总体预测准确率	66.67%			

3.XGBoost 算法

使用 XGBoost 库中带有的 XGBClassifier 函数进行建模，选取数据集的 35% 作为测试集，模型预测精度为 52.38%，其预测结果如表 5-3-7 所示。XGBoost 的预测结果与 SVM 模型相似，但是其预测效果较差。XGBoost 模型对于问题平台的预警的准确率为 90.91%，但是大多数正常平台也被预测为问题平台，过度放大了风险因素的危害，同样导致总体的预测准确度大幅度下降。

表 5-3-7　XGBoost 模型预测结果

实际观测值		预测结果		
		是否为问题平台		准确率
		是	否	
是否为问题平台	是	10	1	90.91%
	否	9	1	10%
总体预测准确率	52.38%			

XGBoost 算法的可视化结果如图 5-3-5 所示。由图可知，XGBoost 模型第一层划分依据为运营时间的归一化数值是否小于 0.393 1，第二层划分依据为论坛帖

子数量是否小于 0.113 9 和借款人数与投资人数之比是否小于 0.002 8，第三层划分依据注册资金的实缴资金是否小于 0.486 6，即筛选出运营时间、论坛帖子数量、借款人数与投资人数之比和注册资金的实缴四个关键指标。

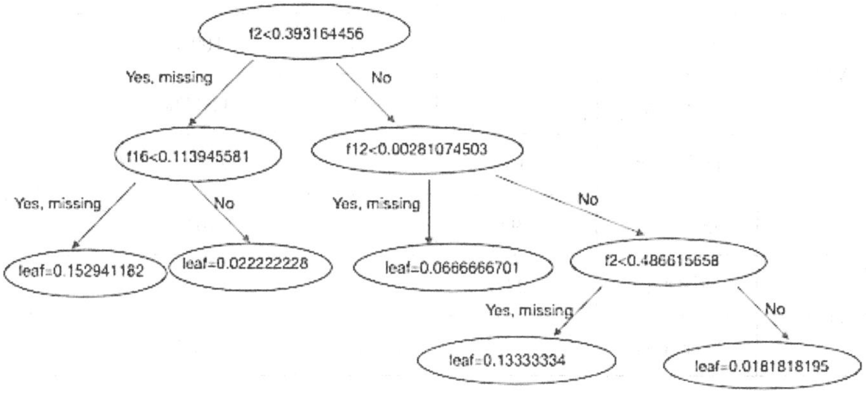

图 5-3-5　XGBoost 算法可视化结果

4. 模型预测结果对比分析

表 5-3-8 是对机器学习各个模型的预测结果的汇总分析。对于有标签的数据特性（59 个样本，19 个指标）来说，K-Means 聚类算法准确率最高，为 84.75%，SVM 在高斯核函数条件下的预测准确率 66.67%，XGBoost 算法效果不是很好，准确率仅为 52.38%。在对指标的选取上，经过 T 检验的结果显示，选取的 19 个指标都有较高的显著性，XGBoost 算法又筛选出了四个对分类起到关键作用的指标，分别为运营时间、论坛帖子数量、借款人数与投资人数之比和注册资金的实缴资金。SVM 和 XGBoost 在对于问题平台的预警上准确度相对较高，但是大部分正常平台也被预测为问题平台，造成了总体预测准确度下降的问题。SVM 算法的优势在于面对指标的多样性，可以构建高维特征空间，处理复杂度较高的非线性问题，多维度数据模型的适用性更强，同时训练效率也较高。XGBoost 算法相较于 SVM 算法虽然精度较低，但优势在于贴近常人思考方式，输出的效果比较简洁，其树状图具有很好的可解释性。K-Means 聚类算法的总体精度高于 SVM 算法和 XGBoost 算法，但是对于预测使用的无标签的数据，聚类算法只能给出分类，很难验证其准确性。

表 5-3-8 模型预测结果准确率对比

实际观测值		预测结果		预测准确率	总体预测准确率
		问题平台	正常平台		
SVM	问题平台	15	0	100%	66.67%
	正常平台	8	1	11.11%	
XGBoost	问题平台	10	1	90.91%	52.38%
	正常平台	9	1	10%	
K-Means 聚类	问题平台	24	5	82.76%	84.75%
	正常平台	4	26	86.67%	

5. 风险预警建议

从机器学习的角度来探讨 P2P 网贷平台风险识别和风险预警模型，在 P2P 网贷平台的风险预警模型建立上，K-Means 聚类算法最为有效，XGBoost 算法效果不是很理想。可能受到数据库规模的影响，加之平台官网披露数据有限，数据来源受到限制，主要来源于第三方网站如网贷天眼、网贷之家和零壹金融等。对于 P2P 网贷行业，政策、法律和经济基本面等宏观因素对于平台的风险预警也有很大程度的影响，但由于该指标只能按照时间序列排序，无法与现有平台数据融合，所以并未将其纳入指标体系。将政策、法律和经济基本面等宏观因素引入指标体系，可以更全面地进行风险预警。

从行为金融学的角度加入关注度和情绪两个风险指标的预警，能够通过媒体报道及网贷平台投资者的关注度与情绪进行风险识别，有助于在交易中降低因风险不对称而引发的系统性风险，能够提高预警模型的准确度。但是在关注度和情绪的指标中，相关数据和文本数量较少，受到负面情绪影响明显，可能造成模型对正常平台的预期过度悲观，使得正常平台的预测精度降低。

为了提高 P2P 网贷平台的风险防范能力，我国的 P2P 网贷平台应避免过多承担信用中介职能，而应以信息中介职能规范自身发展，使平台上的投资者通过教育和学习能够接受风险与利润相辅相成的事实。同时平台自身应该通过技术创新对风控系统进行升级，降低系统性风险，为行业平稳有序发展提供坚实的保障。

第四节　金融科技风险监管

一、金融科技风险监管的挑战

金融科技在推动传统金融业数字化转型、催生新业态的同时，也给金融行业带来了全新的挑战，促使监管理念发生了转变。监管需要平衡创新与风险，保证科技与金融的结合能够服务实体经济。金融科技的早期发展以创新为导向，在经历了爆发式增长后，由于行业规范和监管的缺失，系统性风险不断累积和凸显，引起了监管部门的高度重视，使得金融监管全面升级。但是整体金融科技的监管体系远远落后于金融科技的发展，金融科技的风险特征也未被完全掌握，风险传染外溢所造成的系统性风险相对较高。未来新金融必然匹配新监管，既要保持创新，又要防止监管失效。金融科技风险特殊的生成机理与传导机制为其监管带来了巨大的挑战，主要内容如下。

（一）监管手段落后，监管科技发展滞后

如今，传统的金融监管手段已很难满足金融科技风险监管的需求。金融科技风险监管更加注重对技术风险的有效管控，金融监管对象由金融机构逐渐转为非实体技术。随着人工智能和云计算技术的发展，视频和图片等非结构化数据不断增加，然而，技术上的不足在一定程度上可能导致监管科技的发展相对滞后。我国监管科技发展仍缺乏总体规划，监管科技发展面临重复建设与资源浪费的问题，缺乏独立开发设计和利用监管科技的综合能力。

（二）监管体制和法律不完善

金融科技更新迭代速度较快，法律法规的更新速度很难与其相匹配。监管政策和法律法规的制 d 定明显滞后于金融科技的发展速度。我国对金融科技的监管存在监管重叠、监管盲区、监管真空、监管套利等问题，无法满足金融混业经营和创新发展的需求。在法律法规不完善的情况下，部分企业开展了非法借贷与融资活动，致使许多投资者蒙受巨大财产损失。部分企业利用数据进行牟利，侵害金融消费者的合法权益。

（三）信息不对称问题加剧

由于金融科技企业的运作体系较为复杂，监管部门对其实际运作情况缺乏深入了解，存在明显的信息不对称问题，这将对金融监管产生较大的阻碍。由于互联网平台和技术的复杂性，算法不透明可能引起算法错误，信息缺失可能引起系统性风险，这些信息不对称造成的损失可能是灾难性的。因此，透明的监管环境将成为有效防范系统性风险、约束金融科技企业行为的关键。

二、金融科技监管的发展现状

由于 P2P 网贷平台大面积暴雷和清退，加上非法代币融资等风险事件频发，整个金融系统的稳定性都受到了巨大的影响，不断暴露出分业监管的漏洞。2018 年，多部委联合清退 P2P 网贷平台，重新规范市场秩序。随后监管层先后出台监管政策整治虚拟货币投机、网络小贷、平台垄断等问题，约谈金融科技巨头——蚂蚁集团等，有效平衡了创新与风险的关系。针对虚拟货币与代币发行融资的投机炒作风险，监管部门及时出台了一系列监管措施，防范金融欺诈活动，警惕非法集资、传销、庞氏骗局等风险，避免各方合法权益受损。同时还整顿了现金贷、助贷业务，明确规范联合贷、中小额贷款的出资比例等问题。2021 年，《中华人民共和国数据安全法》《中华人民共和国个人信息保护法》相继出台，监管侧重消费者权益保护与维系市场公平。此外，还发布了《关于平台经济领域的反垄断指南》，强化反垄断和防止资本无序扩张。监管部门不断完善金融科技的监管框架，防范监管套利和风险交叉传染。随着金融市场监管持续趋严，风险控制及运营合规已成为金融机构尤其是金融科技企业的重要关注点。

学术界对于金融科技风险的研究从 2017 年开始快速增加，在关于金融科技的学术论文中，风险特征、监管理念和监管科技等问题成为主要的关注点。沈伟[①]提出了金融创新三元悖论，认为市场稳定、金融创新和监管规则简明三者之间存在矛盾的关系。为了实现金融创新和金融市场稳定的目标，监管部门有必要将金融科技全面纳入审慎监管，有效破解“金融创新三元悖论”。

---

① 沈伟．金融创新三元悖论和金融科技监管困局：以风险为原点的规制展开 [J]. 中国法律评论，2022（2）：186-199.

三、监管科技

监管科技（RegTech）是指科技与监管的融合，由英国金融行为监管局于2015年11月正式提出，旨在通过大数据、合规报告生成等新型科技实现监管目标；将科技应用到现有的监管中，形成更加有效的风险识别、风险度量、数据分析等。国际金融协会将监管科技定义为能够有效解决监管和合规要求的新技术之总和。如果仅仅把监管科技定义为金融科技的分支或者仅限于在金融监管部门应用，就显得过于简洁和片面了。金融稳定理事会 按照应用主体不同，将监管科技分为合规端的合规科技（Comptech）和监管端的监管科技（Suptech）。

2017年，国内开始讨论监管科技的相关议题。监管科技是指金融监管机构将大数据、云计算、区块链、人工智能等新兴信息技术应用于特定场景以提升监管效率和金融风控能力的技术工具与解决方案的统称。利用监管科技的新技术可以避免监管套利，提高监管效率，降低监管过程中的信息不对称，及时了解金融机构的合规、产品创新、复杂交易等情况，从而有效地提升监管效率和合规管理能力，防范系统性金融风险。

（一）合规端

徐忠等[①]认为监管科技初期是金融机构利用新技术有效解决监管合规问题，降低合规成本（如法定报告、反洗钱和欺诈措施、用户风险等法律需求产生的费用）。孙国峰[②]对该定义进行了修正，认为监管科技包含“合规科技”和“监管科技”两个方面。

（二）监管端

从监管端来看，监管部门面对金融机构提供的海量数据，需要借助科技提高监管效率。随着科技在金融业务中应用的不断加速，监管机构也需要研究区块链、分布式账户等技术对金融业务模式、风险特征和监管的影响。[③]蔚赵春和徐剑刚[④]

① 徐忠，孙国峰，姚前 . 金融科技：发展趋势与监管 [J]. 金融博览，2017（9）：96.

② 孙国峰 . 发展监管科技构筑金融新生态 [J]. 清华金融评论，2018（3）：16–19.

③ 李文红，蒋则沈 . 金融科技（FinTech）发展与监管：一个监管者的视角 [J]. 金融监管研究，2017（3）：1–13.

④ 蔚赵春，徐剑刚 . 监管科技 RegTech 的理论框架及发展应对 [J]. 上海金融，2017（10）：63–69.

认为监管科技本质上是一种数据中介，重点在于了解数据、数据主权和算法监管。杨东[①]将监管科技定义为“科技驱动型监管”的手段。赵大伟和山成英[②]指出，监管科技与监管理念应当匹配，可以在交易行为监控、金融消费者权益保护、影子银行监管等风险突出领域优先应用。

图 5-4-1 为监管科技框架图。数据收集过程形成自动化报告和实时监测报告，

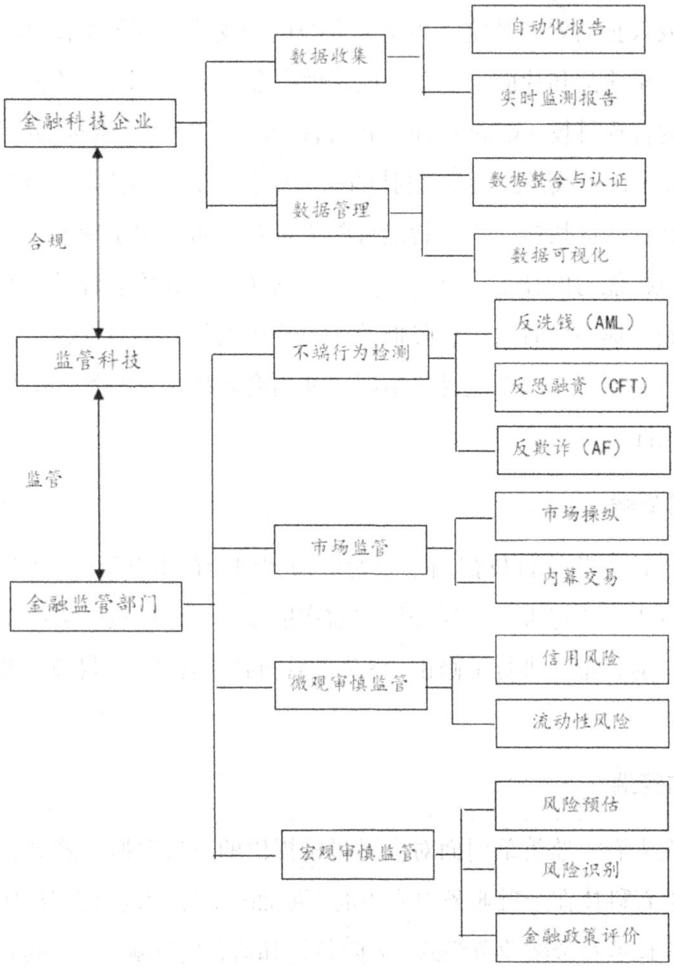

图 5-4-1　监管科技框架图

① 杨东．监管科技：金融科技的监管挑战与维度建构 [J]. 中国社会科学，2018（5）：69-91；205-206.

② 赵大伟，山成英．新加坡监管科技创新实践与经验借鉴 [J]. 南方金融，2021（6）：69-80.

将监管信息系统和金融科技公司的数据库对接进行数据管理（数据整合、数据确认、数据可视化、云计算和大数据）。数据分析的运用包括市场监管（内幕交易和操纵市场等可疑交易行为）、不端行为检测分析（反洗钱或恐怖主义融资，识别欺诈和预测违规销售）、微观审慎监管（运用机器学习评估信用风险、运用神经网络分析流动性风险）和宏观审慎监管（识别宏观金融风险、金融市场中新出现的风险信号以及运用自然语言处理系统进行情感分析）。

（三）监管科技的发展历程

1. 监管科技 1.0 阶段（量化风险管理系统）

在 2008 年金融危机之前，随着金融市场全球化的快速扩张，金融服务不断外延，各国相继制定相关监管法规，形成国际监管合作。金融监管与技术的融合应用程度较低，技术主要集中在定量风险管理系统、使用金融工程和量化风险模型等。

2. 监管科技 2.0 阶段（数据自动报送）

从 2008 年金融危机到金融科技产生的期间，金融监管机构逐渐重视监管科技，实现了合规和监管技术的有效融合，提高了监管数据采集与共享系统的精细化管理和报送，以满足不同市场和消费者的需求。

3. 监管科技 3.0 阶段

金融科技产生之后，金融监管的范围不断扩大。技术核心主要是通过监管数据建立数据主权和算法监管，最终实现微观和宏观的审慎监管，从而防范和化解金融风险。通过监管数据的共享和集成建立数据驱动和算法监管，以及建立金融监管大数据平台和“监管沙盒”，不仅可提供高效、低成本的审慎监管，还可以实现数字交易的规范化，方便人们快捷高效地享受各项金融服务，防范金融风险。

四、监管沙盒

针对金融科技的现状以及传统监管存在的问题，构建一个兼顾金融科技创新与风险防范的监管架构已成为当前全球性的研究问题。尽管各国的监管制度和监管模式差异较大，但监管目标则趋于一致，从各国的实践来看，监管沙盒是监管领域中的新的尝试。

监管沙盒是由英国金融行为监管局在2015年提出的。监管沙盒作为一个受监督的安全测试区，通过设立限制性条件和制定风险管理措施，允许企业在真实的市场环境中，以真实的个人用户与企业用户为对象测试新的产品、服务和商业模式，有助于减少创新理念进入市场的时间与潜在成本，并降低监管的不确定性。要想知道监管沙盒是否会影响金融科技创新，首先选择小范围进行试行，监管部门与企业共同设定参数，如果创新确实提高了效率并且风险可控，那么则允许在更大范围进行应用。2016年初，新加坡、澳大利亚等国的金融监管部门均与英国金融行为监管局签署了合作协议，开始推进监管沙盒。当前，监管沙盒仍然处于探索发展期，尚未形成系统化的成熟体系，仅在有限的国家和地区运行，并未在全球范围内推行。

近些年我国对监管沙盒的设计和对比研究不断增加，对监管沙盒在我国的适用性进行了深刻辩论，有学者认为监管沙盒不适用于我国的发展实践[①②]另外一部分学者认为，监管沙盒通过加强准入和退出机制，强化技术依托和消费者权益保护机制等，可以在我国产生显著作用[③④⑤]。央行在2020年1月正式启动“监管沙盒”，截至2023年监管试点范围已经扩展到全国26个省份或自治区，共167个沙盒试点，打造培育创新与规范发展长效机制。

对于监管机构来说，监管沙盒可以帮助监管机构获取最新的行业发展趋势和风险情况等第一手资料。谭书卿[⑥]针对我国传统监管存在的问题，对监管沙盒进行了本土化设计，探讨了转变静态监管理念的可行性，提出采用地方试点方式运

① 李敏.金融科技的监管模式选择与优化路径研究：兼对监管沙箱模式的反思[J].金融监管研究，2017（11）：21-37.

② 廖凡.金融科技背景下监管沙盒的理论与实践评析[J].厦门大学学报（哲学社会科学版），2019（2）：12-20.

③ 李菡，耿欣.地方金融科技监管的挑战及优化路径：产业沙盒视角[J].金融理论与实践，2019（12）：68-72.

④ 林胜鸿.我国区块链领域消费者权益保护机制探究：以金融监管沙箱构建为路径[J].征信，2020，38（5）：13-16.

⑤ 张晓燕，姬家豪.金融科技与金融监管的动态匹配对金融效率的影响[J].南开管理评论，2023，26（1）：43-56.

⑥ 谭书卿.金融科技背景下的监管转型：以“监管沙盒”本土化进路为视角[J].西南金融，2019（10）：90-96.

行监管沙盒的方案。同时梳理了监管沙盒的特殊性与监管主体的双重身份，监管沙盒可以让监管者通过与创新企业合作的形式参与到产品运作中，从而深入了解创新技术领域，积累技术经验。

对于初创企业来说，监管沙盒使其不需要获得成本较高的金融牌照，就能够测试新产品和新服务，并且还能从监管沙盒中得到消费者的真实反馈，有利于企业有针对性地完善创新产品和服务。柴瑞娟[①]提出，进入监管沙盒内并不意味着“弱监管”的环境。在测试期间，参与企业只能豁免相应的金融牌照，且需要向监管者进行信息披露，如果未能达到预期目标、对消费者或行业风险过高、违反审核时的条件等，监管者会强制其项目退出测试。

对英国监管沙盒进行研究[②③]发现，其具有监管主体一致、准入标准广泛、监管工具丰富、评估结果及时等特点。对澳大利亚、加拿大、印度等国家的监管沙盒的研究[④⑤⑥]发现，监管沙盒为无牌照的金融科技企业提供了发展机会，使监管部门能够找到更加适合金融科技发展的监管方式。张景智[⑦]分析了英国、澳大利亚等国家在监管沙盒的运作模式和制度设计上的特点，但是并未提出系统性的理论框架。应尚军和张静[⑧]对比分析了英国、澳大利亚、新加坡的监管沙盒实施情况，提出了我国监管沙盒本土化面临的问题，对于我国的监管沙盒的研究，主要从监管机构权限、准入门槛、监管规则等方面进行分析。对于监管机构的职权划分，

① 柴瑞娟．监管沙箱的域外经验及其启示 [J]. 法学，2017（8）：27-40.

② 黄子龙，和军．金融科技监管范式转变及中国选择：英国监管实践及启示 [J]. 经济体制改革，2020（6）：166-171.

③ 胡滨，杨涵．英国金融科技“监管沙盒”制度借鉴与我国现实选择 [J]. 经济纵横，2019（11）：103-114；2.

④ 巴曙松，胡靓，朱元倩．澳大利亚监管科技：现状及经验 [J]. 经济社会体制比较，2020（4）：21-29.

⑤ 巴曙松，余艺舟，朱元倩．加拿大监管科技的发展现状及趋势展望 [J]. 湖北经济学院学报，2020，18（5）：23-32.

⑥ 范云朋，吕若姮．印度金融科技“监管沙盒”制度借鉴与我国现实选择 [J]. 金融发展研究，2021（3）：45-52.

⑦ 张景智．“监管沙盒”制度设计和实施特点：经验及启示 [J]. 国际金融研究，2018（1）：57-64.

⑧ 应尚军，张静．新形势下的金融科技监管思路：以“监管沙盒”制度框架为视角 [J]. 西南金融，2021（2）：25-37.

邓建鹏和李雪宁[①]、张红伟和陈小辉[②]认为应该由国务院金融稳定发展委员会牵头，央行负责，银保监会等监管部门统筹协调，建立跨行业的监管协调机制。对于准入门槛的设定，卢瑶瑶和赵华伟[③]、黄子龙与和军、刘志云和刘盛[④]认为目前我国监管沙盒的应用范围较窄，主要为银行，应当逐渐扩大到非持牌的金融机构。对于监管规则的制定，王健和赵秉元[⑤]认为监管标准应当根据不同类型的金融科技创新主体灵活设定不同的限制条件和监管规则，不断完善我国监管沙盒在准入和退出机制、法律支持等方面的建设。

五、对金融科技监管的建议

（一）落实金融科技监管底线

金融科技是把“双刃剑”，创新必须在审慎监管的框架下进行，充分发挥金融科技对市场效率的支持，同时树立监管底线，才能保证金融科技的平稳发展。在监管政策执行的过程中，需要将良性金融创新与“伪创新”区分开来，更好地保护金融机构创新发展的积极性与能动性，对于以监管套利、无序扩张为主要形式的“伪创新”，坚决予以整治和取缔。

（二）完善金融科技行业标准和监管规则

金融科技产业同时具备金融属性和科技属性。在金融属性下，业务存在复杂性、专业性，业务数据存在较高的保密要求；在科技属性下，业务技术迭代速度较快、灵活性较高。在金融科技持续推进的大趋势下，亟待制定统一的金融科技

① 邓建鹏，李雪宁 . 监管沙盒的国际实践及其启示 [J]. 陕西师范大学学报（哲学社会科学版），2019，48（5）：62-76.

② 张红伟，陈小辉 . 构建伞形监管沙盒促进中国金融科技创新是否可行 [J]. 中国科技论坛，2019（10）：8-15.

③ 卢瑶瑶，赵华伟 .“监管沙盒”机制对我国金融创新监管的影响 [J]. 财会月刊，2018（19）：160-164.

④ 刘志云，刘盛 . 金融科技法律规制的创新：监管沙盒的发展趋势及本土化思考 [J]. 厦门大学学报（哲学社会科学版），2019（2）：21-31.

⑤ 王健，赵秉元 . 互联网金融创新的沙盒监管：挑战与应对 [J]. 兰州学刊，2021（10）：111-123.

产业规范、技术标准。吴烨[①]建议利用新闻媒体、消费者和企业等社会监管资源，引导行业自律协会的成立及规则的制定，共同进行协调监管。王宇[②]和张斯琪[③]均就中央金融监管部门的监管职能划分和中央与地方监管权责的明确与协调问题提出了独到的见解。

（三）健全数据规则，完善数据确权、隐私保护的相关法律法规

建议通过立法明确数据资源的公共属性，敦促平台对数据的使用、筛选、处理等进行全流程管控，对用于共享或交易的数据进行严格的脱敏处理，对于过度采集数据，甚至盗卖数据等严重侵犯企业利益和个人隐私的行为设定处罚标准。

（四）落实反垄断法律法规，防范新型“大而不倒”风险

部分互联网平台的信贷业务杠杆率过大，会引发监管部门的担忧。如部分平台通过资产证券化、信托计划、联合贷款等产品将信贷资产转移到表外，避免了自身承担的违约风险，将风险转嫁给出资的金融机构。对此，要将大型互联网平台纳入宏观审慎监管框架，加大力度整治市场乱象，避免平台寡头垄断，打破大而不倒的观念，防止平台风险跨行业跨领域传播。

① 吴烨．金融科技监管范式：一个合作主义新视角 [J]. 社会科学，2019（11）：109-115.

② 王宇．金融科技创新之监管对策分析 [J]. 新金融，2018（6）：41-45.

③ 张斯琪．“一委一行两会”格局下中国金融监管协调框架探析 [J]. 中国行政管理，2020（3）：117-122.

参考文献

[1] 巴曙松，白海峰 . 金融科技的发展历程与核心技术应用场景探索 [J]. 清华金融评论，2016（11）：99-103.

[2] 皮天雷，刘垚森，吴鸿燕 . 金融科技：内涵、逻辑与风险监管 [J]. 财经科学，2018（9）：16-25.

[3] 吴晓求 . 互联网金融：成长的逻辑 [J]. 财贸经济，2015（2）：5-15.

[4] 黄益平，黄卓 . 中国的数字金融发展：现在与未来 [J]. 经济学（季刊），2018，17（4）：1489-1502.

[5] 陈红，郭亮 . 金融科技风险产生缘由、负面效应及其防范体系构建 [J]. 改革，2020（3）：63-73.

[6]THAKOR A.Fintech and Banking：What Do We Know？ [J]. Journal of Financial Intermediation，2019（41）：100833.

[7]MILIAN E.Z，Spinola M.D. de Carvalho M M. Fintechs：A Literature Review and Research Agenda[J]. Electronic Commerce Research and Applications，201（34）：100833.

[8] 石丹，刘瑞哲，蔡情怡 . 基于 Citespace 的金融科技研究热点与前沿分析 [J]. 武汉理工大学学报（社会科学版），2020，33（2）：131-139.

[9] 黄靖雯，陶士贵 . 我国金融科技研究热点与前沿：基于 Citespace 的文献计量 [J]. 管理现代化，2020，40（5）：15-19.

[10] 董贞良，谢宗晓，安佰万，等 . 金融科技（FinTech）脉络梳理、研究述评及未来展望：一个基于价值空间分类框架的文献计量分析 [J]. 技术经济，2021，40（7）：63-72.

[11] 何涌，谢磊 . 金融科技的内涵、风险与监管的中国方案：一个基于文献可视

化的研究综述 [J]. 金融发展研究，2022（4）：82-89.

[12] 朱太辉 . 我国 Fintech 发展演进的综合分析框架 [J]. 金融监管研究，2018（1）：55-67.

[13] 许多奇 . 金融科技的“破坏性创新”本质与监管科技新思路 [J]. 东方法学，2018（2）：4-13.

[14] 巫云仙 .FinTech 对金融业的“破坏性创新”[J]. 河北学刊，2016，36（6）：116-123.

[15] 张勋，万广华，张佳佳，等 . 数字经济、普惠金融与包容性增长 [J]. 经济研究，2019，54（8）：71-86.

[16] 付琼，郭嘉禹 . 金融科技助力农村普惠金融发展的内在机理与现实困境 [J]. 管理学刊，2021，34（3）：54-67.

[17] 陆岷峰，徐阳洋 . 科技向善：激发金融科技在金融创新与金融监管中正能量路径 [J]. 南方金融，2021（1）：10-19.

[18] 陈忠阳 . 金融科技发展的本质与方向 [J]. 中国金融，2021（4）：32-34.

[19] 庄雷，王烨 . 金融科技创新对实体经济发展的影响机制研究 [J]. 软科学，2019，33（2）：43-46.

[20] 唐松，赖晓冰，黄锐 . 金融科技创新如何影响全要素生产率：促进还是抑制？：理论分析框架与区域实践 [J]. 中国软科学，2019（7）：134-144.

[21] 刘园，郑忱阳，江萍，等 . 金融科技有助于提高实体经济的投资效率吗？[J]. 首都经济贸易大学学报，2018，20（6）：22-33.

[22] 李杨，程斌琪 .“一带一路”倡议下的金融科技合作体系构建与金融外交升级 [J]. 清华大学学报（哲学社会科学版），2018，33（5）：113-125；197-198.

[23] 周全，韩贺洋 . 数字经济时代下金融科技发展、风险及监管 [J]. 科学管理研究，2020，38（5）：148-153.

[24] 朱俊杰，王彦西，张泽义 . 金融科技发展对我国产业结构升级的影响 [J]. 科技管理研究，2017，37（19）：31-37.

[25] 朱太辉，陈璐 .Fintech 的潜在风险与监管应对研究 [J]. 金融监管研究，2016，（7）：18-32.

[26]CHMIELARZ W，Z M. Comparative Analysis of Electronic Banking Websites

in Poland in 2014 and 2015[J]. Information Technology for Management，2016（243）：147-161.

[27]SUMIT A，JIAN I. Fin Tech，Lending and Payment Innovation：A Review[J]. Asia-Pacific Journal of Financial Studies，2020，49（3）：353-367.

[28] 于凤芹，于千惠 . 金融科技影响商业银行盈利能力的机制分析 [J]. 金融与经济，2021（2）：45-52；62.

[29]CHEN，Z M，L，Y.S WU，Y W，et al. The Transition from Traditional Banking to Mobile Internet Finance：an Organizational Innovation Perspective - a Comparative Study of Citibank and ICBC[J].Financial Innovation，2017（1）：146-161.

[30] 刘孟飞，蒋维 . 金融科技促进还是阻碍了商业银行效率？：基于中国银行业的实证研究 [J]. 当代经济科学，2020，42（3）：56-68.

[31]MARACINE V, VOICAN O, Scarlat, E. The Digital Transformation and Disruption in Business Models of the Banks under the Impact of FinTech and BigTech[J]. Proceedings of the International Conference on Business Excellence, 2020, 14(1): 294-305.

[32] 侯世英，宋良荣 . 金融科技发展、金融结构调整与企业研发创新 [J]. 中国流通经济，2020，34（4）：100-109.

[33] 于波，周宁，霍永强 . 金融科技对商业银行盈利能力的影响：基于动态面板 GMM 模型的实证检验 [J]. 南方金融，2020（3）：30-39.

[34] 江建伟，王建建，朱家明 . 互联网金融背景下的我国银行业经营效率测度研究：基于 DEA-Malmquist 模型对 17 家上市银行实证分析 [J]. 辽宁工业大学学报（社会科学版），2019，21（3）：17-21.

[35] 朴胜任 . 金融创新对商业银行经营效率的影响研究 [J]. 南京财经大学学报，2020（2）：39-48.

[36] 林彧，钟俊滨，李镇南 . 大数据时代下金融科技对商业银行效率的影响：基于文本挖掘与 DEA-Malmquist 指数的分析 [J]. 科技创新发展战略研究，2020，4（4）：1-9.

[37]ALT R，BECK R，SMITSM T. FinTech and the Transformation of the Financial

Industry[J]. Electronic Markets，2018，28（4）：1-9.

[38] 李琴，裴平 . 银行系金融科技发展与商业银行经营效率：基于文本挖掘的实证检验 [J]. 山西财经大学学报，2021，43（11）：42-56.

[39]Philippon T. The Fintech Opportunity. National Bureau of Economic Research Working Paper，2016，No.22476.

[40] 沈悦，郭品 . 互联网金融、技术溢出与商业银行全要素生产率 [J]. 金融研究，2015（3）：160-175.

[41] 熊健，张晔，董晓林 . 金融科技对商业银行经营绩效的影响：挤出效应还是技术溢出效应？ [J]. 经济评论，2021（3）：89-104.

[42] 李运达，陈伟，周华东 . 金融科技、生产率悖论与银行盈利能力 [J]. 财经科学，2020（11）：1-16.

[43] 金洪飞，李弘基，刘音露 . 金融科技、银行风险与市场挤出效应 [J]. 财经研究，2020，46（5）：52-65.

[44]CHENG M Y，QU Y. Does Bank FinTech Reduce Credit Risk？ Evidence from China[J]. Pacific-Basin Finance Journal，2020（63）：101398.

[45] 孙旭然，王康仕，王凤荣 . 金融科技、分支机构扩张与中小银行风险：来自中国城市商业银行的经验性证据 [J]. 当代经济管理，2021，43（1）：82-91.

[46] 顾海峰，张亚楠 . 金融创新、信贷环境与银行风险承担：来自 2006—2016 年中国银行业的证据 [J]. 国际金融研究，2018（9）：66-75.

[47] 郑宗杰，任碧云 . 金融科技、政府监管与商业银行风险承担 [J]. 科学决策，2022（2）：103-115.

[48] 吴秋华 . 金融科技对商业银行风险承担的影响研究 [J]. 区域金融研究，2021（8）：47-55.

[49] 邱晗，黄益平，纪洋 . 金融科技对传统银行行为的影响：基于互联网理财的视角 [J]. 金融研究，2018（11）：17-29.

[50] 刘孟飞 . 金融科技与商业银行系统性风险：基于对中国上市银行的实证研究 [J]. 武汉大学学报（哲学社会科学版），2021，74（2）：119-134.

[51] 杨涛 . 警惕金融科技风险 [J]. 人民论坛，2019（17）：78-79.

[52] 周仲飞，李敬伟 . 金融科技背景下金融监管范式的转变 [J]. 法学研究，2018，

40（5），3-19.
[53] 李展，叶蜀君．中国金融科技发展现状及监管对策研究 [J]. 江淮论坛，2019（3）：54-59.
[54] 俞勇．金融科技与金融机构风险管理 [J]. 上海金融，2019（7）：73-78.
[55] 汪可，吴青，李计．金融科技与商业银行风险承担：基于中国银行业的实证分析 [J]. 管理现代化，2017，37（6）：100-104.
[56] 刘孟飞，蒋维，王琦．金融科技、技术进步与银行业全要素生产率增长 [J]. 华南理工大学学报（社会科学版），2021，23（3）：32-44.
[57] 岳华，王海燕，陈欣媛．金融科技与商业银行盈利能力：冲击抑或助推？：基于银行财报文本挖掘的实证检验 [J]. 东南大学学报（哲学社会科学版），2022，24（4）：70-81；147.
[58] 田新民，张志强．金融科技、资源配置效率与经济增长：基于中国金融科技门槛作用的分析 [J]. 统计与信息论坛，2020，35（7）：25-34.
[59] 孟娜娜，粟勤．挤出效应还是鲶鱼效应：金融科技对传统普惠金融影响研究 [J]. 现代财经（天津财经大学学报），2020，40（1）：56-70.
[60]Shahrokhi M. E-finance：Status，Innovations，Resources and Future Challenges[J]. Managerial Finance，2008，34（6）：365-398.
[61] 盛天翔，范从来．金融科技、最优银行业市场结构与小微企业信贷供给 [J]. 金融研究，2020（6）：114-132.
[62] 谢治春，赵兴庐，刘媛．金融科技发展与商业银行的数字化战略转型 [J]. 中国软科学，2018（8）：184-192.
[63] 肖宇，李诗林，梁博．新冠肺炎疫情冲击下的银行业金融科技应用：理论逻辑、实践特征与变革路径 [J]. 金融经济学研究，2020，35（3）：90-103.
[64] 李建军，姜世超，黄天颐．重大突发公共卫生事件下银行金融科技绩效与金融服务数字化转型 [J]. 兰州大学学报（社会科学版），2020，48（3）：84-95.
[65] 孙洁．谈互联网金融、技术溢出与商业银行全要素生产率 [J]. 商场现代化，2017（19）：113-114.
[66] 杨傲，王力．互联网金融技术溢出对商业银行效率提升的影响研究 [J]. 北京化工大学学报（社会科学版），2019（1）：23-29；47.

[67] 卜亚，张倩 . 金融科技对商业银行效率的影响研究：基于技术溢出视角的分析 [J]. 经济论坛，2021，（05）：37-49.

[68] 王秀意 . 金融科技与上市商业银行全要素生产率的研究：基于三阶段 SBM-DEA 模型 [J]. 技术经济，2022，41（8）：34-46.

[69] 庄雷，赵成国 . 示范或挤出效应：互联网金融平台效率的实证研究 [J]. 商业研究，2017（9）：80-87.

[70]Stoeckli E，Dremel C，Uebernickel F. Exploring Characteristics and Transformational Capabilities of InsurTech Innovations to Understand Insurance Value Creation in a Digital World[J].Electronic Markets，2018，28（3）：287—305.

[71] 贾立文，万鹏 . 保险科技对财产保险公司业绩影响的实证分析：基于 DID 模型 [J]. 江汉学术，2019，38（1）：70-77.

[73]Bun E.U，Sopot M.A. Insurtech：The Future of Insurance. Polessky State University Vol.368，2018，pp.325-327.

[74] 王静 . 我国互联网保险发展现状及存在问题 [J]. 中国流通经济，2017，31（2）：86-92.

[75] 王媛媛 . 保险科技如何重塑保险业发展 [J]. 金融经济学研究，2019，34（6）：29-41.

[76] 李博然 . 基于 CiteSpace 的近 10 年国内保险科技研究进展图谱化分析 [J]. 科技和产业，2024，24（13）：152-158.

[77]SWANSON D，GOEL L，FRANCISCO K，et al. An Analysis of Supply Chain Management Research by Topic[J]. Supply Chain Management，2018（2）：100-116.

[78]HOFMANN E，RUTSCHMANN E. Big Data Analytics and Demand Forecasting in Supply Chains：a Conceptual Analysis[J]. International Journal of Logistics Management，2018，29（2）：739-766.

[79]YU J J，ZHU D. Study on the Selection Strategy of Supply Chain Financing Modes Based on the Retailer's Trade Grade[J]. Sustainability，2018，10（9）：3045.

[80] 董春雨，李守伟，张瑞彬 . 基于知识图谱的区块链与供应链金融融合研究 [J]. 财会月刊，2022（4）：149-154.

[81] 林楠 . 基于区块链技术的供应链金融模式创新研究 [J]. 新金融，2019（4）：51-55.

[82] 许荻迪 . 区块链技术在供应链金融中的应用研究 [J]. 西南金融，2019（2）：74-82.

[83] 张路 . 博弈视角下区块链驱动供应链金融创新研究 [J]. 经济问题，2019（4）：48-54.

[84] 张璟霖，伦祖炜 . 区块链技术与供应链金融结合研究 [J]. 合作经济与科技，2017（21）：58-59.

[85] 吴俊 . 区块链技术在供应链金融中的应用：基于信息不对称的视角 [J]. 物流技术，2017，36（11）：121-124.

[86] 柴正猛，黄轩 . 供应链金融风险管理研究综述 [J]. 管理现代化，2020，40（2）：109-115.

[87]BARSKY N P, CATANACH A H. Evaluating Business Risks in the Commercial Lending Decision[J]. Commercial Lending Review，2005，20（3）：3-10.

[88]TENG Y，ZHOU L G，CHEN J.L.The Research on Supply Chain Portfolio Default Risk of Financial Enterprises Based on Architectonic No.12 Copula[J]. Industrial Engineering and Engineering Management（IEEM），2015：892-894.

[89]CHEN H，WEN J. Financing Model Analysis and Risk Management of Supply Chain Finance Based on Gray Evaluation[J].Research Gate，2017，19（3）：9-16.

[90] 王一鸣，宁叶，周天，等 . 商业银行供应链金融的风险及防范：基于交易对手信用风险的视角 [J]. 金融理论与实践，2017（8）：37-41.

[91] 郭清马 . 供应链金融模式及其风险管理研究 [J]. 金融教学与研究，2010（2）：2-5；9.

[92] 李毅学 . 供应链金融风险评估 [J]. 中央财经大学学报，2011（10）：36-41.

[93] 郭菊娥，史金召，王智鑫 . 基于第三方 B2B 平台的线上供应链金融模式演进与风险管理研究 [J]. 商业经济与管理，2014（1）：13-22.

[94] 李志华，史金召 . 供应链金融的风险识别与控制—基于线上、线下模式的比较 [J]. 商业经济研究，2015（8）：99-101.

[95] 何昇轩，沈颂东 . 基于第三方 B2B 平台的线上供应链金融风险评估 [J]. 东南学术，2016（3）：139-147.

[96]Bukht R，Heeks R.Defining，Conceptualizing and Measuring the Digital Economy. The Development Informatics Working Paper Series，Paper No. 68. Centre for Development Informatics，Global Development Institute，SEED，University of Manchester，UK.

[97] 康铁祥 . 中国数字经济规模测算研究 [J]. 当代财经，2008（3）：118-121.

[98]FRITZ MACHLUP. The Production and Distribution of Knowledge in the United States[M]. New Jersey：Princeton University Press，1971.

[99] 向书坚，吴文君 .OECD 数字经济核算研究最新动态及其启示 [J]. 统计研究，2018，35（12）：3-15.

[100] 杨仲山，张美慧 . 数字经济卫星账户：国际经验及中国编制方案的设计 [J]. 统计研究，2019，36（5）：16-30.

[101] 蔡跃洲 . 数字经济的增加值及贡献度测算：历史沿革、理论基础与方法框架 [J]. 求是学刊，2018，45（5）：65-71.

[102] 蔡跃洲，牛新星 . 中国数字经济增加值规模测算及结构分析 [J]. 中国社会科学，2021（11）：4-30；204.

[103] 杨文溥 . 中国产业数字化转型测度及区域收敛性研究 [J]. 经济体制改革，2022（1）：111-118.

[104] 徐清源，单志广，马潮江 . 国内外数字经济测度指标体系研究综述 [J]. 调研世界，2018（11）：52-58.

[105] 许宪春，张美慧 . 中国数字经济规模测算研究：基于国际比较的视角 [J]. 中国工业经济，2020（5）：23-41.

[106] 姚维瀚，姚战琪 . 数字经济、研发投入强度对产业结构升级的影响 [J]. 西安交通大学学报（社会科学版），2021，41（5）：11-21.

[107] 杨慧梅，江璐 . 数字经济、空间效应与全要素生产率 [J]. 统计研究，2021，38（4）：3-15.

[108] 张雪玲，焦月霞．中国数字经济发展指数及其应用初探 [J]. 浙江社会科学，2017（4）：32-40；157.

[109] 张雪玲，陈芳．中国数字经济发展质量及其影响因素研究 [J]. 生产力研究，2018（6）：67-71.

[110] 夏炎，王会娟，张凤，等．数字经济对中国经济增长和非农就业影响研究：基于投入占用产出模型 [J]. 中国科学院院刊，2018，33（7）：707-716.

[111] 万晓榆，罗焱卿．数字经济发展水平测度及其对全要素生产率的影响效应 [J]. 改革，2022（1）：101-118.

[112] 黄文金，张海峰，叶少莉．基于“有中心，无边界”的数字经济评价模型的构建 [J]. 中国工程咨询，2018（11）：31-36.

[113] 王军，朱杰，罗茜．中国数字经济发展水平及演变测度 [J]. 数量经济技术经济研究，2021，38（7）：26-42.

[114] 王娟娟，佘干军．我国数字经济发展水平测度与区域比较 [J]. 中国流通经济，2021，35（8）：3-17.

[115] 盛斌，刘宇英．中国数字经济发展指数的测度与空间分异特征研究 [J]. 南京社会科学，2022（1）：43-54.

[116] 万晓榆，罗焱卿，袁野．数字经济发展的评估指标体系研究：基于投入产出视角 [J]. 重庆邮电大学学报（社会科学版），2019，31（6）：111-122.

[117] 田俊峰，王彬燕，王士君，等．中国东北地区数字经济发展空间分异及成因 [J]. 地域研究与开发，2019，38（6）：16-21.

[118] 赵涛，张智，梁上坤．数字经济、创业活跃度与高质量发展—来自中国城市的经验证据 [J]. 管理世界，2020，36（10）：65-76.

[119] 刘军，杨渊鋆，张三峰．中国数字经济测度与驱动因素研究 [J]. 上海经济研究，2020（6）：81-96.

[120] 焦帅涛，孙秋碧．我国数字经济发展测度及其影响因素研究 [J]. 调研世界，2021（7）：13-23.

[121] 刘凌波，刘军．产业数字化：内涵、测度及经济效应 [J]. 经济问题，2023（10）：36-43.

[122] 刘方，孟祺．数字经济发展：测度、国际比较与政策建议 [J]. 青海社会科学，

2019（4）：83-90.

[123] 刘伟，许宪春，熊泽泉 . 数字经济分类的国际进展与中国探索 [J]. 财贸经济，2021，42（7）：32-48.

[124] 江小涓，靳景 . 数字技术提升经济效率：服务分工、产业协同和数实孪生 [J]. 管理世界，2022，38（12）：9-26.

[125] 荆文君，孙宝文 . 数字经济促进经济高质量发展：一个理论分析框架 [J]. 经济学家，2019（2）：66-73.

[126] 丁志帆 . 数字经济驱动经济高质量发展的机制研究：一个理论分析框架 [J]. 现代经济探讨，2020（1）：85-92.

[127] 赵西三 . 数字经济驱动中国制造转型升级研究 [J]. 中州学刊，2017（12）：36-41.

[128] 沈运红，黄桁 . 数字经济水平对制造业产业结构优化升级的影响研究：基于浙江省 2008—2017 年面板数据 [J]. 科技管理研究，2020，40（3）：147-154.

[129] 裴长洪，倪江飞，李越 . 数字经济的政治经济学分析 [J]. 财贸经济，2018，39（9）：5-22.

[130] 石良平，王素云，王晶晶 . 从存量到流量的经济学分析：流量经济理论框架的构建 [J]. 学术月刊，2019，51（1）：50-58.

[131] 陈晓东，杨晓霞 . 数字经济发展对产业结构升级的影响：基于灰关联熵与耗散结构理论的研究 [J]. 改革，2021（3）：26-39.

[132] 祝合良，王春娟 . 数字经济引领产业高质量发展：理论、机理与路径 [J]. 财经理论与实践，2020，41（5）：2-10.

[133] 刘超，吴凤平，丁晨辉，等 . 数字经济影响中国区域创新效率差距的双边效应 [J]. 中国科技论坛，2023（12）：106-115.

[134] 王珏 . “新基建”时代数据中心的发展 [J]. 中国信息界，2020（3）：78-79.

[135] 刘红卫，陆欣，于磊 . 浅谈高质量建设数据中心助推数字经济建设 [J]. 信息系统工程，2020（4）：23-24.

[136] 袁钰，孙俊杰 . 中国云计算数据中心市场现状与发展契机 [J]. 中国工业和信息化，2020（4）：80-85.

[137] 刘艳红，黄雪涛，石博涵．中国“新基建”：概念、现状与问题 [J]. 北京工业大学学报（社会科学版），2020，20（6）：1-12.

[138] 杨帅．工业 4.0 与工业互联网：比较、启示与应对策略 [J]. 当代财经，2015（8）：99-107.

[139] 胡晶．工业互联网、工业 4.0 和“两化”深度融合的比较研究 [J]. 学术交流，2015（1）：151-158.

[140] 陈武，陈建安，李燕萍．工业互联网平台：内涵、演化与赋能 [J]. 经济管理，2022，44（5）：189-208.

[141] 任保平．工业互联网发展的本质与态势分析 [J]. 人民论坛，2021（18）：88-91.

[142] 何小龙，李君，周勇，等．工业互联网平台应用现状及发展对策 [J]. 科技管理研究，2021，41（10）：132-137.

[143] 朱国军，王修齐，孙军．工业互联网平台企业成长演化机理—交互赋能视域下双案例研究 [J]. 科技进步与对策，2020，37（24）：108-115.

[144] 李君，邱君降．工业互联网平台的演进路径、核心能力建设及应用推广 [J]. 科技管理研究，2019，39（13）：182-186.

[145] 马永开，李仕明，潘景铭．工业互联网之价值共创模式 [J]. 管理世界，2020，36（8）：211-222.

[146] 朱程程．大数据杀熟的违法性分析与法律规制探究：基于消费者权益保护视角的分析 [J]. 南方金融，2020（4）：92-99.

[147] 梁正，曾雄．“大数据杀熟”的政策应对：行为定性、监管困境与治理出路 [J]. 科技与法律，2021（2）：8-14.

[148] 赵传羽，丁预立，刘中全．网络外部性与基于购买行为的价格歧视：“杀熟”的经济学分析 [J]. 世界经济，2023，46（6）：210-236.

[149] 康建强，唐曙南．弥合数字鸿沟 发展数字经济 [J]. 情报杂志，2002（7）：14-15.

[150] 韩晓静．我国数字鸿沟与经济发展的相关分析 [J]. 图书情报工作，2004（6）：67-70.

[151] 孙德林，王晓玲，蔡晓阳，等．贫困地区发展数字经济与缩小数字鸿沟的战

略探讨 [J]. 价格月刊，2005（4）：9-10.

[152] 熊光清 . 经济全球化进程中的国际数字鸿沟问题：现状、成因和影响 [J]. 国际论坛 .2009，11（3）：32-36；80.

[153]Marciano A，Nicita A, Ramello Giovanni Battista. Big Data and Big Techs：Understanding the Value of Information in Platform Capitalism[J].European Journal of Law and Economics，2020，50（3）：1-4.

[154] 曲沛 . 数字经济背景下加强平台经济领域反垄断面临的挑战与建议 [J]. 价格理论与实践，2021（5）：39-42；130.

[155] 邢丽 . 数字经济对税收制度的挑战及改革建议 [J]. 财政科学，2021（11）：12-15；25.

[156] 王丽娜 . 数字经济下税收征管数字化转型的机遇与挑战 [J]. 国际税收，2021，（12）：65-70.

[157] 汤霞 . 数据安全与开放之间：数字贸易国际规则构建的中国方案 [J]. 政治与法律，2021（12）：26-38.

[158] 王娟，陈翔 . 基于文献计量分析的我国数字经济研究现状 [J]. 技术经济，2020，39（1）：19-24.

[159] 张化尧，金波，许航峰 . 数字经济的演进：基于文献计量分析的研究 [J]. 燕山大学学报（哲学社会科学版），2020，21（3）：107-114；144.

[160] 董晓松，夏寿飞，谌宇娟，等 . 基于科学知识图谱的数字经济研究演进、框架与前沿中外比较 [J]. 科学学与科学技术管理，2020，41（6）：108-127.

[161] 王齐齐，许诗源，田宇 . 中国数字经济研究二十年：研究评述与展望 [J]. 管理现代化，2021，41（6）：118-121.

[162] 王鹏飞，程华 . 基于知识图谱的国内数字经济演化路径、热点及展望 [J]. 科学与管理，2022，42（6）：43-51.

[163] 姚正海，莫晓雪，张琳若，等 . 基于 CNKI 期刊文献的我国数字经济研究现状与趋势分析 [J]. 经营与管理，2022（5）：154-161.

[164] 王元地，卢洋 . 基于文献计量分析的中外数字经济研究评述 [J]. 中国矿业大学学报（社会科学版），2022，24（6）：71-86.

[165] 贾建林，杨世明 . 数字经济研究领域发展与演化分析 [J]. 技术经济与管理研

究，2022（3）：20-26.

[166] 李永忠，王旭刚 . 数字经济研究现状及热点趋势：基于 CiteSpace 的文献分析 [J]. 合肥工业大学学报（社会科学版），2021，35（3）：1-10.

[167] 朱成科，王悦 . 我国数字经济研究的知识图谱分析：基于 CiteSpace 的可视化 [J]. 安徽开放大学学报，2022（2）：26-32.

[168] 信烨，李富强，李子峰 . 我国数字经济研究的知识图谱与演化：基于文献计量方法的分析 [J]. 价格理论与实践，2022（3）：63-67；203.

[169] 王智新，高天，王若男 . 数字创新赋能数字经济发展研究：一个文献综述 [J]. 科学管理研究，2022，40（5）：91-97.

[170] 游宗君，周书通 . 央行数字货币机制设计与经济影响研究：基于文献综述的视角 [J]. 征信，2022，40（10）：68-76.

[171]Auer R, Böhme R.The Technology of Retail Central Bank Digital Currency[J]. BIS Quarterly Review.

[172]AUER R，CORNELLI G，Frost J. Rise of the Central Bank Digital Currencies[J]. International Journal of Central Banking，2023，19（4）：185-214.

[173]AUER R，FROST J，Gambacorta L，et al. Central Bank Digital Currencies：Motives，Economic Implications，and the Research Frontier[J]. Annual Review of Economics，2022（14）：697-721.

[175] 姚前 . 区块链与央行数字货币 [J]. 清华金融评论，2020（3）：65-69.

[176]BORDO M，LEVIN A.T.Central Bank Digital Currency and the Future of Monetary Policy[J]. NBER Working Paper 23711，2017（8）：31.

[177]RICHARDS T. Cryptocurrencies and Distributed Ledger Technology，Australian Business Economics Briefing/Reserve Bank of Austrialian，2018，June.

[178] 涂永红，张畅，刘嘉玮，等 .mBridge：数字经济时代的国际支付体系创新 [J]. 国际金融研究，2024（1）：73-85.

[179] 赵越强，徐迎迎，李小平，等 . 多边央行数字货币安排：发展动因、运行机制与应用前景 [J]. 国际贸易，2023（4）：81-88.

[180] 张乐，王淑敏 . 法定数字货币：重构跨境支付体系及中国因应 [J]. 财经问题研究，2021（7）：66-73.

[181] 薛新红，邹银燕，王忠诚．跨境支付的新航道：多边数字货币桥框架建设与数字人民币国际合作 [J]. 上海经济研究，2024（2）：95-110.

[182] 宋鹭，李佳林．央行数字货币、跨境支付应用与数字人民币的发展 [J]. 新金融，2023（10）：51-57.

[183]CHIU I.H. Y，GREENE E F. The Marriage of Technology，Markets and Sustainable（and）Social Finance：Insights from ICO Markets for a New Regulatory Framework[J]. European Business Organization Law Review，2019，20（1）：139-169.

[184] 管涛．从货币的功能看数字货币与货币国际化的关系 [J]. 国际经济评论，2023（2）：30-42；4-5.

[185] 郎平．央行数字货币跨境支付系统：模式、风险及其治理之探 [J]. 金融监管研究，2024（3）：43-59.

[186] 谢星，封思贤．法定数字货币对我国货币政策影响的理论研究 [J]. 经济学家，2019（9）：54-63.

[187]ENGERT W，FUNG B.S.C. Central Bank Digital Currency：Motivation and Implications，Bank of Canada Staff Discussion Paper2017-16，November.

[188]YAMAOKA H，YANAGAWA N. Digital Innovation，Data Revolution and Central Bank Digital Currency，Bank of Japan Working Paper No.19-E-2，2019，February.

[189]ANDOLFATTO D.Assessing the Impact of Central Bank Digital Currency on Private Banks[J]. Economic Journal，2021，131（634）：525-540.

[190]CHIU J, DAVOODALHOSSEINI S.M，Jiang J，et al. Central Bank Digital Currency and Banking，2019，mimeo.

[191]CHIU J，DAVOODALHOSSEINI S M. Central Bank Digital Currency and Banking：Macroeconomic Benefits of a Cash-Like Design[J].Management Science，2023，69（11）：6708-6730.

[192]DAVOODALHOSSEINI S.M.Central Bank Digital Currency and Monetary Policy[J]. Journal of Economic Dynamics and Control，2022（142）：104150.

[193] 姚前．法定数字货币的经济效应分析：理论与实证 [J]. 国际金融研究，2019

（1）：16-27.

[194] 孙国峰，陈实 . 美国非主权数字货币的法律监管路径 [J]. 中国金融，2020（16）：84-85.

[195]AGUR I，ARI A，DELL' ARICCIA G. Designing Central Bank Digital Currencie[J].Journal of Monetary Economics，2022，（125）：62-79.

[196]BINDSEIL，U.Tiered CBDC and the Financial System[J].European Central Bank，Working Paper Series，2020.

[197]KEISTER T，SANCHES D. Should Central Banks Issue Digital Currency? [J]. Review of Economic Studies，2023，90（1）：404-431.

[198]BOAR C. Ready，Steady，Go ？ - Results of the Third BIS Survey on Central Bank Digital Currency[J]. 2021，（114）：77-82.

[199]KEISTER T，MONNET C. Central Bank Digital Currency：Stability and Information[J].Journal of Economic Dynamics and Control，2022（142）：104501.

[200] 乔海曙，王鹏，谢姗珊 . 法定数字货币：发行逻辑与替代效应 [J]. 南方金融，2018（3）：71-77.

[201] 刘凯，李育，郭明旭 . 主要经济体央行数字货币的研发进展及其对经济系统的影响研究：一个文献综述 [J]. 国际金融研究，2021（6）：13-22.

[202] 刘凯，郭明旭 . 央行数字货币的发行动机、设计方案及其对中国的启示 [J]. 国际经济评论，2021（3）：137-154；7.

[203] 姚前 . 中央银行数字货币原型系统实验研究 [J]. 软件学报，2018，29（9）：2716-2732.

[204] 保建云 . 主权数字货币、金融科技创新与国际货币体系改革—兼论数字人民币发行、流通及国际化 [J]. 人民论坛 · 学术前沿，2020（2）：24-35.

[205] 吴婷婷，王俊鹏 . 我国央行发行数字货币：影响、问题及对策 [J]. 西南金融，2020（7）：25-37.

[206]CHERRY E. Some Experiments on the Recognition of Speech，with One and with Two Ears[J]. The Journal of the Acoustical Society of America. 1953（25）：975.

[207]WILLIAN J.The Principles of Psychology[M]. Digireads.com，2010.

[208]PENG L，XIONG W. Investor Attention，Overconfidence and Category Learning[J]，Journal of Financial Economics，2006，80（3）：563-602.

[209]BARBER B M，ODEAN T. All That Glitters：The Effect of Attention and News on the Buying Behavior of Individual and Institutional Investors[J]. Review of Financial Studies，2008，21（2）：785-818.

[210]BEN-REPHAEL A，DA Z，Israelsen R. D. It Depends on Where You Search：Institutional Investor Attention and Underreaction to News[J]. Review of Financial Studies，2017，30（9）：3009-3047.

[211]ZHI D，JOSEPH E，PENGJIE G. In Search of Attention[J]. Journal of Finance，2011，66（5）：1461-1499.

[212] 游家兴，吴静 . 沉默的螺旋：媒体情绪与资产误定价 [J]. 经济研究，2012，47（7）：141-152.

[213] 邵新建，何明燕，江萍，等 . 媒体公关、投资者情绪与证券发行定价 [J]. 金融研究，2015（9）：190-206.

[214] 陈鹏程，周孝华 . 媒体情绪与 IPO 市场表现：询价制下的理论与实证 [J]. 管理评论，2016，28（7）：22-30.

[215] 黄宏斌，刘树海，赵富强 . 媒体情绪能够影响投资者情绪吗：基于新兴市场门槛效应的研究 [J]. 山西财经大学学报，2017，39（12）：29-44.

[216] 于琴，张兵 . 股市的媒体强化效应："强者恒强" 还是 "盛极而衰" [J]. 山西财经大学学报，2020，42（6）：45-58.

[217]MALCOLM B，JEFFREY W. Investor Sentiment and the Cross-Section of Stock Returns[J]. Journal of Finance，2006，61（4）：1645-1680.

[219]ZHI D，JOSEPH E，PENGJIE G. The Sum of All FEARS Investor Sentiment and Asset Prices[J]. Review of Financial Studies，2014，28（1）：1-32.

[220]KAPLANSKI G，LEVY H. Sentiment and Stock Prices：The Case of Aviation Disasters[J]. Journal of Financial Economics，2010，95（2）：174-201.

[221]CEN L，LU H，YANG L Y. Investor Sentiment，Disagreement，and the Breadth-Return Relationship[J].Management Science，2013，59（5）：1076-1091.

[222]FIRTH M，WANG K，WONG S M L. Corporate Transparency and the Impact of Investor Sentiment on Stock Prices[J].Management Science，2015，61（7）：1630-1647.

[223] 周亮 . 投资者情绪对商品期货价格及波动率的影响研究：以螺纹钢期货为例 [J]. 武汉金融，2019（6）：27-32.

[224] 许恒，侯智杰，陈晓雨 . 融资融券视阈下的投资者情绪与 A 股收益率波动研究 [J]. 证券市场导报，2020（2）：60-68.

[225] 周方召，贾少卿 . 经济政策不确定性、投资者情绪与中国股市波动 [J]. 金融监管研究，2019（8）：101-114.

[226] 王保庆，黄解宇，孙维峰 . 关于投资者情绪的影响因素研究 [J]. 北方经贸，2020（2）：17-22.

[227] 江源 . 我国股票市场投资者情绪指数构建及有效性检验 [J]. 市场研究，2020（2）：17-19.

[228] 马勇，杨雯葳，姜伊晴 . 投资者情绪如何影响公司股价？ [J]. 金融论坛，2020，25（5）：57-67.

[229]WERNER A，MURRAY Z F.，M.Z. Frank. Is All that Talk Just Noise？The Information Content of Internet Stock Message Boards[J]. The Journal of Finance，2004，59（3）：1259-1294.

[230]SOON-HO K，DONGCHEOL K. Investor Sentiment from Internet Message Postings and the Predictability of Stock Returns[J]. Journal of Economic Behavior and Organization，2014（107）：708-729.

[231]YASUTOMO T，JUNYA Y，TERUKO T. Investor Sentiment Extracted from Internet Stock Message Boards and IPO Puzzles[J]. International Review of Economics and Finance，2018（56）：205-217.

[232]RENAULT T. Intraday Online Investor Sentiment and Return Patterns in the U.S. Stock Market[J]. Journal of Banking and Finance，2017（84）：25-40.

[233]SIMON B，ALEXANDER S. The Twitter Myth Revisited：Intraday Investor Sentiment，Twitter Activity and Individual-Level Stock Return Volatility[J]. Journal of Banking and Finance，2018（96）：355-367.

[234]ZHENYU G，HAOHAN R，BOHUI Z. Googling Investor Sentiment around the World[J]. Journal of Financial and Quantitative Analysis，2018，55（2）：549-580.

[235]SUN L，NAJAND M，SHEN J. Stock Return Predictability and Investor Sentiment：A High-Frequency Perspective[J]. Journal of Banking and Finance，2016（73）：147-164.

[236] 杜伟岸，吕佳玲 . 社交媒体大数据、投资者情绪与 IPO 抑价 [J]. 北京邮电大学学报（社会科学版），2018，20（3）：59-68.

[237] 沈艳，陈赟，黄卓 . 文本大数据分析在经济学和金融学中的应用：一个文献综述 [J]. 经济学（季刊），2019，18（4）：1153-1186.

[238] 孙鲲鹏，肖星 . 互联网社交媒体对投资者情绪传染与股价崩盘风险的影响机制 [J]. 技术经济，2018，37（6）：93-102.

[239] 许天阳 . 网络社交媒体中投资者情绪对股票市场的影响研究 [J]. 上海管理科学，2018，40（3）：67-74.

[240] 李燕 . 我国证券市场媒体效应及群体情绪度量的研究框架 [J]，当代经济，2020（7）：49-51.

[241]NIEDERHOFFER V. The Analysis of World Events and Stock Prices[J]. Journal of Business，1971，44（2）：193-219.

[242]FANG L, JOEL P. Media Coverage and the Cross-section of Stock Returns[J]. The Journal of Finance，2009，64（5）：2023-2052.

[243]ZOU L，Cao K O, WANG Y. Media Coverage and the Cross-Section of Stock Returns：The Chinese Evidence[J]. International Review of Finance，2018，19（4）：2-23.

[244]HILLERT A，JACOBS H，Müller S. Media Makes Momentum[J]. Review of Financial Studies，2014，27（12）：3467-3501.

[245] 张雅慧，万迪昉，付雷鸣 . 媒体报道、投资者情绪与 IPO 抑价：来自创业板的证据 [J]. 山西财经大学学报，2011，33（9）：42-48.

[246]CHAN W.S. Stock Price Reaction to News and No-news：Drift and Reversal after Headlines[J]. Journal of Financial Economics.2003，70（2）：223-260.

[247] 俞庆进，张兵 . 投资者有限关注与股票收益：以百度指数作为关注度的一项实证研究 [J]. 金融研究，2012（8）：152-165.

[248] 张谊浩，李元，苏中锋，等 . 网络搜索能预测股票市场吗？ [J]. 金融研究，2014（2）：193-206.

[249] 杨晓兰，沈翰彬，祝宇 . 本地偏好、投资者情绪与股票收益率：来自网络论坛的经验证据 [J]. 金融研究，2016（12）：143-158.

[250] 段江娇，刘红忠，曾剑平 . 中国股票网络论坛的信息含量分析 [J]. 金融研究，2017（10）：178-192.

[251]TETLOCK P C. Giving Content to Investor Sentiment：The Role of Media in the Stock Market[J]. Journal of Finance，2007，62（3）：1139-1168.

[252]TETLOCK P C，Saar-Tsechansky M，Macskassy S. More than Words：Quantifying Language to Measure Firms' Fundamentals[J]. Journal of Finance，2008，63（03）：1437-1467.

[254]GARCIA D. Sentiment during Recessions[J]. The Journal of Finance. 2013（68）：1267-1300.

[255] 黄辉 . 媒体负面报道、市场反应与企业绩效 [J]. 中国软科学，2013（8）：104-116.

[256] 熊艳，李常青，魏志华 . 媒体报道与 IPO 定价效率：基于信息不对称与行为金融视角 [J]. 世界经济，2014，37（5）：135-160.

[257] 汪昌云，武佳薇 . 媒体语气、投资者情绪与 IPO 定价 [J]. 金融研究，2015（9）：174-189.